普通高等教育“十一五”国家级规划教材
山东省第二届优秀教材一等奖

国际货物贸易实务

（第三版）

刘静华　主　编
张　华　刘　珉　副主编

对外经济贸易大学出版社
中国·北京

图书在版编目（CIP）数据

国际货物贸易实务／刘静华主编. —3 版. —北京：
对外经济贸易大学出版社，2013（2014.05 重印）
ISBN 978-7-5663-0595-4

Ⅰ.①国… Ⅱ.①刘… Ⅲ.①国际贸易-贸易实务
Ⅳ.①F740.4

中国版本图书馆 CIP 数据核字（2012）第 306926 号

国际货物贸易实务（第三版）

刘静华 主编
责任编辑：郭华良 高 卓

对外经济贸易大学出版社
北京市朝阳区惠新东街 10 号 邮政编码：100029
邮购电话：010-64492338 发行部电话：010-64492342
网址：http://www.uibep.com E-mail：uibep@126.com

唐山市润丰印务有限公司印装 新华书店北京发行所发行
成品尺寸：185mm × 260mm 17.75 印张 444 千字
2013 年 1 月北京第 3 版 2014 年 5 月第 2 次印刷

ISBN 978-7-5663-0595-4
印数：3 001-4 500 册 定价：33.00 元

第三版前言

本书自2007年再版后，因其脉络清晰、编排新颖、内容充实、时效性强而广受欢迎。五年来，我国在世界贸易中的地位发生了巨大的变化。2009年起，中国成为世界货物贸易第一大出口国和第二大进口国。加入世界贸易组织十年，中国在世界贸易中的比重从4.3%提高到10.4%，其中，货物出口年均增长22%，规模增长了4.9倍，进口年均增长21%，规模增长了4.7倍。五年间，相关国际贸易惯例也在进行修订。2010年9月27日，国际商会（ICC）公布了《2010年国际贸易术语解释通则》（INCOTERMS® 2010，简称《2010通则》），并于2011年1月1日开始全球实施。基于有关国际贸易惯例的修订和我国对外贸易的发展变化，以及我们贸易实践与教学经验的积累，有必要对本书进行再次修订，为读者提供最新的成果。

本次改版，修订、补充了最新的惯例知识、业务案例，修改了第二版中存在的一些错误。

编　者

2012年9月

目　录

第四篇　履行进出口合同

第五篇　国际贸易的方式

绪　论

国际贸易是指世界各国或地区之间货物、服务和技术的交换活动，包括货物贸易、服务贸易和技术贸易三大内容。其中，货物贸易是最早、最基本的国际贸易内容，直至目前仍是国际贸易的最主要构成部分，也是各国间经济往来的最主要表现形式。我国自 2001 年加入世界贸易组织（WTO）以来，对外贸易发展迅速，十年间，在世界贸易中的比重从 4.3% 提高到 10.4%。其中，货物出口年均增长 22%，规模增长了 4.9 倍；进口年均增长 21%，规模增长了 4.7 倍。2009 年，我国出口总额跃居世界第一位，占全球出口比重提高到 9.6%，进口总额上升至世界第二位。2010 年，我国进出口再创历史新高，进出口总额接近 3 万亿美元，达到 29 728 亿美元，增长 34.7%。其中，出口额 15 779 亿美元，增长 31.3%；进口额 13 948 亿美元，增长 38.7%。2011 年，进出口总额 36 421 亿美元，比上年增长 22.5%；出口额 18 986 亿美元，增长 20.3%；进口额 17 435 亿美元，增长 24.9%，继续保持第一出口大国和第二进口大国的地位。2008 －2011 年的进出口额数据可见图 0 －1。

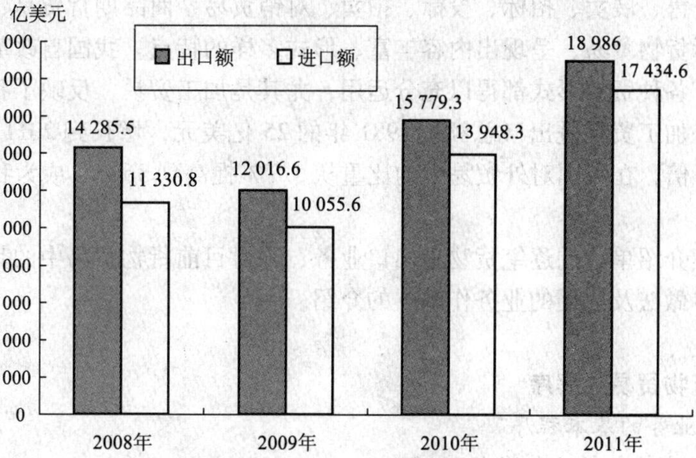

图 0 －1　2008 －2011 年进出口额

数据来源：中华人民共和国国家统计局网站

2004 年 7 月 1 日起施行的《对外贸易法》规定，自然人、法人和其他组织依法登记后，可以从事货物和技术的进出口贸易。这一规定，给众多企业、个人提供了在世界市场上大展宏图的机会。然而，在世界市场上从事货物贸易，需要掌握熟练的外语、外贸知识，需要懂得并运用国际贸易的理论与政策、国际贸易的法规与惯例、国际汇兑与结算、国际货运与保险、国际市场营销等专业知识。国际货物贸易实务正是将上述理论知识与实际业务相结合的一门综合性、实践性的课程，是国际贸易相关专业的一门专业基础课程。本课程主要介绍国际货物贸易方面的基础知识、基本操作技能，使学生通过学习，掌握国际货物贸易的基本内容和程序，初步学会在我国对外贸易方针、政策下开展国际贸易业务。

一、国际货物贸易的特点

国际货物贸易属商品交换范围，与国内贸易在性质上并无不同，但由于它是在不同国家或地区间进行的，所以与国内贸易相比具有以下特点：

（1）国际货物贸易要涉及不同国家或地区在政策措施、法律体系方面可能存在的差异和冲突，以及语言文化、社会习俗等方面带来的差异，所涉及的问题远比国内贸易复杂。

（2）国际货物贸易的交易数量和金额一般较大，运输距离较远，履行时间较长，因此，交易双方承担的风险远比国内贸易要大。

（3）国际货物贸易容易受到交易双方所在国家的政治、经济、双边关系及国际局势变化等条件的影响。

（4）国际货物贸易除了交易双方外，还需运输、保险、银行、商检、海关等部门的协作、配合，与国内贸易相比，其过程要复杂得多。

二、国际货物贸易的形式

国际货物贸易的基本形式是单纯的进口、出口业务（逐笔交易），即进出口商为购买、出售某种货物进行交易磋商，建立买卖合同关系，然后各自履行合同义务（卖方交货、买方付款），这是最基本的贸易方式。随着国际经济交往的深入发展，进出口商在逐笔交易的基础上，发展出许多融货物、技术、劳务和资本移动为一体的新型的、灵活的贸易方式，如经销、代理、寄售、展卖、招标、投标、拍卖、对销贸易、商品期货贸易、加工贸易等。因此，现代的国际货物贸易、呈现出内容丰富、形式多样的特点。我国自改革开放以来，对外贸易高速增长，各种贸易形式都得以充分运用，尤其是加工贸易，反映了我国产业转移、经济增长的现状。加工贸易进出口总额从1981年的25亿美元，增长到2011年的13 052亿美元，增长了520倍，在我国对外贸易中的比重从5.7%提高到36%，成为我国对外贸易的重要方式。

本课程详细介绍单边的逐笔货物进出口业务，并对目前货物贸易中的其他贸易方式的性质、特点、基本做法及适用的业务作基本的介绍。

三、国际货物贸易的程序

（一）出口业务的基本程序

1. 做好出口交易前的充分准备

主要包括对国际市场进行调查研究、制定商品经营方案、落实货源或制订出口商品生产计划、进行广告宣传、选定客户并与之建立业务关系等内容。

2. 与客户进行出口交易磋商

选定客户后，以传真、电子邮件或其他方式与客户就货物买卖进行交易磋商，一般要经过询盘、发盘、还盘、接受四个程序。

（1）询盘。交易一方向另一方询问有关交易的条件或向对方提出某些不确定的条件，邀请对方向自己发盘。这是交易磋商通常要经过的开始环节。

（2）发盘。交易一方向另一方提出各种交易条件，并表示愿意按这些条件与对方达成交易、订立合同。这是交易磋商必须经过的法律程序，对发盘人具有约束力。

（3）还盘。交易一方如对对方的发盘内容不同意而提出添加或修改，即为还盘。它既是对原发盘的否定，又是在原发盘基础上提出的新发盘。

(4) 接受。交易一方对对方的发盘或还盘完全同意，而以口头、书面或行为表示出来。这是合同成立必经的法律程序。

3. 订立国际货物贸易合同（出口合同）

一方的发盘为对方所接受，双方的买卖合同即告成立。但在实际业务中，为了明确责任，便于履行，通常还需当事人双方签署一份有一定格式的书面合同。合同内容即是双方在交易磋商过程中达成的一致内容，包括：

(1) 约首。包括合同名称、合同编号、合同签订的日期和地点、订约双方名称和地址等。

(2) 本文。包括商品的品名、品质、数量、包装、价格、支付、装运、保险、商品检验、索赔、不可抗力、仲裁等条款的规定。

(3) 约尾。载明合同使用的文字及效力、合同正本的份数、附件及其效力、双方代表签字。

4. 履行合同

出口合同有效订立后，买卖双方即应根据合同规定，各自履行自己的义务。按《联合国国际货物销售合同公约》的规定，卖方“必须按照合同和本公约的规定，交付货物，移交一切与货物有关的单据并转移货物所有权”，买方“必须按照合同和本公约的规定支付货物价款和收取货物”。如有违反或不履行，致使对方蒙受损失，违约方必须承担赔偿对方损失的法律责任。

(二) 进口业务的基本程序

进口贸易的业务程序，部分与出口贸易是相同的，如交易前的市场调研、物色客户、建立业务关系、交易磋商、签订合同等，但由于地位不同，某些程序与出口业务有所区别。

(1) 进口交易前的准备。进行国际市场调研、商品市场调研、客户调研等内容。

(2) 进口交易磋商。做法与出口交易磋商相同。

(3) 进口合同订立。

(4) 进口合同履行。

四、国际货物贸易适用的法规、惯例

国际货物贸易是营业地在不同国家或地区的当事人之间发生的业务，体现了当事人之间的经济关系，需要运用相关法律来调整这种经济关系。由于双方当事人分处于不同的国家或地区，常会出现法律的适用问题。国际货物贸易合同适用的法律可以依据合同当事人的自主选择确定，也可以依据与合同联系最密切的国家或地区法律来确定。概括起来，有以下三种。

(一) 各国国内法

国际货物买卖合同必须符合国内法。由于当事人所在的国家不同，而不同的国家对同一问题的法律规定往往有所不同，一旦发生关于买卖合同的争议，就会产生究竟适用哪国法律解决争议的问题。为了解决这种法律冲突，通常采用在国内法中规定冲突规范的方法。例如，我国《合同法》规定：“涉外合同的当事人可以选择处理合同争议所适用的法律，但法律另有规定的除外。涉外合同的当事人没有选择的，适用与合同有最密切联系的国家法律。”

(二) 国际贸易惯例

国际贸易惯例是在国际贸易的长期实践中逐渐形成的一些有较为明确和固定内容的贸易

习惯和一般做法，通常由国际性的组织或商业团体制订为统一的通则、准则或规则。国际贸易惯例是国际贸易法的主要渊源之一，但与严格意义上的法律不同，它们对合同当事人并没有普遍的强制性，只有当事人在合同中明确约定采用时，才对当事人具有法律约束力。而且，当事人在采用某惯例时，有权在合同中做出与惯例不符的规定，如对其中的内容进行更改或补充，此时，双方当事人的义务以合同规定为准。尽管如此，在合同中没有约定采用惯例时，惯例往往被有关法院或仲裁机构引用来解决买卖双方的争议。比如我国法律规定，凡中国法律没有规定的，适用国际贸易惯例。《联合国国际货物销售合同公约》规定：合同没有排除的惯例、已经知道或应当知道的惯例、经常使用反复遵守的惯例适用于合同。可见，国际贸易惯例对国际贸易实践的指导作用是极为重要的。

本课程涉及的国际贸易惯例主要有：

（1）国际商会《2010 年国际贸易术语解释通则》（《INCOTERMS® 2010》）。

（2）国际商会《跟单信用证统一惯例》（《UCP 600》）。

（3）国际商会《托收统一规则》（《URC 522》）。

（三）国际条约

国际条约是两个或两个以上主权国家为确定彼此的政治、经济、贸易、文化、军事等方面的权利和义务而缔结的诸如公约、协定、议定书等各种协议的总称。《联合国国际货物销售合同公约》是目前为止关于国际货物买卖的最重要的国际公约。

《联合国国际货物销售合同公约》（以下简称《公约》）是联合国国际贸易法委员会将《国际货物买卖统一法》和《国际货物买卖合同订立统一法》修订、合并，于 1980 年在维也纳会议上通过，并于 1988 年 1 月 1 日正式生效。《公约》分为四个部分：（1）适用范围和总则；（2）合同的订立；（3）货物销售；（4）最后条款。其中，合同订立、货物销售两部分详细规定了合同订立的程序、买卖双方的义务、违约及其补救。1981 年 9 月 30 日，中华人民共和国政府代表签署了本《公约》。1986 年 12 月 11 日，交存核准书。核准书中载明，中国不受《公约》第一条第（1）款（D）、第十一条及与第十一条内容有关的规定的约束，即对以下两项内容作出保留：

①关于《公约》适用范围的保留。我国认为该《公约》的适用范围应仅限于营业地分处于不同缔约国的当事人之间所订立的货物买卖合同，不应扩大至与非缔约国当事人所签订的货物买卖合同。

②关于合同形式的保留。我国认为，订立、更改或终止国际货物买卖合同均应采取书面形式。

截至 2010 年 8 月，核准和参加该《公约》的国家包括：阿尔巴尼亚、阿根廷、亚美尼亚、澳大利亚、奥地利、白俄罗斯、比利时、波斯尼亚和黑塞哥维那、保加利亚、布隆迪、加拿大、智利、中国、哥伦比亚、克罗地亚、古巴、塞浦路斯、捷克、丹麦、多米尼加、厄瓜多尔、埃及、萨尔瓦多、爱沙尼亚、芬兰、法国、加蓬、格鲁吉亚、德国、希腊、几内亚、洪都拉斯、匈牙利、冰岛、伊拉克、以色列、意大利、日本、吉尔吉斯斯坦、拉脱维亚、黎巴嫩、莱索托、利比里亚、立陶宛、卢森堡、毛里塔尼亚、墨西哥、摩尔多瓦、蒙古、黑山、荷兰、新西兰、挪威、巴拉圭、秘鲁、波兰、罗马尼亚、韩国、俄罗斯、圣文森特和格林纳丁斯、塞尔维亚、新加坡、斯洛伐克、斯洛文尼亚、西班牙、瑞典、瑞士、叙利亚、马其顿（前南斯拉夫共和国）、土耳其、乌干达、乌克兰、美国、乌拉圭、乌兹别克斯坦、委内瑞拉、赞比亚。

五、本课程的内容体系

如前所述，国际货物贸易是来自不同国家（或地区）的当事人在遵守相关的国内国际贸易法律、惯例的前提下，采用特定的形式，遵循一定的程序，而进行的跨国货物买卖。作为专门介绍国际货物贸易实务的课程，本课程以国际货物买卖合同为中心，以进出口交易谈判——订立进出口合同——履行进出口合同为主线，分五篇十章对上述内容做出阐述，并在每章中分成“基础篇”和“实务篇”。“基础篇”讲述每一部分涉及的内容及具体做法，“实务篇”以案例为主，分析讲解外贸实践中发生的具体情况，与“基础篇”呼应。以下是本课程的具体内容体系：

第一篇　国际贸易术语

　　介绍国际贸易中普遍应用的交易条件

　　第一章　国际贸易术语

第二篇　交易磋商与订立合同

　　介绍进出口交易磋商的内容、程序，合同订立的程序和合同的形式

　　第二章　进出口交易磋商与订立合同

第三篇　进出口合同条款

　　介绍进出口合同的各个条款的内容及订立时应注意的事项

　　第三章　合同中的标的条款

　　第四章　合同中的装运条款

　　第五章　合同中的保险条款

　　第六章　合同中的价格条款

　　第七章　合同中的支付条款

　　第八章　合同中的预防与解决争议条款

第四篇　进出口合同的履行

　　介绍进出口合同的程序、具体的做法，以出口合同履行为主

　　第九章　进出口合同的履行

第五篇　国际货物贸易的形式

　　介绍国际货物贸易除单纯的进出口（逐笔交易）外的形式

　　第十章　国际货物贸易的形式

背景资料：国际商会

国际商会是为世界商业服务的非政府间组织，是联合国等政府间组织的咨询机构，于1919年在美国发起，1920年正式成立，总部设在法国巴黎。其基本目的是为开放的世界经济服务，坚信国际商业交流将带来更大的繁荣和国家之间的和平。目

前，国际商会的会员已扩展到100多个国家或地区，由数万个具有国际影响的商业组织和企业组成，并在60多个国家或地区成立了国家委员会或理事会，组织和协调国家范围内的商业活动。

国际商会主要职能有四个：在国际范围内代表商业界，特别是对联合国和政府专门机构充当商业发言人；促进建立在自由和公正竞争基础上的世界贸易和投资；协调统一贸易惯例，并为进出口商制定贸易术语和各种指南；为商业提供实际服务。

国际商会现下属24个专业委员会及工作机构。这24个专业委员会是：国际商会—联合国，世界贸易组织经济咨询委员会，国际贸易政策委员会，多国企业和国际投资委员会，国际商业惯例委员会，计算机、电报和信息政策委员会，银行技术和惯例委员会，知识和工业产权委员会，环境委员会，能源委员会，海运委员会，空运委员会，税务委员会，有关竞争法律和实务委员会，保险委员会，销售、广告和批售委员会，国际仲裁委员会，国际商会国际局，国际商会仲裁院，国际商合国际商业法律和实务学会，东西方委员会，国际商会/中国国际商会合作委员会，国际商会国际海事局，国际商会海事合作中心，国际商会反假冒情报局.

有关委员会的情况如下：

1. 国际商业惯例委员会

该委员会的职能：就目前现代化的运输技术的使用、自动信息处理的增长以及市场不稳定诸因素造成的商业惯例变化提供建议；对影响国际贸易的各种法律的差异提出解决意见；积极参加其他有关国际团体，特别是联合国国际贸易法委员会的工作。

2. 银行技术和惯例委员会

该委员会的职能：在国际银行实务中推动使用自动信息处理技术，并起草新的统一规则；在必要时修订有关托收、跟单信用证等现行统一规则；与商业管理委员会及其他有关国际团体一起工作，发起旨在获得更为广泛的银行法和技术知识的活动。

3. 国际仲裁委员会

该委员会的宗旨是发展并促进利用仲裁的方式解决国际商业争议。

4. 国际商会仲裁院

该机构是通过仲裁方式解决国际商事争议的重要组织。每年都有来自经济、政治和社会制度不同的国家的当事人、仲裁员和律师参与国际商会的仲裁。

5. 国际商会国际商业法律和实务学会

该会创立于1979年，其目的是培训国际商业法方面的人才，并在职业律师和学者们之间架起桥梁，以期互通信息。

6. 国际商会/中国国际商会合作委员会

1991年6月，国际商会/中国国际商会合作委员会成立，旨在加强作为世界范围内的业主代表的国际商会和作为推动中华人民共和国的商业国际化民间组织的中国国际商会之间的合作。1994年11月，国际商会正式授予中国国际商会（China Chamber of International Commerce——CCOIC）成员地位。1995年1月1日，国际商会中国国家委员会成立。

第一篇　国际贸易术语

国际货物贸易的交易双方分处两国，在卖方交货和买方接货的过程中，必然要涉及许多问题，办理许多手续，如运输、保险、进出口清关等。在这期间，货物可能会遭遇到各种风险而受到损失。因此，买卖双方在洽谈交易、订立合同时，需要对以下问题作出明确的规定：

1. 卖方在什么时间、什么地方、什么情况下完成交货义务?
2. 货物发生损坏或灭失的风险何时由卖方转移给买方?
3. 由谁办理货物自出口地至进口地的运输？谁负担运费?
4. 由谁办理货物运输过程中的保险？谁负担保险费?
5. 由谁办理货物的进出口清关工作？谁负担相应税费?
6. 买卖双方需要交接哪些有关的单据?

上述问题是每一笔交易都要明确的，但如果每笔交易中买卖双方都对这些问题一一磋商，势必耗费大量的时间和费用，影响交易的效率。于是，贸易术语——对外贸易的语言便产生了。

第一章　国际贸易术语

• 基础篇

• 实务篇

• 基础篇

国际贸易术语被称为“对外贸易的语言”，是在长期贸易实践中形成的产物，用来说明买卖双方在货物交接过程中各自应承担的义务，并表示商品的价格构成。来自不同国家、操不同语言的外贸经营者，均需掌握贸易术语的含义与用法，并充分了解有关贸易术语的国际贸易惯例，这对于正确运用术语来明确当事人的基本义务和合理规定价格，减少不必要的麻烦和贸易争端，具有十分重要的意义。

第一节 贸易术语的含义与作用

一、贸易术语的含义

贸易术语是指用一个简短的概念或三个字母的英文缩写来表示商品的价格构成，说明交货地点，明确货物交接过程中有关的责任、风险、费用的划分问题。

贸易术语是在长期的国际贸易实践中，为适应贸易实践的发展、变化而逐渐形成的，每种术语代表特定的交货条件，表明买卖双方各自承担的不同的责任、费用和风险，供交易双方选择使用，从而取代了繁琐、冗长的交易磋商。同时，卖方因承担具体责任、风险而产生的成本、费用会作为货价的组成部分，所以，贸易术语又具有了另一重性质——表示商品的价格构成。承担的责任、费用和风险的大小影响着成交商品的价格。例如，作为出口商，如果承担的风险大、责任广、费用多，他便会将这些打入货价中，货物价格自然会高；反之，如进口商承担的风险、责任、费用多，而出口商承担得少，货价自然就会低。按不同的贸易术语成交，会表示出成交商品具有不同的价格，所以，贸易术语有时也被称为“价格术语”或“价格条件”。

因此，贸易术语具有两重性质：一方面，表明交货条件，即交货地点、责任划分、风险划分、费用分担；另一方面，表示商品的价格构成。

二、贸易术语的作用

（一）简化交易手续，缩短洽商时间，节约费用开支

由于贸易术语代表特定的交货条件和价格构成，买卖双方只要约定按何种贸易术语成交，即可明确彼此在货物交接方面所应承担的风险、责任和费用。一些国际贸易惯例对贸易术语作了统一的解释和规定，作为国际贸易的行为准则，便于买卖双方遵照执行。

（二）有利于交易双方进行比价和加强成本核算

贸易术语代表商品的价格构成，卖方因承担具体义务而产生的费用会相应地体现在货价中，因此，便于卖方在报价前将所有成本费用统计好，进行成本核算，也便于买方清楚地了解卖方所报价格中所含的构成因素，从而促进交易的顺利达成。

(三) 有利于防止和解决贸易争端

买卖双方签约时，可能对某些问题规定的不明确，导致履约时产生争议，这时可援引国际贸易惯例中对贸易术语的一般解释来处理。

第二节 有关贸易术语的国际贸易惯例

早在 19 世纪初，国际贸易中就已开始使用贸易术语。但在相当长的时间内，国际上对贸易术语并没有形成统一的解释，导致一个合同的当事人往往因对一个术语的理解不同而形成分歧，甚至产生争议。为了解决这一问题，以适应国际贸易的发展，国际商会、国际法协会等国际组织以及美国一些商业团体纷纷制定了解释国际贸易术语的规则，这些规则被广泛采用，形成了有关贸易术语的国际贸易惯例。

目前，国际上有关贸易术语的惯例有以下三种：

一、《1932 年华沙—牛津规则》(Warsaw-Oxford Rules 1932)

1928 年，国际法协会在华沙举行会议，制定了关于 CIF 买卖合同的统一规则，共 22 条，称为《1928 年华沙规则》。后又经 1930 年纽约会议、1931 年巴黎会议和 1932 年牛津会议修订为 21 条，定名为《1932 年华沙—牛津规则》。

《1932 年华沙—牛津规则》对 CIF 合同的性质、特点及买卖双方的权利和义务都作了具体的规定和说明。按该规则，CIF 合同的卖方所需承担的主要义务是：

(1) 提供符合合同的货物，并按港口习惯方式，在合同规定的时间或期限内，在装运港将货物装到船上；负担货物损坏或灭失的风险，直到货物装上船为止。

(2) 根据货物的性质和预定航线或特定行业通用的条件，自负费用，订立合理的运输合同。该运输合同必须以“已装船”提单为证据。

(3) 自负费用，为出口货物向一家信誉良好的保险商或保险公司取得一份海运保险单。除买卖合同特别规定外，该保险单须按特定行业或预定航线上的惯例承保所有的风险，但不包括战争险，其保险金额按特定行业惯例予以确定，如无此惯例，则按 CIF 发票价值加预期利润 10%。

(4) 在货物业已装船时通知买方船名、唛头和详细细节。但如买方未收到这种通知，或偶然遗漏发出通知，买方无权拒收卖方提交的单据。

(5) 尽力以各种适当的方式将单据提交买方，单据是指提单、发票和保险单以及根据买卖合同卖方有责任取得并提交买方的其他单据。

买方的主要权利和义务是：接受卖方提交的正当的单据，并按买卖合同规定支付价款；有权在合理时间内检查单据是否正确，但无权以没有机会检验货物为借口，拒绝接受正当的单据或拒绝按合同支付价款。

《1932 年华沙—牛津规则》自公布后，一直沿用至今，并成为国际贸易中颇有影响的国际贸易惯例，它在一定程度上反映了各国对 CIF 合同的一般解释。

二、《1941 年美国对外贸易定义修订本》(Revised American Foreign Trade Definitions 1941)

1919 年，美国九大商业团体在纽约制定了《美国出口报价及其缩写》(The U. S. Export Quotations and Abbreviations)，即美国有关贸易术语的条例。后来，随着国际贸易习惯的变化，该条例在 1941 年美国第 27 届对外贸易会议上被修订，命名为《1941 年美国对外贸易定义修订本》，并被美国商会、美国进口商协会和美国对外贸易协会所组成的联合委员会通过，由美国对外贸易协会予以公布，成为主要在美洲国家通用的贸易惯例。

该修订本对以下六种贸易术语作了解释：

(一) Ex (Point of Origin) 产地交货

卖方必须在规定的日期或期限内，在原产地（如卖方的制造厂、矿山、农场、仓库等）约定的地点，将货物置于买方处置之下，负担买方提取货物之前的一切风险和费用。

(二) FOB (Free on Board) 在运输工具上交货

具体分为六种解释：

(1) 在指定内陆发货地点的指定内陆运输工具上交货，表示为：FOB (named inland carrier at named inland point of departure)。按此术语，卖方须在指定内陆装运地点，将货物装于火车、卡车、驳船、拖船、飞机或其他内陆运输工具上，完成交货义务。

(2) 在指定内陆发货地点的指定内陆运输工具上交货，运费预付到指定的出口地点，表示为：FOB (named inland carrier at named inland point of departure) freight prepaid to (named point of exportation)。按此术语，卖方在指定内陆交货地点将货物装上内陆运输工具，并预付自内陆交货地点至出口地点的运费，即完成交货义务。

(3) 在指定内陆发货地点的指定内陆运输工具上交货，减除至指定地点的运费，表示为：FOB (named inland carrier at named inland point of departure) freight allowed to (named point)。按此术语，卖方在所报价格中含有货物至指定出口地点的运费，但注明运费到付，并由卖方在价金内扣除。卖方在将货物装上内陆运输工具，取得相应运输单据后，即完成交货义务。

(4) 在指定出口地点的指定内陆运输工具上交货，表示为：FOB (named inland carrier at named point of exportation)。卖方须自负费用和风险将货物运至指定出口地点，在将货物装上内陆运输工具时，完成交货义务。

(5) 在指定装运港船上交货，表示为：FOB Vessel (named port of shipment)，如 FOB Vessel New York。按此术语，卖方须在规定日期或期限内，将货物装载于买方提供的轮船上，负担货物装上船上为止的一切费用及风险，并提供清洁运输单据；在买方请求并由其负担费用的情况下，协助买方取得货物出口或在目的地进口所需的各种证件。

(6) 在指定进口国内陆地点交货，表示为：FOB (named inland point in country of importation)。卖方须办理将货物运往进口国目的地的一切手续（包括办理货物运至指定目的地的运输、保险、进出口清关等），并负担一切相应费用，承担货物发生灭失或损坏的风险。

(三) FAS (Free Along Side) 在运输工具旁边交货

卖方须在规定的日期或期限内，将货物交至买方指定的海洋轮船船边，置于船上吊钩可及之处，并负担在此之前的一切费用和承担货物灭失或损坏的风险。

(四) C&F (Cost and Freight) 成本加运费

卖方负责安排将货物运至指定目的地的运输并支付运费，支付出口税或因出口而征收的其他税捐费用，对于货物的灭失或损坏，须负责到货物已送交海运承运人保管时或货物已装到船上为止。

（五）CIF（Cost，Insurance and Freight）成本加保险费、运费

卖方除承担 C&F 术语下应有的责任外，还须办理海运保险并支付其费用，提供保险单或可转让的保险凭证。

（六）Ex Dock（Named Port of Importation）进口港码头交货

卖方负担一切费用将货物运至进口国目的港码头，承担货物被交至此地前的一切灭失或损坏的风险。

三、《2010 年国际贸易术语解释通则》（INCOTERMS ® 2010）

1936 年，国际商会制定了一套解释贸易术语的具有国际性的统一规则，称为《国际贸易术语解释通则》。随后，为了适应国际贸易业务的不断发展，国际商会先后于 1953 年、1967 年、1976 年、1980 年、1990 年、2000 年、2010 年推出该通则的修订本，现在通用的是 2010 年 1 月 1 日生效的新修订本，名为《2010 年国际贸易术语解释通则》（INCOTERMS® 2010），简称《2010 通则》。它是包括内容最多、使用范围最广、影响最大的有关贸易术语的国际贸易惯例。

（一）《2010 通则》的主要特点

1. 术语增减情况

新增两个术语 DAT（运输终端交货）和 DAP（目的地交货），删除了 DAF（边境交货）、DES（目的港船上交货）、DEQ（目的港码头交货）和 DDU（未完税交货），国际贸易术语由原来的 13 种减少到 11 种。新增的两个术语适合于任何运输方式，交货都在指定的目的地完成。使用 DAT 时，货物已从到达的运输工具上卸下，由买方处置。使用 DAP 时，货物同样由买方处置，但需由其准备卸货。使用两个术语的合同都是交货合同，由卖方负担将货物交至指定目的地的所有费用（除与进口清关相关的费用外，如有的话）和风险。

2. 《2010 通则》中的 11 种贸易术语

《2010 通则》中的 11 种贸易术语（见表 1－1），分为特征明显的两大类。

适用于任何运输方式或多种运输方式的术语：EXW、FCA、CPT、CIP、DAT、DAP、DDP。

适用于海运及内河水运的术语：FAS、FOB、CFR、CIF。其中后 3 种术语中省略了以船舷作为交货点的表述，取而代之的是货物置于“船上”时构成交货，更加符合商业现实。

表 1－1　《2010 通则》中的贸易术语

术语缩写	术语全称	适用的运输方式
EXW	Ex Works 工厂交货（……指定交货地点）	所有运输方式
FCA	Free Carrier 货交承运人（……指定交货地点）	所有运输方式
CPT	Carriage Paid To 运费付至（……指定目的地）	所有运输方式
CIP	Carriage Insurance Paid To 运费、保险费付至（……指定目的地）	所有运输方式
DAT	Delivered At Terminal 运输终端交货（……指定港口或目的地的运输终端）	所有运输方式

续表

术语缩写	术 语 全 称	适用的运输方式
DAP	Delivered At Place 目的地交货（……指定目的地）	所有运输方式
DDP	Delivered Duty Paid 完税后交货（……指定目的地）	所有运输方式
FAS	Free Alongside Ship 船边交货（……指定装运港）	水运方式
FOB	Free On Board 船上交货（……指定装运港）	水运方式
CFR	Cost and Freight 成本加运费（……指定目的港）	水运方式
CIF	Cost Insurance and Freight 成本加保险费、运费（……指定目的港））	水运方式

3. 国际贸易与国际贸易术语

正式确认这些术语对国际和国内货物买卖合同均可适用。只用在适用时，才产生遵守进出口手续要求的义务。促使该项演进的主要原因：第一，贸易方常在国内买卖合同中使用国际贸易术语；第二，美国国内贸易更情愿以国际贸易术语取代传统的《美国统一商法典》中的运输和交货术语。

4. 电子讯息

A1、B1 条款则在各方约定或符合惯例的情况下，赋予电子讯息和纸质讯息同等效力，便利新电子程序的发展。

5. 保险合同

《2010 通则》是《伦敦保险协会货物险条款》修订以来的第一版国际贸易术语，对于保险的使用进行了相应的调整。

6. 安检通关及其通关所需信息

现在人们对货物移动时的安全问题日益关注，要求确保除了其内在的特性外，货物对人的生命和财产不能构成威胁。因此，《2010 通则》明确了买卖各方完成或协助完成安检通关的义务，比如产销监管链信息。

7. 码头作业费（Terminal Handing Charge）

CPT、CIP、CFR、CIF、DAT、DAP 和 DDP 术语，卖方必须安排货物运输至指定目的地。运输费用有时会包括在港口或集装箱码头设施内处理和移动货物的费用，而承运人或港口营运人很可能向接收货物的买方索要这些费用。为了避免同一服务支付两次费用，即一次在货物总价中向卖方支付，另一次是单独向承运人或港口运营人支付，《2010 通则》相关术语的 A6 和 B6 条款中明确了此类费用的分摊。

8. 链式销售（String Sales）

货物在运至销售链终端的过程中常常被多次转卖，在销售链中间的卖方不是以运送货物的方式，而是以取得货物的方式，履行对其买方的义务。为了澄清此问题，《2010 通则》术语中包括“取得运输中的货物”的义务，并以其作为在相关术语中的运输货物义务的替代义务。

（二）《2010 通则》专门用语的解释

1. 承运人

在《2010 通则》中，承运人是签约承担运输责任的一方。

2. 海关手续

海关手续是指为遵守任何适用的海关规定所需满足的要求，并可包括各类文件、安全、信息或实物检验的义务。

3. 交货

用来指明在这里货物灭失或损坏的风险从卖方转移至买方。

4. 交货凭证

指证明已交货的凭证。交货凭证式运输凭证或对应的电子记录。在 EXW、FCA、FAS 和 FOB 时，交货凭证可能仅仅是一张收据。

5. 电子记录或程序

由一条或多条电子信息组成的整套信息，使用时与对应的纸质凭证具有同等效力。

6. 包装

此词可用于不同目的：

（1）为满足买卖合同的要求对货物进行包装。

（2）为适应运输需要对货物进行包装。

（3）在集装箱或其他运载工具中装载包装好的货物。

《2010 通则》术语中，包装所指的是第一种和第二种情况。不涉及各方在集装箱内的装载义务。因此，如适用时，各方应在买卖合同中作出约定。

（三）贸易术语的正确使用

FCA 123 Example Street, Paris, France INCOTERMS ® 2010

FCA ---------------------------------- 贸易术语

123 Example Street, Paris, France ----------- 地点或地址

INCOTERMS ® 2010 ----------------------- 所选贸易术语最新版本的说明

（四）买卖双方义务的划分

《2010 通则》在每种术语的解释上，对买卖双方各列出 10 项义务，在 10 项义务之首冠以“A 卖方义务”、“B 买方义务”，在每条具体义务前则分别加注“卖方必须”和“买方必须”，排列如下：

A 卖方义务	B 买方义务
A1 卖方一般义务	B1 买方一般义务
A2 许可证、授权、安检通关和其他手续	B2 许可证、授权、安检通关和其他手续
A3 运输合同与保险合同	B3 运输合同与保险合同
A4 交货	B4 收取货物
A5 风险转移	B5 风险转移
A6 费用划分	B6 费用划分
A7 通知买方	B7 通知卖方
A8 交货凭证	B8 交货凭证
A9 查对—包装—标记	B9 货物检验
A10 协助提供信息及相关费用	B10 协助提供信息及相关费用

如前所述，以上这些有关贸易术语的规则、定义、解释通则，并不具有普遍的法律约束力。买卖合同的交易当事人可以自主决定采用某项惯例，并有权在合同中做出与某项惯例不符的规定，只要合同有效，买卖双方都要履行合同规定的义务，一旦发生争议，法院和仲裁机构也要维护合同的有效性。但如买卖双方在合同中既未排除，也未注明适用哪项惯例，则

在合同执行中发生争议时，法院或仲裁机构往往会引用某一国际贸易惯例进行判决或裁决。因此，贸易惯例对国际贸易实践具有重大的指导意义。

资料卡：

《1932 年华沙—牛津规则》总则：这一规则供交易双方自愿采用，凡明示采用本规则者，合同当事人的权利和义务均应援引本规则的规定办理。经双方当事人明示协议，可以对本规则的任何一条进行变更、修改或增添。如本规则与合同发生矛盾，应以合同为准。凡合同中没有规定的事项，应按本规则的规定办理。

《1941 年美国对外贸易定义修订本》规定："此修订本并无法律效力，除非有专门的立法规定或为法院判决所认可。因此，为使其对各有关当事人产生法律上的约束力，建议买方与卖方接受此定义作为买卖合同的一个组成部分。"

《2010 通则》引言中规定："如果想在合同中使用《2010 通则》，应在合同中采用类似词语做出明确表示，所选用的国际贸易术语，包括写明地点、标明《2010 通则》。"

第三节 《2010 通则》中适合于水运的贸易术语

国际商会《2010 通则》所解释的 11 种贸易术语中，适合于水运的术语有 FOB、CFR、CIF 和 FAS，尤其是 FOB、CIF、FCA 术语使用非常广泛。掌握这 3 种主要贸易术语的含义、买卖双方的义务以及在使用中应注意的问题，十分重要。

一、FOB 术语

FOB 是最早被使用的国际货物买卖术语。在很久以前，没有班轮、无法通讯的情况下，商人只能自己或通过船长或代理人随船去外国港口收取货物，然后要求卖方送货至船旁，待商人检查货物满意后支付货款。随着运输、通讯方式的进步，出现了 CIF、CFR 等其他贸易术语，但 FOB 仍是使用最多的贸易术语之一。

FOB 术语的全文是 Free on Board，船上交货。FOB（插入指定装运港）国际贸易术语解释通则® 2010 或 INCOTERMS® 2010。

"船上交货"是指卖方以在指定装运港将货物装上买方指定的船上或通过取得已交付至船上货物的方式交货。货物灭失或损坏的风险在货物交到船上时转移，同时买方承担自那时起的一切费用。FOB 术语只适合于海运或者内河运输，不适用于货物在上船前已经交给承运人的情况，如集装箱运输的货物通常在集装箱码头交货，应适用 FCA 术语。

（一）买卖双方的义务

采用这一术语，买卖双方各自承担的基本义务概括如下：

1. 卖方义务

（1）负责在合同规定的日期或期间内，在指定装运港内的装货点（如有的话），将符合合同规定的货物按港口惯常方式交至买方指派的船上，或以取得已经在船上交付货物的方式交货，并给予买方充分通知。

（2）如适用时，卖方必须自负风险和费用，取得所需的出口许可证和其他官方授权，办理货物出口所需的一切海关手续。

（3）承担交货前货物灭失或损坏的一切风险。

（4）负责提交商业发票、证明交货的通常单据，或者同等作用的电子讯息。

2. 买方义务

（1）负责租船订舱，支付运费，并给予卖方关于船名、装船地点和要求交货时间的充分通知。

（2）负责办理货物进口和从他国过境运输所需的一切海关手续。

（3）承担自卖方交货时起货物灭失或损坏的风险。

（4）接受卖方提交的与合同相符的单据，受领与合同相符的货物并支付价款。

（二）使用 FOB 注意的问题

1. 船货衔接

按 FOB 术语成交的合同，卖方应按合同规定的装船期和装运港，将货物装上船；在链式销售中，取得已经在船上交付的货物。但订立运输合同、安排船只是买方的义务，买方应租船订舱，将船名、装船时间等及时通告卖方，以便卖方备货装船。这就存在船货衔接的问题，如果处理不好这一问题，发生货等船或船等货的情况，势必影响合同的正常履行。

按有关法律和惯例对买卖双方义务的规定，如果买方按期派船到装运港并给予了卖方充分的通知，而卖方因货未备妥未能及时装运，则卖方应承担未按合同履约的后果，包括负担空舱费（Dead Freight）或滞期费（Demurrage）；如果买方延迟派船导致卖方不能按合同规定时间装船交货，则由买方承担由此产生的损失和费用。

资料卡：FOB 术语下风险的提前转移

《2010 通则》规定：如买方未通知卖方指定的船舶名称，或买方指定的船舶未准时到达导致卖方未能履行义务，或该船舶不能够装载该货物，或早于通知的时间停止装货；则自约定的交货日期或约定的交货期限届满的日期起，由买方负担货物灭失或损坏的一切风险以及任何额外费用，但以该项货物已清楚地确定为合同项下之货物者为限。

2. FOB 术语下卖方的通知义务

为了配合买方及时派船和办理保险，在交货期比较长的情况下，要求卖方发送货已备妥通知，货物装船后发送已装船通知。在《2010 通则》中增加“船舶未在约定时间内收取货物要给予买方充分的通知”，以便买方在船舶接货出现问题时，及时掌握信息，进行适当的调整，避免不必要的损失。

3.《1941 年美国对外贸易定义修订本》对 FOB 的不同解释

《1941 年美国对外贸易定义修订本》将 FOB 分成六种解释，其中的第五种“指定装运港船上交货”与《2010 通则》的解释基本相近。与美洲国家的商人进行交易，要注意两种惯例规定的区别。

（1）《1941 年美国对外贸易定义修订本》中的第五种解释“FOB Vessel”是指“装运港船上交货”，要注意在 FOB 术语后加上“Vessel”一词，如：FOB Vessel New York。

（2）关于出口清关问题。《2010 通则》规定卖方办理出口请关，《1941 年美国对外贸易定义修订本》规定卖方只是“在买方请求并由其负担费用的情况下，协助卖方取得由原产地及/或装运地国家签发的，为货物出口或在目的地进口所需的各种证件”，即买方应负担一切出口捐税及各种费用。

4. FOB 的变形

在程租船运输中，如果船方不愿意负担装船费用，买卖双方往往在 FOB 术语后加列附加条件，用来说明装船费用由谁负担，称为贸易术语的变形。

（1）FOB Liner Terms（FOB 班轮条件），是指装船费用的负担按照班轮的做法处理，由负责运输的一方承担。所以，采用这一变形，卖方不负担装船费用。

（2）FOB Under Tackle（FOB 吊钩下交货），是指卖方仅负担将货物交到买方所派船只的吊钩所及之处的费用，而吊装入舱以及其他各项费用，概由买方负担。

（3）FOB Stowed（FOB 包括理舱费），是指卖方负责将货物装入船舱并承担包括理舱费在内的装船费用。理舱是指对入舱后的货物进行安置和整理。

（4）FOB Trimmed（FOB 包括平舱费），是指卖方负责将货物装入船舱并承担包括平舱费在内的装船费用。平舱是指对装入船舱的散装货物进行平整。

在许多标准合同中，为表明由卖方承担包括理舱费和平舱费在内的各项装船费用，常采用 FOBST（FOB Stowed and Trimmed）方式。

二、CFR 术语

CFR 术语的全文是 Cost and Freight 成本加运费，CFR（insert named port of destination）INCOTERMS® 2010，即 CFR（插入指定目的港）国际贸易术语解释通则® 2010 或 INCOTERMS® 2010。

按《2010 通则》，“成本加运费”是指卖方在船上交货或以取得已经这样交付的货物方式交货。货物灭失或损坏的风险在货物交到船上时转移。卖方必须签订合同，并支付必要的成本和运费，将货物运至指定的目的港。CFR 可能不适合于货物在上船前已经交给承运人的情况，例如，用集装箱运输的货物通常在集装箱码头交货，在此情况下，应当使用 CPT 术语。

如适用时，要求卖方办理货物出口清关。

（一）买卖双方的义务

采用这一术语，买卖双方各自承担的基本义务概括如下：

1. 卖方义务

（1）负责租船订舱，支付货物运至目的港的运费；在合同规定的时间和交货地的约定交货点（如有的话），将货物装上船，或者以取得已装船货物的方式交货；装船后及时通知买方。

（2）承担货物在装运港交货前的一切费用和风险。

（3）负责办理货物出口清关。

（4）负责提供商业发票，以及合同可能要求的其他与合同相符的单据，或具有同等效力的电子讯息。

（5）提供或协助取得相关货物进口和/或将货物运到最终目的地所需要的任何单证和信息，包括安全相关信息。

2. 买方义务

（1）接受卖方提供的与合同相符的单据，受领卖方按合同交付的货物，按合同规定支付货款。

（2）承担货物在装运港交货后的一切风险。

（3）负责办理货物进口清关。

如上所述，按 CFR 术语成交，卖方要自负风险和费用，在合同规定的期限内，将符合合同规定的货物装上船，并及时通知买方。货物在装上船或者取得已装船货物的方式交货时，风险即由卖方转移至买方。这与 FOB 条件下卖方承担的义务是相同的。不同的是，CFR 条件下的卖方要负责租船订舱，支付到指定目的港的运费（包括装船费用以及根据运输合同由卖方支付的、在约定卸货港的任何卸货费用）。因此，CFR 术语代表的价格构成，除“成本”（即 FOB 价）外，还应包括出口运费。

（二）使用 CFR 术语应注意的问题

1. 卖方应及时发出装船通知

采用 CFR 术语，卖方应按约定或惯常方式，在货物装船后及时以电传、传真、电子邮件等方式向买方发去装船通知。

在 CFR 条件下，卖方仅负责办理货物的出口运输，不负责办理货物自装运港至目的港的货运保险，而货物在装运港装上船后，风险即归买方负担，因此，卖方应在装船后及时向买方发出装船通知，以便买方及时投保。按有关法律及惯例的规定，如果货物在运输途中受损，而卖方未及时发出装船通知导致买方漏保，那么卖方不能以风险在装上船后转移为由免除责任。

2. CFR 的变形

在程租船运输中，如果船方不愿负担卸货费，买卖双方就必须在合同中明确由谁负担卸货费。这在实践中是通过 CFR 术语的变形，即在 CFR 术语后加列附加条件来说明的。

（1）CFR Liner Terms（CFR 班轮条件），指卸货费用按班轮办法处理，由支付运费的一方承担，即卖方负担卸货费。

（2）CFR Landed（CFR 卸到岸上），指由卖方负担卸货费，包括因船不能靠岸，需将货物用驳船运至岸上而支出的驳运费在内。

（3）CFR Ex Tackle（CFR 吊钩交货），指卖方负责将货物从船舱吊起卸到船舶吊钩所及之处（码头上或驳船上）的费用。在船舶不能靠岸的情况下，租用驳船的费用和货物从驳船卸到岸上的费用，概由买方负担。

(4) CFR Ex Ship's Hold（CFR 舱底交货），指货物运到目的港后，由买方自行启舱，并负担货物从舱底卸到码头的费用。

与 FOB 术语的变形相同，CFR 术语的变形通常也仅仅说明卸货费用的划分，并不改变买卖双方交货地点、风险划分等。但按《2010 通则》规定，最好在合同中明确注明费用划分的方法，或注明附加的条件并不改变除费用划分外的任何规定。

三、CIF 术语

CIF 的全文是 Cost，Insurance and Freight 即成本加保险费、运费。CIF（insert named poet of destination）INCOTERMS® 2010，即 CIF（插入指定目的港）国际贸易术语解释通则® 2010 或 INCOTERMS® 2010。

按《2010 通则》，“成本、保险费加运费”是指卖方在船上交货或以取得已经这样交付的货物方式交货。货物灭失或损坏的风险在货物交到船上时转移。卖方必须签订合同，并支付必要的成本和运费，将货物运至指定的目的港。卖方需要为卖方在运输途中的货物的灭失或损坏风险办理保险。因此，卖方订立保险合同，并支付保险费。买方应注意到，在 CIF 术语下卖方只需按最低险别。如买方要得到更大责任保险险别的保障，他需与卖方明示地达成协议，或者自行安排额外保险。CIF 术语要求卖方办理货物出口清关。CIF 术语只能用于海运和内河运输。CIF 可能不适合于货物在上船前已交给承运人的情况，例如，用集装箱运输的货物通常是在集装箱码头交货，在此类情况下，应当使用 CIP 术语。

（一）买卖双方的义务

采用这一术语，买卖双方各自承担的基本义务概括如下：

1. 卖方义务

(1) 负责租船或订舱，支付至目的港的运费；在合同规定的日期或期间内，在装运港将符合合同的货物装上船或者取得已这样交付货物的方式交货；装船后及时通知买方。

(2) 承担货物在装运港交货之前的一切费用和风险。

(3) 负责办理货物运输保险，支付保险费。

(4) 负责办理货物出口清关。

(5) 负责提供商业发票、保险单和在目的港提货用的通常的运输单据或具有同等作用的电子讯息。

2. 买方义务

(1) 接受卖方提供的交货凭证，受领卖方按合同规定交付的货物，并按合同规定支付货款。

(2) 承担货物在装运港交货后的一切费用和风险。

(3) 负责办理货物进口清关。

CIF 术语与 FOB、CFR 术语同属装运港交货的术语，卖方只要在装运港将货物装上船或者取得这样交付的货物，就完成交货义务，对货物交付后发生的一切风险和由此产生的额外费用，不负责任。不同的是，卖方除了要承担与 CFR 条件下同样的义务外，还要为运输过程中的买方风险办理保险，并支付保险费。因此，从商品的价格构成来说，CIF 价等于在 CFR 价基础上加上保险费。

3. 使用 CIF 术语应注意的问题

（1）象征性交货。象征性交货（Symbolic Delivery）是指卖方只要按期在约定地点完成装运，并向买方提交包括物权证书在内的有关单证，就算完成了交货义务，而无须保证到货。与此相对的交货方式是实际交货（Physical Delivery），指卖方必须按照合同规定的时间和方式，将符合合同的货物交给买方或其指定人。

CIF 是一个典型的象征性交货术语。在这种交货方式下，卖方凭单交货，买方凭单付款。只要卖方如期向买方提交了合同规定的全套单据（种类、名称、内容、份数相符），即使货物在运输途中损坏或灭失，买方也必须履行付款义务。反之，如果卖方提交的单据不符合要求，即使货物完好无损地到达目的地，买方仍有权拒付货款。

CIF 术语的象征性交货性质，使 CIF 合同成为一种“单据买卖”合同。卖方必须保证所提交的单据完全符合合同的要求，否则，将无法顺利收回货款。但无论如何，卖方必须交付与合同相符的货物。如果买方接受了卖方提交的正确单据，按规定付了款，却发现货物原装数量不足或质量不符合合同规定，买方有权利要求索赔。

（2）卖方办理保险的责任。在 CIF 合同中，卖方是为了买方的利益而办理货运保险的。按《2010 通则》规定，如合同中没有另外规定，卖方只需按《协会货物保险条款》条款 C 或类似条款的最低险别；如果买方有要求，并承担费用的情况下，卖方应办理任何附加险别。例如《协会战争险条款》和/或《协会包共享条款》或类似条款的险别。最低保险金额是合同规定价格另加 10%（即 110%），并采用合同货币。在实际业务中，我出口企业在同国外客户洽谈交易采用 CIF 术语时，一般都在合同中具体规定保险险别、保险金额、适用的保险条款，以明确责任。例如：由卖方按发票金额的 110% 投保水渍险和战争险，按 1981 年 1 月 1 日中国人民保险公司海运货物保险及战争险条款负责。

（3）CIF 的变形。采用程租船运输时，如船方不愿承担卸货费，买卖双方就要通过 CIF 的变形来明确卸货费用由谁承担。与 CFR 相同，CIF 的变形仅是为了说明卸货费用的承担，并不改变交货地点和风险划分。

◆ CIF Ex Ship's Hold（CIF 舱底交货），是指卸货费用由买方承担。

◆ CIF Liner Terms（CIF 班轮条件），是指卸货费用按班轮办法处理，由支付运费的一方承担，即卖方承担卸货费。

◆ CIF Landed（CIF 卸到岸上），是指卖方承担卸货费，包括可能支出的驳船费在内。

◆ CIF Ex Tackle（CIF 吊钩交货），是指卖方负责将货物从船舱吊起卸到船舶吊钩所及之处（码头上或驳船上）的费用。

小结：

FOB、CFR、CIF 术语的比较

相同点：

（1）适用的运输方式相同：三种术语均只适用于海运或内河水运。

（2）交货地点相同：在装运港船上完成交货（取得已装船货物）。

(3) 风险划分相同：均以装运港交货为界限。

(4) 合同性质相同：均为装运合同。

不同点：

(1) 三种贸易术语下买卖双方承担的具体责任、费用不同。

(2) 价格构成不同：CIF 价 = CFR 价 + 海运费 = FOB 价 + 海运费 + 保险费。

在我国外贸业务中，FOB、CIF、CFR 是最常用的三种术语。在出口贸易中，因 FOB 术语代表的价格构成简单、易于核算，且出口方不负责办理运输，可避免运价波动带来的风险，所以一些出口企业愿意采用 FOB 术语。但采用 FOB 术语，易出现船货衔接不到位的问题，且 FOB 报价低，外汇收入少。因此，我国的出口贸易宜采用 CIF（或 CFR）术语。反之，在进口业务（特别是租船业务）中，宜采用由我进口方办理运输、保险的 FOB 术语，既可增加外汇收入，又可利用掌握运输、办理保险的地位，增加利润，避免被欺诈。进口业务采用 CFR 术语时尤其应慎重。

四、FAS 术语

FAS 的全文是 Free Alongside Ship 船边交货，是指当卖方在指定装运港将货物交到买方指定的船边（例如，置于码头或驳船上）时，即为交货。货物灭失或损坏的风险在货物交到船边时发生转移，同时买方承担自那时起的一切费用。

与 FOB 术语同样，FAS 适用于海运和内河航运，但卖方的交货地点不是在装运港船上，而是在装运港船边，因而卖方所负担的风险、费用仅止于船边。卖方应负责货物的出口清关。由于卖方承担在特定地点交货前的风险和费用，而且这些费用和相关作业费可能因各港口管理不同而变化，特别建议双方尽可能清楚地订明指定的装运港内的装货点。

当货物装在集装箱里时，卖方通常将货物在集装箱码头移交给承运人，而非交到船边。这时，FAS 术语不适合，而应当使用 FCA 术语。

第四节 《2010 通则》中适合于多种运输方式的贸易术语

一、EXW 术语

Ex Works 工厂交货，EXW（insert named place of delivery）INCOTERMS ® 2010，即 EXW（插入指定交货地点）国际贸易术语解释通则® 2010 或 INCOTERMS® 2010，是指当卖方在其所在地或其他指定地点将货物交给买方处置时，即完成交货。卖方不需将货物装上任何前来接收货物的运输工具，需要清关时，卖方也无需办理出口清关手续。

EXW（工厂交货）术语是卖方承担责任最小的术语，使用时应注意以下问题：

(1) 建议双方在指定交货地范围内尽可能明确具体的交货地点，因为在货物到达交货地点之前的所有费用和风险由卖方承担。

(2) 卖方对买方没有装货的义务，即使实际上卖方也许更方便这样做。

(3) 买方负责办理货物的出口清关手续。因此，在买方不能直接或间接地办理出口清关手续时，不建议使用该术语。

(4) 买方仅有限度地承担向卖方提供货物出口相关信息的责任。

但在实务中，卖方经常会帮助买方将货物装至买方的运输工具上，或是买方要求卖方承担更多的义务。在这种情况下，双方应在买卖合同中写明。

EXW 术语本属按国内贸易的办法进行交易，但也可用于国际贸易。由于《2010 通则》规定 EXW 术语适用于各种运输方式，所以该术语在一些国家，特别是陆地接壤国家间应用得比较普遍。

在使用该术语时，买方要承担的责任、风险和费用是所有术语中最大的。但按该术语成交的价格低廉，对许多进口商具有一定的吸引力。买方应认真考虑可能遇到的各种风险、运输环节及在出口国的出口清关问题，权衡利弊。如果买方不能直接或间接地办理出口手续，则不应使用该术语，而应使用 FCA 术语。

二、FCA 术语

FCA 的全文是 Free Carrier (insert named place of delivery) INCOTERMS® 2010，即货交承运人（插入制定交货地点）国际贸易术语解释通则® 2010 或 INCOTERMS® 2010，是指卖方在卖方所在地或其他指定地点将货物交给买方指定的承运人或其他人。

(一) 买卖双方的义务划分

1. 卖方义务

(1) 负责办理货物出口清关。

(2) 在合同规定的时间、地点，将货物交给买方指定的承运人或其他人，并及时通知买方。

(3) 承担货交承运人之前的一切费用和风险。

(4) 负责向买方提交交货的通常单据或同等效力的电子记录或程序。

2. 买方义务

(1) 签订自指定地点承运货物的合同，支付货物运至目的地的运费，将承运人名称及有关情况及时通知卖方。

(2) 负担货交承运人后的一切费用及风险。

(3) 负责办理货物进口清关。

(4) 根据合同规定受领货物，支付货款。

FCA 术语实际是在 FOB 术语的基础上发展起来的，买卖双方的义务划分原则与 FOB 术语相同，只不过在适用的运输方式上作了很大的扩展，既可以用于海运，又可用于空运、陆运和多式联运，尤其适用于集装箱运输和多式联运。卖方的交货责任，都是在装运地将经出口清关的货物交给买方指定的承运人（FOB 术语要求卖方将经出口清关的货物交到装运港船上），因此，FOB 术语实际上是 FCA 术语的一个特例。但在实际业务中，显然是 FCA 适用更为广泛，并对卖方更为有利。

(二) 使用 FCA 术语时应注意的问题

1. 关于交货

《2010 通则》规定，采用 FCA 术语，交货地点的规定影响装卸货义务。无论何种运输方式，如在卖方所在地交货，卖方负责装货（指卖方要负责将货物装上买方提供的运输工具上）；如在任何其他情况下，则卖方不负责卸货（当货物在卖方的运输工具上可供卸载，并可由承运人或买方指定的其他人处置时）。

2. 关于运输

按《2010 通则》规定，本术语适用于任何运输方式，包括多式联运。FCA 术语由买方负责指定承运人，订立自装运地至目的地的运输合同。但《2010 通则》同时又规定，如卖方被要求协助与承运人订立合同，只要买方承担风险和费用，卖方可以办理，也可以拒绝。如卖方拒绝，应立即通知买方，以便买方另作安排。

三、CPT 术语

CPT 的全文是 Carriage Paid To（insert named place of destination）INCOTERMS ® 2010 即运费付至（插入指定目的地）国际贸易术语解释通则® 2010 或 INCOTERMS ® 2010。

运费付至是指卖方将货物在双发约定地点（如果双方已经约定了地点）交给卖方指定的承运人或其他人。卖方必须签订运输合同并支付将货物运至指定目的地所需的费用。

CPT 术语与 FCA 术语同样，适用于任何运输方式，包括多式联运。

（一）买卖双方义务划分

1. 卖方义务

（1）负责办理货物出口清关。

（2）订立将货物运至目的地的合同并支付运费，在合同规定的时间、地点将货物交给承运人，并及时通知买方。

（3）承担货交承运人前的一切风险。

（4）向买方提供交货的通常单据或具有同等效力的电子单证（EDI）。

2. 买方义务

（1）负责办理货物进口清关。

（2）承担货交承运人后的一切风险和费用。

（3）接受卖方提交的单据，受领货物，支付货款。

从以上买卖双方义务划分可知，CPT 术语下的卖方义务仅比 FCA 下多了办理出口运输，因此，CPT 的价格构成中含有出口运费，即 CPT 价 = FCA 价 + 运费。在交货地点、风险划分上，两者是相同的。

（二）使用 CPT 术语应注意的问题

1. 风险划分

建议双方尽可能地在合同中明确交货地点、风险在哪里转移至买方，以及指定的目的地（卖方必须签订运输合同运到该目的地）。CPT 术语虽然要求卖方负责办理货物的运输并支付运费，但并不要求卖方负担运输途中的风险和由此产生的额外费用。卖方只承担货物交给承运人控制之前的风险，在多式联运情况下，承担货物交给第一承运人之前的风险。

2. 装运通知

CPT 术语实际上是 CFR 术语在运输方式上的延伸。两者除适用的运输方式不同外，在买卖双方义务划分原则上，是完全相同的，卖方要负责订立自装运地至目的地的运输合同并支付运费，但不负担货物在运输途中发生的风险及产生的额外费用。因此，两者都属于装运合同。与 CFR 术语一样，卖方要在装货后及时通知买方，以便买方投保。

四、CIP 术语

CIP 的全文是 Carriage and Insurance Paid to（insert named place of destination）INCOTERMS® 2010，即运费和保险费付至（插入指定目的地）国际贸易术语解释通则® 2010 或 INCOTERMS® 2010。

"运费和保险费付至"是指卖方将货物在双方约定地点（如双方已经约定了地点）交给其指定的承运人或其他人。卖方必须签订运输合同并支付将货物运至指定目的地所需的费用，还必须为买方在运输途中货物的灭失或损坏风险签订保险合同。

CIP 术语下的卖方义务是在 CPT 术语基础上，增加了办理保险并支付保险费。其他如运输方式、交货地点、风险划分都相同。

使用 CIP 术语应注意的问题：

（一）保险

按 CIP 术语成交的合同，卖方要办理货运保险并支付保险费，但货物从交货地点运往目的地的运输途中的风险由买方承担，所以卖方的投保属于代办性质。根据《2010 通则》规定，与 CIF 术语相同，如买卖双方未约定具体投保险别，按惯例卖方投保最低险别即可，保险金额为 CIP 价格基础上加成 10%。

（二）价格的确定

按价格构成看，CIP 价 = CPT 价 + 保险费 = FCA 价 + 运费 + 保险费，因此，卖方对外报价时，要认真核算运费和保险费，并要预计运价和保险费的变动趋势等情况，以免价格低报，造成损失。

小结：

FCA、CPT、CIP 术语与 FOB、CFR、CIF 术语的比较

FCA、CPT、CIP 三种术语是分别从 FOB、CFR、CIF 术语发展而来的，买卖双方责任划分的基本原则是相同的，不同之处主要表现在以下方面：

1. 适用的运输方式不同

FOB、CFR、CIF 术语仅适用于海运和内河运输，其承运人一般是船公司；FCA、CPT、CIP 术语适用于多种运输方式，包括多式联运，其承运人可以是船公司、铁路局、航空公司，也可以是安排多式联运的多式联运经营人。

2. 交货方式和风险转移的地点不同

FOB、CFR、CIF 的交货均为将货物在装运港装上船或者取得已装在船上的货物，风险均以交货时转移至买方；FCA、CPT、CIP 的交货地点，须视不同的运输方式和不同的约定而定，而货物风险于卖方将货物交由承运人保管时转移至买方。

3. 装卸费用负担

采用 FOB、CFR、CIF 术语，在程租船运输中，如船方不愿承担装卸费，买卖双

方就要通过贸易术语的变形对由谁负担装卸费做出规定；在使用 FCA、CPT、CIP 术语时，如涉及使用程租船的海洋运输，承运人收取的运费中已经包含了承运人接管货物后在装运港的装船费用和在目的港的卸货费用，因此，不存在装卸费用的负担问题。

4. 运输单据不同

采用 FOB、CFR、CIF 术语，卖方一般应向买方提交已装船清洁提单；在 FCA、CPT、CIP 术语下，卖方提交的运输单据视不同的运输方式而定，如在海运方式下，可提供提单或不可转让的海运单，在铁路、公路、空运或多式联运方式下，应分别提供铁路运单、公路运单、航空运单或多式联运单据。

5. 投保险别不同

采用 FOB、CFR、CIF 术语，买方或卖方要为货物投保海洋货运险；在 FCA、CPT、CIP 下，买方或卖方要根据具体采用的运输方式而投保相应的海运、陆运、空运、邮包等险别。

6. 结汇时间不同

采用 FCA、CPT、CIP 术语，出口方将货物交给承运人后，即可凭其签发的运输单据（陆运运单、空运单、内河运单、多式联运单据等）在当地交单结汇，而不必等到货物装船后取得海运提单。这样缩短了结汇时间，有利于出口方的资金周转。

五、DAT 术语

DAT 的全称 Deliverd At Terminal（insert named terminal at port or place of destination）INCOTERMS® 2010，即运输终端交货（插入指定港口或目的地的运输终端）国际贸易术语解释通则® 2010 或 INCOTERMS® 2010。

“运输终端交货”是指当卖方在指定港口或目的地的指定运输终端将货物从抵达的载货运输工具上卸下，交给买方处置时，即为交货。卖方承担将货物运至指定港口或目的地的运输终端并将其卸下期间的一切风险。“运输终端”意味着任何地点，而不论该地点是否有遮盖，如码头、仓库、集装箱堆场或公路、铁路、空运货站。

这是一个新增的术语，其中卖方的责任与《2000 通则》中的 DEQ 相似。

六、对 DAP 术语的解释

DAP 全称 Delivered At Place（ insert named place of destination）INCOTERMS® 2010 即目的地交货（插入指定目的地）国际贸易术语解释通则® 2010 或 INCOTERMS® 2010。

“目的地”交货是指卖方在指定目的地将还在运抵运输工具上可供卸载的货物交由买方处置时，即为交货，卖方承担将货物运到指定地点的一切风险。

这是一个在目的地实际交货的术语，代替了《2000 通则》中的 DAF、DES 和 DDU 三个术语。适用于各种运输方式。

由于卖方承担在特定地点交货前的风险，建议双方尽可能清楚地订明指定的目的地内的交货点，建议卖方订立的运输合同应能与所做选择吻合。如适用时，卖方办理出口清关手续，但是卖方无义务办理进口清关，支付任何进口关税或办理任何进口海关手续。如果双方希望卖方办理进口清关，支付所有进口关税，并办理所有进口海关手续，则应当使用 DDP 术语。

七、对 DDP 术语的解释

DDP 的全文是 Delivered Duty Paid（insert named place of destination）INCOTERMS® 2010，即完税后交货（插入指定目的地）国际贸易术语解释通则® 2010 或 INCOTERMS® 2010。

“完税后交货”是指当卖方在制定目的地将仍处于抵达的运输工具上，但已完成进口清关，且可供卸载的货物交由买方处置时，即为交货。卖方承担将货物运至目的地的一切风险和费用，并且有义务完成货物的出口清关和进口清关，支付有关出口和进口的关税和办理所有海关手续。

这一术语是卖方承担义务最大的术语，等于送货上门。按《2010 通则》规定，卖方可以要求买方协助办理进口清关，但费用和风险仍由卖方负担。如果双方当事人愿意从卖方的义务中排除货物进口时需支付的某些费用，如增值税（VAT），应在合同中订明。本术语可适用于任何运输方式。因为卖方承担的风险、责任、费用太大，这一术语较为少用。

• 实务篇

一、CIF or CIP？——内陆地区产品出口中贸易术语的选择

【案情】2011 年 5 月，美国某贸易公司（以下简称进口方）与我国江西某进出口公司（以下简称出口方）签订合同购买一批日用瓷具，价格条件为 CIF LOS ANGELES，支付条件为不可撤销的跟单信用证，出口方需要提供已装船提单等有效单证。出口方随后与宁波某运输公司（以下简称承运人）签订运输合同。8 月初，出口方将货物备妥，装上承运人派来的货车。途中由于驾驶员的过失发生了车祸，耽误了时间，错过了信用证规定的装船日期。得到发生车祸的通知后，我出口方即刻与进口方洽商要求将信用证的有效期和装船期延展半个月，并本着诚信原则告知进口方两箱瓷具可能受损。美国进口方回电称同意延期，但要求货价降 5%。我出口方回电据理力争，同意受震荡的两箱瓷具降价 1%，但认为其余货物并未损坏，不能降价。但进口方坚持要求全部降价。最终我出口方还是做出让步，受震荡的两箱降价 2.5%，其余降价 1.5%，为此受到货价、利息等有关损失共计达 15 万美元。

事后，出口方作为托运人又向承运人就有关损失提出索赔。3 个月后，经多方协商，承运人最终赔偿各方面损失共计 5.5 万美元。出口方实际损失 9.5 万美元。

【评析】在案例中，出口方耗费了时间和精力，损失也未能全部得到赔偿，这充分表明了 CIF 术语自身的缺陷使之在应用于内陆地区出口业务时显得“心有余而力不足”。

1. 内陆出口使用 CIF 术语时“货交承运人”与“完成交货义务”的分离

按照《2010 通则》，采用 CIF 术语订立贸易合同时，出口方同时以托运人的身份与运输公司即承运人签订运输合同。在出口方向承运人交付货物，完成运输合同项下的交货义务

后，却并不意味着他已经完成了贸易合同项下的交货义务。出口方仍要因货物装船前的一切风险和损失向进口方承担责任。而在货物交由承运人掌管后，托运人（出口方）已经丧失了对货物的实际控制权。承运人对货物的保管、配载、装运等都由其自行操作，托运人只是对此进行监督。让出口方在其已经丧失了对货物的实际控制权的情况下继续承担责任和风险，这非常不合理，尤其是从内陆地区装车到港口越过船舷，中间要经过一段较长的时间，会发生什么事情，谁都无法预料。也许有人认为，在此期间如果发生货损，出口方向进口方承担责任后可依据运输合同再向承运人索赔，转移其经济损失。但是对于涉及有关诉讼的费用、损失责任承担无法达成协议，再加上时间耗费，出口方很可能得不偿失。本案例中，在承运人掌管之下发生了车祸，他就应该对此导致的货物损失、延迟装船、仓储费用负责，但由此导致的货价损失、利息损失的承担双方却无法达成协议，使得出口方受到重大损失。

2. 运输单据规定有限制，致使内陆出口方无法在发货后立即在当地交单结汇

根据《2010 通则》的规定，CIF 条件下出口方可转让提单、不可转让海运单或内河运输单据，这与其仅适用于水上运输方式相对应。在沿海地区这种要求易于得到满足，不会耽误结汇。货物在内陆地区交付承运人后，如果走的是内河，也没有太大问题，但事实上一般是走陆路，承运人会签发陆运单或陆海联运提单而不是 CIF 条件要求的运输单据。这样，只有当货物运至装运港装船后出口方才能拿到提单或得到在联运提单上“已装船”的批注，然后再结汇。可见，这种对单据的限制会直接影响到出口方向银行交单结汇的时间，从而影响出口方的资金周转。本案中信用证要求出口方提交的就是提单，而货物走的是陆路，因此他只能到港口换单结汇。

3. 内陆地区使用 CIF 术语还有一笔额外的运输成本

在 CIF 价格中包括的运费应该从装运港到目的港这一段的运费。但从内陆地区到装运港装船之前还有一部分运输成本，如从甘肃、青海、新疆等地区到装运港装船之前的费用一般要占到出口货价的一定比例，有一些会到达 20% 左右。

从以上分析可以看出，CIF 术语在内陆地区出口中并不适用。事实上，对于更多采用陆海联运或陆路出口的内陆地区来说，CIP 比 CIF 更合适。

从适用的运输方式看，CIP 比 CIF 更灵活，更适合内陆地区出口。CIF 只适用于水上运输方式（海运、内河航运），CIP 却适合任何运输方式。而对于内陆地区而言，出口时运输方式也是多种的，比如，出口到美国、东南亚地区的运输方式一般是陆海联运，出口到欧洲的运输方式一般是陆运。

从出口方责任看，使用 CIP 术语时，出口方风险与货物的实际控制权同步转移，责任可以及早减轻。出口方只负责将货物安全移交承运人即完成自己的销售合同和运输合同项下的交货义务，此后货物发生的一切损失均与出口方无关。

从使用的运输单据看，使用 CIP 术语有利于内陆出口业务在当地交单结汇。CIP 涉及的通常运输单据范围要大于 CIF，因具体运输方式不同可以是上面提到的 CIF 使用的单据，又可以是陆运运单、空运单、多式联运单据。承运人签发后，出口方即可据以结汇。这样，缩短了结汇和退税时间，提高了出口方的资金周转速度。

另外，迅速发展的集装箱运输方式也为内陆地区出口使用 CIP 术语提供了便利条件。目前，我国许多沿海港口如青岛、连云港都在争取“把口岸办到内地”，发展内陆地区对沿海陆运口岸的集装箱直通式运输，这势必会减少货物装卸、倒运、仓储的时间，降低运输损耗

和贸易成本，缩短报关、结汇的时间，有利于 CIP 术语在内陆地区出口中的推广。同样道理，在 FOB 和 CFR、FCA 和 CPT 的比较中，FCA 和 CPT 也更适用于内陆地区的贸易。

二、选用 FOB 术语所存在的风险问题

【案情】青岛某进出口公司 G 与加拿大某服装公司 F 签订价值 100 万美元的出口合同。合同规定：价格条款为 FOB，由加拿大 F 公司指定某国际货运代理公司 M 承运并出具提单。青岛 G 公司凭全套正本提单及相关单据通过银行向加拿大 F 公司托收货款。但银行通知：因加拿大 F 公司拒绝支付货款，包括正本提单在内的全套单据已退回银行。为减少损失，青岛 G 公司立即要求该加拿大 F 公司说明原因并告知提单项下货物的现状。F 公司发函称，因为该笔货物存在质量问题，影响销售，要求青岛 G 公司将总货款从 100 万美元降至 50 万美元。

收到此函件后，G 公司怀疑对方可能已经提取货物（否则，未提货不可能事先知道货物存在质量问题）。G 公司立即致函承运人——某国际货代公司 M，告知正本提单在 G 公司保管，如果无单放货将要承担法律责任，同时要求 M 货代公司确认提单项下货物的现状。M 货代公司接到 G 公司信函后，以需支付近 40 万元人民币高额仓储费的苛刻条件，百般阻挠 G 公司委托他人到加拿大提货、看货。为彻底弄清该批货物的真实情况，青岛 G 公司严正指出，可以支付相应的费用，但前提是，要派人到加拿大港口看货和必须有加拿大相关部门提供的费用明细及发票。对此，M 货代公司迟迟不予答复。G 公司百般无奈，该笔货物自出口之日已经长达半年之久，该公司面临着无法正常结汇，只好委托专业涉外律师全权处理此事。

【评析】在当前国际贸易中，如果采用 FOB 成交，如果是一般货物的集装箱运输，买方并不实际派船，而是委托买方本地货代利用其在全球主要港口的代理网络在卖方所在地完成订舱，这样交易的货物通常叫做指定货。指定货由于是买方选择货代，受买方委托承运货物，货代通常与买方关系密切，在一些法律不完善或者货代公司操作不规范的情况下，经常会出现货代无单放货的情况。因此，在出口业务中，作为卖方，根据交易的具体情况，慎重选择适当的贸易术语对于防范收汇风险，提高经济效益是十分必要的。

（1）总体来讲，在出口业务中采用 CIF 或 CFR 术语成交要比采用 FOB 有利。因为，在 CIF 条件下，国际货物买卖中涉及的三个合同（买卖合同、运输合同和保险合同）都由卖方作为其当事人，他可根据情况统筹安排备货、装运、投保等事项，保证作业流程上的相互衔接。另外，有利于发展本国的航运业和保险业，增加服务贸易收入。当然，这也不是绝对的，应根据交易的商品的具体情况首先考虑自身安排运输有无困难，以及经济上是否合算等因素。

（2）如不得已采用 FOB 条件成交时，对于买方派船到港装货的时间应在合同中作出明确规定，以免卖方货已备好，船迟迟不到，贻误装期的事情发生。

（3）对于 FOB 条件下，买方指定境外货代的情况应慎重考虑是否接受。最近，屡屡发生买方与货代勾结，要求船方无单放货，造成卖方钱货两空的事情。另外，有的货代只在装运口岸设个小小的办事处，并无实际办理装运的能力，回过来再通过我方有关机构办理，既增加了环节，降低了效率，又提高了费用。作为卖方应对买方指定的货代的资质情况有一定的了解，如认为不能接受，应及时予以拒绝。

（4）选择贸易术语时还应结合支付方式进行考虑。如采用货到付款或托收等商业信用的收款方式时，尽量避免采用 FOB 或 CFR 术语。因为这两种术语按照合同的规定，卖方没有办理货运保险的义务，而由买方根据情况自行办理。如果履约时行情对买方不利，买方拒绝接收货物，就有可能不办保险，这样一旦货物在途中出险就可能导致钱货两空。如不得已采用这两种术语之一成交，卖方应在当地投保卖方利益险。

（5）即使采用信用证支付时，也应注意对托运人的规定，特别是 FOB 条件下，有些国外买方常在信用证中要求卖方提交的提单要以买方作为托运人（Shipper），这种做法也同样会给卖方带来收汇的风险。在国际贸易中曾发生过这样的事情：买卖双方按 FOB 条件成交，合同规定以信用证支付。买方开来的信用证中规定卖方提交的提单要注明托运人为买方。卖方审证时发现这一问题。但认为与承运人订立运输合同的是买方，买方作为托运人也顺理成章，另外，为此再修改信用证又要增加费用开支和延误装期，所以，卖方就照办了。交货后提交的提单注明买方为托运人。但结汇时因单证有不符点，被银行拒付并退单。

货物在运输途中，买方以提单的托运人的名义指示承运人将货物交给他指定的收货人。这样一来，卖方虽控制着作为物权凭证的提单，然而货物却已被买方指定的收货人提走。卖方向法院起诉承运人无单放货，被法院以无权起诉为由予以驳回。由此可见，在 FOB 合同下，以卖方还是买方作为托运人并非无足轻重的事情。按照《汉堡规则》的解释，托运人有两种，一种是与承运人签定海上运输合同的人，另一种是将货物交给与海上货物运输有关的承运人的人。根据上述解释，FOB 合同下，买方或卖方均符合作为托运人的条件。如果买方资信好，又有转售在途货物的要求，以买方作为托运人未尝不可。但如果不是这样，从安全起见，还是以卖方作为托运人为好。

第二篇　交易磋商与订立合同

国际货物贸易是一个非常复杂的过程，从交易的双方开始接触到成功达成一笔交易，往往需要交易双方进行长时间的、反复的磋商。交易磋商（Business Negotiation）又称贸易谈判，是交易双方就商品的有关条件进行协商以期达成交易的过程。交易磋商的核心工作实际上就是讨价还价，而其终极目的是为了双方就所有交易条件达成一致，成立一个买卖合同，以实现双方的利益。

交易磋商这一环节是整笔进出口业务中最为重要、最为棘手的一环，需要交易者充分运用国际商务的各门知识，灵活运用谈判的各种技巧，争取订立对己方有利的合同条款。因此，参与洽谈的业务人员必须做到业务精、外语强、懂法律、熟金融，并要具备一定的谈判水平，做到能够从容、灵活地应对谈判中可能出现的任何情况。

本篇主要讲述进出口交易磋商的程序和进出口合同的形式。

第二章　进出口交易磋商与订立合同

• 基础篇

• 实务篇

·基础篇

进出口的交易洽谈不仅要求当事人要具备高超的谈判水平，掌握全面的外贸政策、外贸知识，拥有足够的外语水平，还要求谈判者在每一笔交易洽谈开始之前，要做好充分的准备工作，做到“知己知彼，心中有数”，才能自信、灵活地应付洽谈中出现的任何问题，取得满意的结果。

第一节　交易前的准备

一、出口交易前的准备

出口交易前的准备工作主要包括对国际市场进行调查研究、制定商品经营方案、落实货源或制定出口商品生产计划、进行广告宣传、选定客户并与之建立业务关系等内容。

（一）对国际市场进行调查研究

对国际市场的调查研究是开展出口贸易前首先应做好的工作，目的是寻找并确定合适的目标市场。调研内容包括对进口国别地区的调查研究、对商品市场的调查研究和对交易对象的调查研究。

（1）对进口国别地区的调查研究，主要是调查有关国家或地区的经济状况、对外政策、对我国的态度、进出口商品结构、数量、金额、贸易对象国、贸易与外汇管制等有关对外经济往来的情况及其特点。

（2）对商品市场的调查研究，主要是调查目标进口国有关商品及相关商品的品种、花式、质量、包装、原材料、科学技术水平以及生产、消费、贸易、成本、价格、主要供需国别及其发展状况，以确定己方产品在该市场上面临的竞争形势和所处的竞争地位，便于根据实际情况灵活报价及确定其他交易条件。

（3）对交易对象的调查研究，主要是调查已经或有可能经营我国产品的客户和潜在客户的政治态度、资信情况、经营范围和经营能力等状况，以便于我国外贸企业有区别地选择和利用客户。

（二）制定出口商品经营方案或价格方案

在对国际市场进行了调查研究，确定了目标市场以后，就应根据国家的方针政策和本企业的经营意图，对出口商品在一定时期内作出全面的业务安排。具体要针对目标市场的需求，考虑各种影响市场销售的因素，设计销售策略，制定最佳的综合销售方案即出口商品经营方案，以达到企业的目标。出口经营方案通常包括：国内货源情况、国外市场与目标市场情况、历史经营情况、计划安排和实现计划的措施（市场安排、物色客户、广告宣传、贸易方式、价格与支付、成本核算等）。

（三）落实货源、制定出口商品生产计划

（四）广告宣传

（五）选定客户和建立业务关系

在对交易对象调查的基础上，选定资信良好、经营能力较强和政治上对我国友好的客户，与之进行联系，并建立业务关系。

二、进口交易前的准备

（一）市场调研

在进口交易前首先要对市场进行调研，了解拟采购商品的供应国和主要生产者的供应情况，了解价格水平，根据不同商品的规格、技术条件，进行比较分析，选择适销对路、货源充足、技术水平高、价格优惠的市场采购。

（二）客户调研

了解客户资信情况、经营能力和经营作风以及与我国企业业务往来情况，还要了解客户的购销渠道。

（三）取得进口许可证

凡需许可管理的商品，均需向有关部门取得配额证明方可申领进口许可证。

（四）办理委托代理手续

未获进口经营权或无该项商品进口经营权的企业，如需进口，必须委托有该商品进口经营权的企业代理进口。

第二节　进出口交易磋商

进出口的交易磋商，从形式上来讲，有口头磋商和书面磋商两种。口头磋商包括面对面的谈判、电话磋商等形式。书面磋商包括双方交换信函、电报、传真及电子邮件等。

磋商的内容，一般来讲，包括进出口合同的所有条款，即合同的标的（货物的品名、品质、数量、包装）、价格与支付条款、交货条件（运输、保险）、预防与解决争议的条款（检验、索赔、不可抗力和仲裁）等。

在实践中，为简化磋商内容，提高磋商的效率，降低磋商成本，有经验的国际贸易业务人员往往在进行正式磋商之前，先就一般交易条件与对方达成一致。一般交易条件（General Terms and Conditions）指由出口商为出售或进口商为购买货物而拟订的每笔交易都适用的一套共性的交易条件。一般交易条件的内容按经营的商品的不同而不同，通常包含以下几个方面：

（1）有关争议的预防和处理条件（如检验、索赔、不可抗力及仲裁的有关规定）；

（2）有关主要交易条件的补充说明（如品质的机动幅度、分批装运、保险险别等）；

（3）个别的主要交易条件（如通常的包装方式、付款方式等）。

一般交易条件可以印在合同的背面或合同正文的下面，也可单独印制成文，提供给可能的客户使用。一般交易条件的法律效力同其他交易条件一样，是合同的一个组成部分。

交易磋商的一般程序分询盘、发盘、还盘和接受四个环节。

一、询盘

询盘（Inquiry），又称询价，指买方为购买商品或卖方为出售商品而向对方提出有关交易条件的询问。询盘可以只询问价格，也可以询问其他交易条件，或者可要求对方向自己发盘。一般情况，由买方询盘多一些。

询盘对询盘人和被询盘人都没有法律约束力，不是交易的必经步骤。但是询盘往往是一笔交易的起点，所以，被询盘人应对接到的询盘给予重视，及时进行适当的答复。

询盘时一般不用“询盘”的术语，而通常使用下列术语：

买方常用：

Please Advise...　　请告……

Please Offer...　　请发盘……

Please Quote...　　请报价……

卖方常用：

We can supply... please book/order/bid　我方可提供……请订货/递盘

二、发盘

发盘（Offer），又叫发价，法律上称为要约，是卖方或买方向对方提出各项交易条件，并愿意按这些条件达成交易，订立合同的一种肯定的意思表示。实际业务中，发盘通常是一方收到对方的询盘之后作出的，但也可不经询盘直接向对方发盘。

发盘的特点是，发盘一经生效，在有效期内，对发盘人有法律约束力，发盘在有效期内，发盘人不能随意撤销或修改发盘的内容。发盘一经对方在有效期内无条件接受，发盘人将受其约束，并承担按发盘条件与对方订立合同的法律责任。

发盘可由卖方或买方作出，卖方发盘叫售货发盘，买方发盘叫购货发盘，又叫递盘（Bid）。

发盘常用的词语：

发盘（Offer）

发实盘（Offer Firm）

报价（Quote）

供货（Supply）

递盘（Bid）

（一）构成一项有效发盘的条件

《公约》第 14 条第 1 款规定一项有效的发盘必备的条件是：“向一个或一个以上特定的人提出的订立合同的建议，如果十分确定并且表明发价人在得到接受时承受约束的意旨，即构成发价。一个建议如果写明货物并且明示或暗示地规定数量和价格，即为十分确定。”同时，《公约》第 15 条第 1 款还规定：“发价于送达被发价人时生效”。

从这些规定中，我们知道，一项有效发盘的构成必须具备下面四个条件：

1. 向一个或一个以上特定的人提出

发盘必须向特定的人提出，所谓“特定的人”是指发盘中指明个人姓名或企业名称的受盘人，也叫指定受盘人，可以是自然人，也可以是法人。这个规定的目的是为了将发盘与广告、商品目录、价格单及宣传品区分开来。

2. 表明订约意旨

《公约》规定：一方当事人是否向对方表明在发盘被接受时承受约束的意旨，是判别一项发盘的基本标准。

所谓“承受约束”是指发盘人于得到接受时承担与受盘人按发盘条件订立合同的责任。表明承受约束的意旨，可以是明示的，也可以是暗示的。明示表示，如发盘时写上“发盘”或规定发盘的有效期等；暗示表示，则应同其他情况结合考虑，如双方磋商的情况，业务中的习惯做法、惯例等。

3. 内容必须十分确定

发盘内容必须十分确定，具体表现在以下几点：

（1）发盘的全部内容是明确的。发盘内容不能模糊不清，价格数量条件应十分确定，不能用“参考价”、“数量估计有”等表示方法。

（2）发盘的各项条件要完整。完整的交易条件，一般认为应包括商品的品质、数量、包装、价格、交付及支付几个条件，但是，按《公约》第14条规定：“一项订立合同的建议，如果写明货物，并且明示或暗示地规定数量和价格或如何确定数量和价格，即为十分确定”。按此规定，一项订约建议只要列明货物的品质、数量和价格几个条件，就会被认为内容十分确定，即构成有效发盘。

（3）发盘内容要无保留。发盘应是终局的，没有限制性条件。发盘一经受盘人接受，发盘人必须按发盘条件与受盘人建立合同关系。

符合这三个条件（内容明确，交易条件完整，发盘内容无保留）的发盘，又称“实盘”或“有约束力的发盘”，其他即“虚盘”或“无约束力的发盘”。

4. 送达受盘人

发盘必须送达受盘人才生效，这是《公约》和各国法律的普遍要求。发盘无论是口头的还是书面的，只有传达到受盘人时才生效。例如，发盘人以电话向受盘人发盘，如果电话出现故障，受盘人无法听清发盘内容，则应在电话修好后让受盘人听清全部发盘内容，发盘方为有效。再如，以信函作出的发盘，如果信函在邮寄途中丢失，则该发盘无效。

（二）发盘的有效期

国际货物买卖中，发盘一般应有有效期。发盘的有效期是指可供受盘人对发盘作出接受的期限，它有两层含意：一是发盘人在发盘有效期内受约束；二是超过有效期，发盘人就不再受发盘的约束。因此，发盘的有效期既是对发盘人的限制，也是对发盘人的保障。

发盘有效期的规定方法主要有：

1. 明确规定有效期

（1）规定最迟接受期限。发盘人在发盘中明确规定受盘人表示接受的最迟期限。如：发盘限18日复。使用此种方式应注意发盘人与受盘人的两地时差问题，最好同时规定以发盘人所在地的时间为准。如上例改为：发盘限18日复到我方。

（2）规定一段接受时期。发盘人规定发盘在一段时间内有效。如：发盘3天内有效。使用这种方法，存在发盘有效期计算的起讫问题。

2. 不明确规定有效期

不明确规定有效期，可理解为在合理时间内有效。但是，国际上没有对“合理时间”

的统一解释，为避免争议，业务中，最好明确规定发盘的有效期。

3. 口头发盘的有效期

《公约》第 18 条规定："对口头发价必须立即接受，但情况有别者不在此限。"此规定有两个意思，一是在口头协商时，发盘应立即接受，否则发盘失效；二是情况有别者，即发盘人在口头发盘中规定了有效期，如有效期两天，则此发盘的有效期是两天。

发盘人应对发盘规定有效期，但有效期应当是多长时间，并无一定之规，一般来讲，发盘的有效期的长短应取决于货物的种类、市场行情和交易的金额等因素。如果买卖的是小商品，交易额不大，行情稳定，有效期可规定的长一些，如 5 ~ 7 天，也可更长。如果买卖的商品是大宗商品、初级商品或市场行情波动较大，则应规定的稍短些，如 2 ~ 3 天，甚至几个小时也可，以免让国外客户坐等商机，给我方带来风险或损失。

（三）发盘的撤回

发盘的撤回是指发盘人将尚未被受盘人收到的发盘予以取消的行为。《公约》第 15 条规定："一项发价，既使是不可撤销的，得予撤回，如果撤回通知于发价送达被发价人之前或同时送达被发价人。"由此可见，这个规定是建立在发盘尚未生效的基础上的。实际业务中，只有当使用信件或电报发盘时，才有可能撤回发盘。

（四）发盘的撤销

发盘的撤销是指发盘人将已经被受盘人收到的发盘予以取消的行为。

已经被受盘人收到的发盘能否撤销，各国法律解释不一，争论的焦点在于一项已生效的发盘对发盘人是否有约束力。

英美法规定，发盘在被接受前可被撤销，即使发盘规定有效期，该发盘对发盘人也无约束力，除非受盘人为使发盘保持可供接受而付出某种"对价"，如支付一定金额或给付一定物品。

大陆法认为，发盘对发盘人有约束力，发盘生效后不能撤销，除非发盘人在发盘中注明不受约束。

《公约》对此问题进行了协调并做了折衷的规定。

《公约》第 16 条规定："已为受盘人收到的发盘，如果撤销的通知在受盘人发出接受通知之前送达受盘人，可予撤销，但是，下列情况不能撤销：(1) 发盘规定有效期或以其他方式表明是不可撤销的；(2) 受盘人有理由信赖这项发盘是不可撤销的，并已本着这种信赖采取了行动。"

（五）发盘的终止

发盘的终止是指发盘的法律效力的消失。它有两层含意：一是发盘人不再受发盘的约束；二是受盘人失去了接受该发盘的权利。

发盘失效的原因有很多，主要的有以下几种情况：

(1) 在有效期内未被接受而过期。发盘由于时间的过去而失效，明确规定有效期的发盘，在有效期内未被接受即失效；未明确规定有效期的发盘，在合理时间内未被接受而失效；口头发盘如果没有被立即接受，发盘即失效。

(2) 被受盘人拒绝或还盘。发盘一经受盘人还盘或拒绝，立即失效。

(3) 发盘人在发盘得到接受之前进行了有效的撤销。

(4) 不可抗力因素的发生。如发盘人或受盘人是自然人，在发盘被接受之前丧失行为能力；发盘人为法人，在发盘被接受之前，该法人宣告破产；特定的标的物毁灭等。

三、还盘

还盘（Counter Offer），又叫还价，是受盘人对发盘内容不完全同意而提出修改或变更的表示。还盘既是受盘人对发盘的拒绝，也是受盘人以发盘人的地位作出的新发盘。发盘一经还盘就失去效力了，而且，除非得到原发盘人同意，受盘人不能在还盘后反悔，再接受原来的发盘。

一方发盘，另一方如对其内容不同意，可以进行还盘；同样，一方还盘，另一方如不同意，可以对还盘进行再还盘，一笔交易，可能要经过多次还盘才可达成。

还盘不仅可以对商品的价格，也可以对其他交易条件提出意见，还盘时，对双方已同意的条件一般不再列出来。

进行还盘时，可使用“还盘”，但一般仅将不同意的交易条件通知对方，就意味着还盘了。

四、接受

接受（Acceptence）在法律上称承诺，是卖方或买方同意对方在发盘中提出的各项交易条件，并愿按这些条件与对方达成交易，订立合同的一种肯定的意思表示。

一方的发盘经另一方接受，交易即告达成，合同即告成立，双方就应分别履行各自的义务。

表示接受，一般用“接受”（Accept），“同意”（Agree），或“确认”（Confirm）等词语，也可用“请开信用证”或“信用证已开出”等来表示。

（一）构成有效接受的条件

《公约》第18条规定：“被发价人声明或作出其他行为表示同意一项发价，即是接受，缄默或不行动本身不等于接受。”

法律上有效的接受应具备以下几个条件：

1. 接受必须由特定的受盘人作出

对发盘表示接受，必须是发盘中指明的受盘人，不能是其他人。如果其他人获知一项非向他作出的发盘，并且同意发盘条件，作出接受，只能视为他向发盘人作出的发盘，除非发盘人同意，否则合同不成立。

2. 接受必须表示出来

接受必须由受盘人以某种方式表示出来，受盘人表示接受的方式有两种：

（1）用声明作出表示。即受盘人用口头或书面形式向发盘人表示同意发盘，这是国际贸易中最常见的方法。如“同意”、“接受”等。

（2）用作出行为来表示。所谓作出行为，通常指卖方发运货物或买方支付货款来表示，也可用其他行为表示，如开始生产货物、采购货物等。使用这种方法应注意，行为应是根据发盘的要求或当事人之间的习惯做法而作出的，并且要在发盘的有效期之内。

3. 接受必须与发盘相符

如要达成交易，成立合同，受盘人应无条件全部同意发盘条件。接受应是绝对的，无保留的。根据英美法“镜相原则”，接受应像照镜子一样照出发盘；大陆法采取类似原则，要求接受应“纯净”，与发盘“完全相符”。因此，如果对发盘表示接受但附有附加、限制等，视为拒绝发盘，构成还盘。

4. 接受必须在发盘的有效期内表示

接受必须在发盘有效期传达到发盘人才有效。在口头磋商时，接受可被立即传达到发盘人，但在使用信件和电报表示接受时，不能立即传达到发盘人，接受于何时生效，各国解释不同。

英美法国家采用“投邮生效”原则（Despatch Theory），即一般情况，接受送达发盘人生效，但是，在以信件或电报传达接受时，接受自信件投邮或电报发出时即生效。但是也有一个限制，即如果发盘人明确规定接受应于有效期内到达发盘人，则接受必须在发盘有效期内到达才有效。

大陆法国家采用“到达生效”原则（Receipt Theory），即表示接受的信件、电报必须在发盘有效期内到达发盘人，接受才有效。如果表示接受的信件、函电在邮寄途中遗失，合同不能成立。

《公约》采用“到达生效”原则，它在第 18 条规定：“接受于到达发盘人时生效。”我国《合同法》也有类似的规定。

（二）有条件接受

《公约》规定：“如果对发盘表示接受但附有附加、限制等，视为拒绝发盘，构成还盘。但是实际业务中，受盘人表示接受往往要对发盘作出某些更改，如果严格要求接受与发盘一致，会影响合同的签订。”

《公约》第 19 条第 2 款规定：“对发盘表示接受但载有添加或不同条件的答复，如所载的添加或不同条件在实质上并不变更该项发盘的条件，除发盘人在不过分迟延的期间内以口头或通知反对期间的差异外，仍构成接受。如果发盘人不作出这种反对，合同的条件就以该项发盘的条件以及接受通知所载的更改为准。”

由此可见，《公约》以接受必须无条件为第一原则，又根据实际情况进行了补充规定，即“对发盘表示接受但载有添加或不同条件的答复，如所载的添加或不同条件在实质上并不变更该项发盘的条件，除发盘人在不过分迟延的期间内以口头或通知反对期间的差异外，仍构成接受”。所谓“实质性变更”是指“有关货物的价格、付款、货物的质量和数量、交货时间和地点、一方当事人对另一方当事人赔偿的责任范围或解决争端的添加或不同条件，视为实质上变更发盘条件”。

（三）逾期接受

如果接受通知超过发盘规定的有效期，或发盘未规定有效期而超过合理期限才传达到发盘人，就成为逾期接受。逾期接受通常是无效的，但《公约》规定了几种特殊情况：

（1）如果发盘人收到逾期接受，毫不迟延通知受盘人确认逾期接受有效，此逾期接受有效。

（2）一项逾期接受，从它使用的信件或其他方式表明，在传递正常的情况下本能及时到达发盘人，由于传递不正常延误造成逾期，此种逾期接受是有效的，除非发盘人毫不迟延地通知受盘人，他认为该发盘已失效。

资料卡：《公约》对逾期接受的规定

（1）逾期接受仍有接受的效力，如果发价人毫不迟延地用口头或书面将此种意见通知被发价人。

（2）如果载有逾期接受的信件或其他书面文件表明，它是在传递正常、能及时送达发价人的情况下寄发的，则该项逾期接受具有接受的效力，除非发价人毫不迟延地用口头或书面通知被发价人：他认为他的发价已经失效。

（四）接受的撤回

接受的撤回，是在接受生效之前撤回，阻止它生效。《公约》规定：“接受得予撤回，如果撤回通知于接受生效之前或同时送达发盘人。”接受送达发盘人之后立即生效，就不能撤回了。

询盘、发盘、还盘和接受是在业务中交易磋商的一般程序。实际业务中，询盘并不是每笔交易磋商不可缺少的环节，买方和卖方可不经对方询盘而直接向对方发盘；还盘也不是交易磋商必须的环节，受盘人接到发盘如果认为交易条件合适可立即表示接受，这时就不存在还盘这个步骤。因此，在法律上，只有发盘和接受是交易磋商不可缺少的两个基本环节。

知识窗：商务洽谈礼忌种种

东南亚礼忌：与东南亚商人洽谈商务时，严忌翘起二郎腿，乃至鞋底悬着颠来颠去。否则，必引起对方反感，交易会当即告吹。

中东礼忌：中东阿拉伯国家的商人，往往在咖啡馆里洽谈贸易。与他们会面时，宜喝咖啡、茶或清凉饮料，严忌饮酒、吸烟、谈女人、拍照，也不要谈论中东政局和国际石油政策。

俄罗斯礼忌：俄罗斯及东欧诸国，对西方商人的礼待是极其热情的。在同俄罗斯人洽谈贸易时，切忌称呼“俄国人”。

英国礼忌：到英国洽谈贸易时，有三条忌讳：（1）忌系有纹的领带（因为带纹的领带可能被认为是军队或学生校服领带的仿制品）；（2）忌以皇室的家事为谈话的笑料；（3）不要把英国人称呼为“英国人”。

法国礼忌：到法国洽谈贸易时，严忌过多地谈论个人私事。因为法国人不喜欢大谈家庭及个人生活的隐私。

南美礼忌：赴南美洲做生意的人，为了入境随俗，在洽谈交易的过程中，宜穿深色服装，谈话宜亲热并且距离靠近一些，忌穿浅色服装，忌谈当地政治问题。

德国礼忌：德国商人很注重工作效率。因此，同他们洽谈贸易时，严忌神聊或节外生枝地闲谈。德国北部地区的商人，均重视自己的头衔，当同他们一次次热情握手，一次次称呼其头衔时，他必然格外高兴。

瑞士礼忌：若给瑞士的公司寄信，收信人应写公司的全称，严忌写公司工作人员的名字。因为，如果收信人不在，此信永远也不会被打开的。瑞士人崇拜老字号的公司，如果你的公司是1895年之前成立的，那么你应在工作证件上或名片上特别强调出来。

美国礼忌：与美国人洽谈交易时，不必过多地握手与客套，贸易谈判可直截了当地进入正题，甚至从吃早点时即可开始。

芬兰礼忌：与芬兰商人洽谈时，应重视行握手礼，应多呼其“经理”之类的职衔。谈判地点多在办事处，一般不在宴会上。谈判成功之后，芬兰商人往往邀请你赴家宴与洗蒸汽浴。这是一种很重要的礼节。如你应邀赴宴时，忌讳迟到，且不要忘记向女主人送上5朵或7朵（忌双数的）鲜花。在主人正式敬酒之前，客人不宜先行自饮。在畅谈时，应忌讳谈当地的政治问题。

第三节　订立进出口合同

合同的订立，是双方当事人意思表示一致的结果，当事人取得意思一致的过程，就是合同订立的过程。包括两个步骤：一是发盘或发价（法律上称为邀约）；二是接受（法律上称为承诺）。一方发盘经另一方接受之后，交易即告成立，双方成立了合同关系，但国际贸易中买卖双方一般还会签订一个书面合同，进一步明确双方责任。

一、签订书面合同的意义

按照法律规则，合同成立取决于一方发盘被另一方接受，签订书面合同不是合同有效的必要条件。例如许多国家的法律规定，除非当事人约定以签订书面合同作为合同成立要件外，口头合同和书面合同同样在法律上得到承认。但是签订书面合同有以下意义：

（一）合同成立的证据

法律要求合同必须能得到证明，包括人证和物证。在用信件、电报磋商时，提供证明较易，而口头磋商的合同，如果没有书面形式确定，就有可能因为不能被证明而无效。因此，签订一份书面合同可起到证明合同成立的依据。

（二）合同生效的条件

如果买卖双方磋商时，一方提出以最终签订书面合同为准，则在书面合同签订之前，合同不能生效。此时，签订合同是合同生效的条件。此外，按规定应由一国政府机构审批的合同，也是有一定格式的书面合同。

（三）合同履行的依据

国际贸易中，达成交易只是磋商阶段的结束，合同的履行中，由于涉及到企业内外很多部门，过程较复杂，因此有必要将合同的各个条款综合起来，为方便履行合同提供依据。

二、书面合同的形式

合同形式是指合同当事人所达成协议的表现形式，是合同内容的载体。国际上，对货物买卖合同的形式并没有统一的规定。我国《合同法》规定：书面形式是指合同书、信件和数据电文（包括电报、电传、传真、电子数据交换和电子邮件）等可以有形地表现所载内容的形式。我国的外贸企业常用合同、确认书、协议等。此外，还有意向书、定单及委托订购单等。

（一）合同（Contract）

业务中常用的合同主要有销售合同（Sales Contract）和购货合同（Purchase Contract）。外贸企业一般自己印有固定格式，成交后，业务员逐项填写即可。

（二）确认书（Confirmation）

确认书有销售确认书（Sales Confirmation）和购货确认书（Purchase Confirmation），是一种简化的合同形式，经双方签字认可的确认书与合同有同样的法律效力。

（三）协议（Agreement）

协议在法律上与合同是同义词，只要协议的内容对买卖双方的权利和义务进行了明确的规定，就与合同一样对双方有约束力。

（四）意向书（Letter of Intent）

意向书在交易磋商尚未最后达成协议前，买卖双方为了就达成某项交易，将共同争取实现的目标、设想和意愿，有时还包括初步商定的部分交易条件，记录在一份书面文件上，作为今后进一步谈判的参考和依据。这种书面文件可称为“意向书”。意向书不是法律文件，对当事人无约束力。

（五）订单（Order）

订单是指由出口商或实际买方拟定的货物定购单。

三、书面合同的内容

进出口贸易中，书面合同的内容一般包括三部分：约首、本文和约尾。可参见表 2－1。

约首，即合同的首部，包括合同名称、编号、签订日期和地点、订约双方的名称及地址。

本文是合同的主要组成部分，包括各项交易条款。

约尾，即合同的尾部，载明合同使用的文字、效力、正本的份数、当事人代表的签字等。

书面合同的内容必须符合有关法律规定及国家政策，内容完备，条款明确，与磋商的内容一致，合同一旦签订，就成为约束双方当事人的法律文件，必须认真对待，谨防错漏。

表 2－1　　销售确认书

合同号：	Contract No.：
日期：	签约地点：
Date：	Signed At：
卖方：	地址：
Sellers：	Address：

兹买卖双方同意成交下列商品订立条款如下：

The undersigned Sellers and Buyers have agreed to close the following transactions according to the terms and conditions stipulated below:

1. 货物名称及规格

Name of Commodity and Specification

2. 数量

Quantity

3. 单价

Unit Price

4. 金额

Amount

5. 总值

Total Value

数量及总值均得有 %的增减，由卖方决定。

With % more or less both in amount and quantity allowed at the Seller's option.

6. 包装：

Packing:

7. 装运期限：□ 收到可以转船及分批装运之信用证 天内装出。

Time of Shipment: □ Within days after receipt of L/C allowing transhipment and partial shipment.

8. 装运口岸：

Port of Loading:

9. 目的港：

Port of Destination:

10. 付款条件：□ 开给我方100%不可撤销保兑即期付款及可转让可分割之信用证，并须注明可在上述装运日期后15天内在中国议付有效。

Terms of Payment: □ By 100% confirmed, Irrevocable, Transferable and Divisible Letter of Credit to be available by sight draft and to remain valid for negotiation in China until the 15th day after the aforesaid Time of Shipment.

11. 保险：□ 按中国保险条款，保综合险及战争险（不包括罢工险）。

Insurance: □ Covering all risks and war risk only (excluding S. R. C. C.) as per the China Insurance Clauses.

□ 由客户自理。

□ To be effected by the buyers.

12. 装船标记：

Shipping Mark:

13. 双方同意以装运港中国进出口商品检验局签发的品质的数量（重量）检验证书作为信用证项下议付所提出单据的一部分。买方有权对货物的品质和数量（重量）进行复验，复验费由买方负担。如发现品质或数量（重量）与合同不符，买方有权向卖方索赔。但须提供经卖方同意的公证机构出具之检验报告。

It is mutually agreed that the Inspection Certificate of Quatity (Weight) issued by the China Import and Export Commodity Inspection Bureau at the port of shipment shall be part of the documents to be presented for negotiation under the relevant L/C. The buyers shall have the right to reinspect the Quanlity and Quantity (Weight) of the cargo. The reinspection fee shall be borne by the Buyers. Should the Quality and/or Quantity (Weight) be found not in conformity with that of the contract, the Buyers are entitled to lodge with the Sellers a claim which should be supported by survey reports issued by a recognized Surveyer approved by the Sellers.

14. 备注

Remarks:

(1) 买方须于　年　月　日前开到本批交易的信用证（或通知售方进口许可证号码），否则，售方有权不经通知取消本确认书，或接受买方对本约未执行的全部或一部，或对因此遭受的损失提出索赔。

The buyers shall have the covering Letter of Credit reach the Sellers (or notify the Import License Number) before ____________ otherwise the Sellers reserve the right to rescind without further notice or to accept whole or any part of this Sales Confirmation not fulfilled by the Buyers, or to lodge a claim for losses this sustained of any.

(2) 凡以 CIF 条件成交的业务，保额为发票的 110%，投保险别以本售货确认书中所开列的为限，买方要求增加保额或保险范围，应于装船前经售方同意，因此而增加的保险费由买方负责。

For transactions concluded on C. I. F. basis it is understood that the insurance amount will be for 110% of the invoice value against the risks specified in the Sales Confirmation. If additional Insurance amount of coverage is required, the buyers must have the consent of the Sellers before Shipment and the additional premium is to be borne by the buyers.

(3) 品质数量异议：如买方提出索赔，凡属品质异议须于货到目的口岸之日起 3 个月内提出，凡属数量异议须于货到目的口岸之日起 15 日内提出，对所装运物所提任何异议属于保险公司、轮船公司及其他有关运输机构或邮递机构所负责者，售方不负任何责任。

Quatlity/Quantity Discrepancy: In case of quality discrepancy, claim should be filed by the Buyers within 3 months after the arrival of the goods at port of destination, while of quantity discrepancy, claim should be filed by the Buyers within 15 days after the arrival of the goods at port of destination. It is understood that the Sellers shall not be liable for any discrepancy of the goods shipped due to causes for which the Insurance Company, Shipping company, other transportation, organization/or Post Office are liable.

(4) 本确认书所述全部或部分商品，如因人力不可抗拒的原因，以致不能履约或延迟交货，售方概不负责。

The Sellers shall not be held liable for failure or delay in delivery of the entire lot or a portion of the goods under this Sales Confirmation on consequence of any Force Majeure incidents.

(5) 买方开给售方的信用证上请填注本确认书号码。

The buyers are requested always to quote The Number of this Sales Confirmation in the Letter of Credit to be opened in favour of the Sellers.

(6) 仲裁：凡因执行本合同或与本合同有关事项所发生的一切争执，应由双方通过友好的方式协商解决。如果不能取得协议时，则在被告国家根据被告仲裁机构的仲裁程序规则进行仲裁。仲裁决定是终局的，对双方具有同等约束力。仲裁费用除非仲裁机构另有决定外，均由败诉一方负担。

Arbitration: All disputes in connection with this Contract or the execution thereof shall be settled by negotiation between two parties. If no settlement can be reached, the case in dispute shall then be submitted for arbitration in the country of defendant in accordance with the arbitration regulations of the arbitration organization of the defendant country. The decision made by the arbitration organization shall be taken as final and binding upon both parties. The arbitratio expenses shall be borne by the losing party unless otherwise awarded by the arbitration organization.

(7) 买方收到本售货确认书后立即签回一份，如买方对本确认书有异议，应于收到后5天内提出，否则认为买方已同意本确认书所规定的各项条款。

The Buyers are requested to sign and return one copy of this Sales Confirmation immediately after receipt of the same. Objection, if any, should be raised by the Buyers within five days after the receipt of this Sales Confirmation, in the absence of which it is understood that the Buyers have accepted the terms and conditions of the Sales Confirmation.

卖方 THE SELLERS	买方 THE BUYERS

• 实务篇

一、发盘是否有效撤销案

【案情】 我某对外工程承包公司于8月3日以电传请德国某供应商发盘出售一批水泥。我方在电传中声明：要求这一发盘是为了计算一项承造大桥的标价和确定是否参加投标之用；我方必须于8月15日向招标人送交投标书，而开标日期为8月31日。德国供应商于8月5日用电传就上述水泥向我发盘。我方据以计算标价，并于8月15日向招标人递交投标书。8月20日德国供应商因水泥市价上涨，发来电传通知撤销该公司8月5日的发盘。我方立即复电表示不同意撤盘。于是，双方为能否撤销发盘发生争执。及至8月31日开标人开标，我方中标，随即电传通知德国供应商我方接受该商8月5日的发盘。但德国供应商坚持该发盘已于8月20日撤销，合同不成立。而我方则认为合同已经成立。对此，双方争执不下，遂协议提交仲裁。试问，若你为仲裁员，将如何裁决？请说明理由。

【评析】 应裁决让德国商人按照8月5日的发盘内容与我方公司签订合同。

中国与德国都是《公约》的缔约国，所以在这个案例中适用《公约》。关于发盘是否可以撤销，《公约》规定，在发盘已送达受盘人，即发盘已经生效，但受盘人尚未表示接受之前这一段时间内，只要发盘人及时将撤销通知送达受盘人，仍可将其发盘撤销。但是下列两种情况下的发盘，一旦生效，则不得撤销：

(1) 在发盘中规定了有效期，或以其他方式表示该发盘是不可撤销的。

（2）受盘人有理由信赖该发盘是不可撤销的，并本着对该发盘的信赖采取了行动。

在本案中，中方公司在向对方询盘时明确表示，是为了投标制作标价时使用的，虽然在这项发盘中没有明确规定有效期，那应该是在一段合理时间内接受有效。这个合理时间就应该是在宣布中标后立即表示。在德国公司 8 月 20 日表示撤销该项发盘时，中方公司已经明确表示不同意撤销，所以按照《公约》不可以撤销发盘中的第二种例外，中方因为本着对该项发盘不可撤销的信赖采取了行动，因此，该项发盘是不可以撤销的。在 8 月 31 日宣布中标后，中方又在合理时间之内表示了对其的接受，因此接受有效。

所以，应该让德国公司按照 8 月 5 日发盘的内容与中方签订合同。

二、关于逾期接受是否有效案

【案情】 4 月 16 日，A 公司向美国 M 公司发盘：3/8 英寸镀锌铁链每公吨 600 美元 CFR 纽约，9 月份装运，即期信用证付款，4 月 26 日复到有效。4 月 23 日，收到 M 公司答复：你 16 日发盘收到，你方报价过高，若降价 10% 可接受。A 公司次日复电：我方报价已是最低价，很难考虑再降价。4 月 27 日，M 公司要求邮寄样品供参考。4 月 30 日，A 公司寄出样品并函告对方：5 月 9 日复到有效。5 月 4 日，M 公司回函表示接受发盘的全部内容，5 月 11 日，送达 A 公司。业务经办人员视其为逾期接受，故未做任何表示。8 月 7 日，A 公司收到 M 公司开来的 L/C。此时因原料价格上涨，A 公司已将价格每公吨调整到 640 美元，故于 8 月 9 日复电：我司与你方此前未达成任何协议，你方虽曾对我方发盘表示接受，但我方 5 月 11 日才收到，此乃逾期接受，无效，请恕我方不能发货，L/C 已请银行退回，如你方有意成交，我方重新报价每公吨 CFR 纽约 640 美元，10 月份交货，其他条件不变。请问，你如果是 M 公司的当事人，你将如何答复？

【评析】 如果我是 M 公司的当事人，我会坚持要求 A 公司按照 4 月 30 日的发盘与我公司履行合同。

因为中国与美国都是《公约》的缔约国，因此在处理有关发盘和接受的事宜时适用《公约》。

《公约》规定：逾期接受在一般情况下是无效的，只要发盘人毫不延迟地用口头或书面通知受盘人，认为该项逾期接受可以有效，愿意承受逾期接受的约束，合同仍可于接受通知送达发盘人时订立。

如果载有逾期接受的信件或其他书面文件显示，依照当时寄发情况，只要传递正常，它本应是能够及时送达发盘人的，则此项逾期的接受应当有效，合同于接受通知送达发盘人时订立，除非发盘人毫不延迟地用口头或书面通知受盘人，他认为他的发盘因逾期接受而失效。

在本案中，A 公司 4 月 30 日发出的样品和信函，M 公司在 5 月 4 日即表示了接受，可见两地之间的信函的传递正常情况下只需要 5 天以内即可送达。而 M 公司于 5 月 4 日发出的接受通知却是在 5 月 11 日才传递到 A 公司，用了 7 天时间，可见是由于传递的延误所导致的逾期。而 A 公司并没有对该逾期接受做任何的表示。按照《公约》的规定，这种逾期接受应该是有效的，除非发盘人毫不延迟地用口头或书面通知受盘人，他认为他的发盘因逾期接受而失效。本案中 A 公司的缄默，使合同在该接受送达 A 公司时已经生效。

有效的发盘被有效的接受，合同关系成立，因此应要求 A 公司仍按照 4 月 30 日的发盘来履行交货的义务。

交易磋商与合同签订

2012 年 5 至 6 月份青岛金桥进出口公司与纽约 JOHNSION & SONS CO. LTD 就服装货号为 HBC12606 进行往来函电磋商，经过双方的共同努力，最终达成交易。请根据下列背景资料和往来的函电缮制销售确认书。

5 月 3 日来电：通过浏览贵公司的网站，我们对贵司的货号为 HBC12606 的女式纯棉运动衫感兴趣，请报最低的 FOB 青岛价格。

5 月 4 日去电：感谢贵司的来函，现报 HBC12606 的女式纯棉运动衫，每件 USD3. 65 美元 FOB 青岛，即期不可撤销信用证支付，收到信用证后 45 天装运。该发盘有效期至 5 月 7 日复到有效。

5 月 6 日来电：同类商品竞争者报价每件 3. 40 美元，D/P 即期付款。

5 月 7 日去电：HBC12606 的女式纯棉运动衫最低每件 3. 58 美元，限 2012 年 5 月 9 日复到有效，请问贵公司所需最大数量是多少？

5 月 9 日来电：贵公司的价格没有竞争力，请报最优惠的价格。我公司计划购买 10 000 件。

5 月 10 日去电；我公司的价格已经是非常低了，要知道棉花的价格有小幅上升的趋势，同时我们还面临人民币升值的压力。价格真的是不能再降低了。我 5 月 7 日的发盘重新发盘 HBC12606 的女式纯棉运动衫最低每件 3. 58 美元，即期不可撤销信用证支付，收到信用证后 45 天装运，限 2012 年 5 月 13 日复到有效。

5 月 12 日来电：在如此激烈的竞争中很难提高价格，经过艰苦的努力我们可以接受的价格是每件 USD3. 45，7 月底以前装运。

5 月 14 日去电：十分感谢贵公司的努力，很抱歉价格还是太低了，很难安排生产。请尽量说服客户接受我方的价格。

5 月 16 日来电：我们的客户感到十分的失望，我们也很遗憾业务没有进展。如果贵公司在 5 月 18 日之前没有确认的话，我们只有与其他公司签订合同了。

5 月 17 日去电：经过重新的核算，我们所能报的最优惠的价格是每件 USD3. 50FOB 青岛，我们希望客户能够体会到我们所作出的努力与让步。请确认。

5 月 19 日来电：确认价格并增加数量 5 000 件不允许分批，其他条件不变。请尽快确认。

5 月 20 日去电：贵公司 5 月 19 电确认，HBC12606 的女式纯棉运动衫，15 000 件，每件 USD3. 50FOB 青岛，每件装一个塑料袋，纸箱装，每箱 60 件，装运期 7 月，不可撤销即期信用证支付。

销售确认书

合同号：12RF0520　　　　日期：2012 年 5 月 22 日　　　　签约地点：青岛

卖方：青岛金桥进出口公司

青岛市江西路62号

买方（BUYERS）：JOHNSON & SONS CO. LTD　　　　　　传真（FAX）：

地址（ADDRESS）：557 Norway Street, New York, USA

兹经买卖双方同意按下列条款成交：

品名及规格	数量	单价	总金额
HBC12606	15 000 件	每件 USD3.50	FOB 青岛
女式纯棉运动衫			USD52 500.00
			USD52 500.00

总值：伍万贰仟伍佰美元整

1. 数量及总值均有5%的增减，由卖方决定。

2. 包装：每件装一个塑料袋，纸箱装，每箱60件

3. 装运唛头：由买方另行指定

4. 装运期：2012年7月底以前装运

5. 装运口岸和目的地：中国青岛至美国纽约

6. 保险［由卖方按发票全额110%投保至××为止的××险］：由买方办理

7. 付款条件（PAYMENT）：买方须于2012年6月10日之前将保兑的，不可撤销的，可转让可分割的即期信用证开到卖方。信用证议付有效期延至上列装运期后15天在中国到期，该信用证中必须注明允许分运及转运。

8. 仲裁条款（ARBITRATE CLAUSES）：凡因本合同引起的或与本合同有关的争议，均应提交中国国际经济贸易委员会，按照申请仲裁时该会现行有效的仲裁规则进行仲裁，仲裁地点在北京，仲裁裁决是终局，对双方均有约束力。

备注（REMARK）：

买方（THE BUYERS）　　　　　　卖方（SELLERS）：

JOHNSON & SONS CO. LTD　　　　　　山东青岛金桥贸易公司

John Smith　　　　　　张德忠

第三篇　进出口合同条款

国际货物买卖的核心是合同。进出口交易双方谈判的目的是建立一个双方都能接受、双方都认为有利可图的合同。一旦订立了合同后，就要通过履行合同来实现预期的利益。因此，作为交易的一方，在整个谈判过程中始终要关注以下问题：要通过合同达到怎样的利益要求？如何利用合同条款来体现这种欲得利益？如何订立一个对自己有利而又能为对方所接受的合同？这是关系到交易的目的能否实现的关键问题。简单地讲，合同的条款是交易双方讨价还价的结果。在这一过程中，交易者必须要懂得把握关键条款与非关键条款的分别，在关键条款上坚持立场，而在非关键条款上适当让步，以维护自己的权益，并达到“双赢”的结果。

简而言之，一个条款严谨的合同是防止日后发生争议、保证顺利履行合同的前提条件。

本篇对国际货物买卖合同的各个条款进行介绍，详细说明各个条款，重点介绍其规定方法、规定时应注意的问题。

第三章 合同中的标的条款

- 基础篇
- 实务篇

· 基础篇

合同的标的（Subject Matter）是指法律行为所要达到的目的。在进出口贸易活动中，标的是指交易的商品。按照国际上惯常的做法，交易的标的物一般是在贸易合同中的“品名”的标题下予以限定，直接写明双方交易的具体商品名称。进出口双方所交易的每一种商品，都有其具体的名称，表现为一定的品质并涉及到一定的数量和包装，因此，买卖双方在交易中必须首先明确商品的品名、品质、数量和包装，这是商订合同时必须首先解决的问题。

第一节　合同中的品名、品质条款

一、品名条款

（一）约定品名的意义

商品的品名（Name of Commodity），或称“商品的名称”，是指某种商品区别于其他商品的一种称呼或概念，是在合同的开头部分所列明的交易双方同意买卖的商品的名称。

品名条款是买卖合同中的一项主要交易条件。按照有关的法律和惯例，对商品的描述是构成商品说明的一个主要组成部分，是买卖双方交接货物的一项基本依据，关系到双方的权利和义务。约定商品品名具有重要的法律和实践意义。

（二）合同中的品名条款

合同中的品名条款一般比较简单，通常是在“商品名称”或“品名”的标题下，列明买卖双方成交商品的名称。

（三）规定品名条款的注意事项

在规定品名条款时应注意：

（1）内容明确、具体，避免空泛、笼统的规定。

（2）实事求是，反映商品实际情况。不应列入不必要或做不到的描述性词句。

（3）尽可能使用国际上通用的名称。

（4）注意选用合适的品名。既能高度概括出商品的特征，又有利于降低关税、方便进出口和节省运费开支。

二、品质条款

（一）品质的含义及重要性

商品品质（Quality of Goods），亦称商品的质量，是指商品的外观形态和内在素质的综合。商品品质是在一定条件下商品使用价值大小的标志，是买卖双方所交易商品具备的本质属性。商品的内在素质，指化学成分、物理性能、机械性能、生物特征、技术指标等。商品的外观形态，指大小、长短、造型、款式、色泽、软硬、轻重、味觉等。

货物的品质条件是买卖合同的主要条款，是买卖双方交接货物的一项基本依据。在国际贸易中，质量是一个至关重要的问题。商品品质的优劣高低，直接影响着商品的使用价值和价格，影响着商品的销售数量、市场份额和买卖双方经济利益的实现程度，影响着一个企业乃至国家的声誉。

（二）对进出口商品品质的要求

1. 对出口商品品质的要求

（1）适应不同市场和不同消费者对商品品质的要求。针对不同的目标市场，迎合不同消费者的需求，从国外市场的实际需要出发，发展适销对路的商品出口。由于世界各国的经济发展不平衡，导致各国的消费习惯和消费水平相差较大。在消费水平较高的国家，消费者往往比较重视在商品的款式上求新求异，消费水平较低的国家，其消费者更重视商品的耐用程度，对商品的款式、包装不是十分讲究。还要注意消费者的民族民俗、传统习惯，特别要注意一些国家宗教信仰方面的有关规定，保证出口商品在包装、造型和商标图案等方面都不与其有关规定相抵触。

（2）强化质量观念，不断提高商品信誉。商品的质量必须具备产品应当具备的使用性能，符合在产品和包装上注明的用途、标准，符合产品的说明、实物样品等方式表明的质量状况。不断改进和更新换代，加强商品在国际市场上的竞争能力。

（3）适应进口国有关法令规定和要求。应充分了解各国对进口商品的法令规定和管理制度，使我国商品能顺利地在国际市场上销售。如欧美国家对进口食品、茶叶等商品的农药残留量、陶瓷的含铅量、花生及花生制品的黄曲霉素含量等都有规定。凡是不符合规定或要求的商品，一律不准进口，有的甚至还要就地销毁，并由货主承担由此而产生的各项费用。

（4）适应国外自然条件、季节变化和销售方式。由于季节和其他自然条件不同，各国市场对某些商品的品种或品质规格往往也会有不同的要求，了解进口国这方面的特点，使我国商品适应要求，增强竞争能力。

2. 对进口商品品质的要求

在订立合同时，从实际需要出发，对品质条件作出明确规定，并在运输到验收等各个环节中，严格把好品质关，确保进口商品质量符合要求。

（三）商品品质的表示方法

国际贸易中的商品，种类繁多，特征各异，表示品质的方法也不相同。归纳起来，有以实物表示和以文字说明表示两类。

1. 以实物表示商品品质

以实物表示商品品质，包括看货买卖和凭样品买卖两种。

（1）看货买卖。看货买卖是指交易双方根据现有商品的实际品质进行买卖。主要适用于数量极少又特别昂贵的商品，如古董、名贵字画、珠宝等。当买卖双方采用看货成交时，通常是买方或其代理人先在卖方存放货物的场所验看货物。采用这种方法交易，只要卖方交付的是验看过的货物，买方就不得对品质提出异议。

（2）凭样品买卖。样品（Sample）是指从一批商品中抽取出来的或由生产、使用部门设计加工出来的，足以反映和代表整批商品品质的少量实物。凡以样品表示商品品质并以此作为交货依据的，称为凭样品买卖（Sale by Sample）。由卖方提供样品并作为交货的依据，称为“凭卖方样品买卖”（Sale by Seller's Sample）。由买方提供样品并作为交货的依据，称为“凭买方样品买卖”（Sale by Buyer's Sample）。我国一些服装、工艺品、土特产品等用文字不宜描述的商品，多采用凭样品买卖。

凭样品买卖有两项最基本的要求，一是样品作为交货品质的惟一依据；二是卖方所交的货物必须与样品一致。在凭样品成交时要达到上述要求，要注意的事项：

①样品要有代表性。样品应代表整批货物的平均品质，偏高或偏低都不好。偏高会给卖方交货带来一定难度或引起出口后国外索赔，偏低会在价格和市场销路上受到损失。

②留有复样。复样（Duplicate Sample）指卖方向买方送交样品时留存的一份或数份同样的样品。将复样妥善保管，以备交货或处理品质纠纷时之用。必要时也可使用封样。封样（Sealed Sample）是指由公证机构在一批商品中抽取几件同样品质的样品，在每份样品上烫上火漆或铅封，由发样人自封或由买卖双方会同加封的样品。

③合同条款中写进弹性条文。对于某些在制造、加工技术上确有困难，难以做到货物与样品一致的，可在合同中写明“质量与样品大致相符”（quality to be about equal to the sample）。

④如凭买方样品买卖，要注意提交对等样品。卖方按买方来样复制或选择品质相近的样品，交给对方确认，这种经确认的样品称为“对等样品”（Counter Sample）或“回样”（Return Sample）。提交对等样品，就等于把“凭买方样品买卖”转变成了“凭卖方样品买卖”，这对卖方十分有利。

⑤凭买方样品买卖，要注意侵犯知识产权问题，可在合同中规定：由该货物引发的侵犯第三者工业产权的事情，由买方负责，卖方对此不负责任。

2. 以文字说明表示商品品质

以文字说明表示商品品质，是指用文字、图表、照片等方式来说明成交商品的品质。在国际贸易中，大多数商品是用文字说明来说明其品质。有以下几种方式：

（1）凭规格买卖（Sale by Specification）。商品的规格是指用来反映商品品质的主要指标，如成分、含量、纯度、容量、性能、大小、长短、粗细等。商品不同，表示商品品质的指标不同，商品用途不同，要求的商品指标也会有所不同。用规格表示质量的方法，简单方便，明确具体，在国际贸易中使用最为广泛。

例：杨木芯胶合板	厚度	尺寸
	18 毫米	4 英尺 × 8 英尺
Poplar Core Plywood	Thickness	Size
	18mm	4′×8′

（2）凭等级买卖（Sale by Grade）。商品的等级（Grade of Goods）是指同一类商品，按其规格上的差异，分为不同的若干等级，如特级、一级、二级等。为买卖双方都熟悉的商品，在某些情况下可采用凭等级买卖：一是按商品的不同规格，分成不同的等级，既简化了品质表示，又易于比较优劣；二是有些商品不能用规格描述，或不能完整地用规格描述，特别是一些土特产品，比如茶叶、水果等，可用双方都认可的等级来表示品质。

例：中国绿茶　特珍眉一级　货号　9317

Chinese Green Tea Special Chunmee Grade 1 Art. No. 9317

（3）凭标准买卖（Sale by Standard）。商品的标准，是指标准化了的规格和等级。标准有的由国家或有关政府部门制定，也有的是由商品交易所、同业工会或有关国际组织制定。在国外，商品的标准分为五类：①企业标准；②团体标准，如英国劳氏船级社《船舶规范条例》；③国家标准，如美国国家标准 ANSI、英国国家标准 BS 等；④区域标准，如欧洲标准化协会制定的标准；⑤国际标准，如国际标准化组织 ISO 所制定的标准。我国有国家标准、部标准和企业标准。由于标准常随生产技术的发展而进行修改和变动，同一国家颁布的某类商品的标准有不同年份的版本，因而品质标准往往也不同，以标准作为商品品质依据时必须注明标准的版本年份，以免交易当事人在适用标准上发生纠纷。

例： 利福平（甲哌利福霉素）英国药典 1993 年版

Rifampicin B. P. 1993

资料卡：ISO9000 系列标准

ISO9000 系列标准是国际标准化组织为适应国际贸易发展的需要而制定的国际品质保证标准，由 ISO9000 ~ ISO9004 五个标准组成，这套标准具有很强的实践性、科学性和指导性。在此基础上的一体化管理标准——ISO14000 环境管理系列标准，是当今广受国际承认和重视的企业管理标准。国外企业来我国要求合作伙伴时，往往要求有 ISO9000 证书的同时，还要求有 ISO140000 环保证书。两证齐全的产品在国际市场上具有较强的竞争力。

在国际贸易中，对某些品质变化较大而难以规定统一标准的农副产品的交易，有时还采用“良好平均品质”来表示。良好平均品质（Fair Average Quality，F. A. Q）指一定时期内某地出口货物的平均品质水平，一般是指农产品的中等货。我国出口某些农副产品，也有使用 F. A. Q 来表示品质的，实际上是指大路货，是相对于“精选货”而言，其品质标准一般是以我国产区当年生产该项农副产品的平均品质为依据来确定的。使用时，在合同中注明 F. A. Q，有时还要订明货物的主要规格。

例： 中国东北大米	2012 年	大路货
	水分（最高）	15%
	杂质（最高）	1%
	碎粒（最高）	20%
Northeast Rice	Year 2003	F. A. Q
	Moisture（Max.）	15%
	Admixture（Max.）	1%
	Broken Grains（Max.）	20%

知识窗：国际上通用的质量证书及标志

世界发达国家都要求对市场产品的品质及安全性做检验认证，颁发各种具有权威的质量证书及标志。世界各国（或地区）认可的品质优良标志（Quality Certification Marks）主要有：

（1）CB——确认电工产品安全的 CB 证书。由国际电工委员会（IEC）下建立的电工类产品质量认证机构联合体负责颁发。

（2）欧洲 CE——CE（Communicant Europe）是欧洲共同体市场的强制性的电器质量安全标志，CE 安全标志是打入欧洲市场的“入场券”。

（3）美国 UL 标志。UL 是一家成立于 1894 年的美国保险商实验室公司，属非盈利机构，专门对电气、电子、机械、建筑材料、防火防盗设备、水上产品等做安全检验认证，检验合格后颁发“UL”标志。能获得 UL 标志是一种荣誉。

（4）英国——有三个主要的产品质量标志。一是风筝标志（Kite Mark）；二是英国标准学会（British Standards Institution，BSI）安全标志（BSI Safety Mark），目前还另外颁布了英国标准学会的新标准 BS - 3456 安全标志章；三是适用于家用电器设备的英国电器审核局（British Electron - technical Approvals Board，BEAB）标志。

（5）日本——日本 JIS 标志，适用于一般工业品，但是不发给外国制造商。日本 JIS 标志，用于技术产品及食品。还有日本 SG 标志，用于日常用品。

（6）德国——德国有三个主要的产品质量标志。一是德国标准化学会的标志，用于电器与非电器用品；二是德国电器安全认证的 VDE 标志，用于家用电器、变压器、电视机、收音机、电子配件、电线等产品；三是德国社会劳动部的 GS 和 TUV 安全标志。

（7）法国——法国 NF 标志，主要用于电器及其他产品。

（8）澳大利亚——澳大利亚标准协会（Australia Standards Association）优质产品标志 ASA，用于电器及非电器产品。

（9）中国香港——香港优质产品标志为 HKQ - MARK。

（10）加拿大——加拿大标准化协会（Canadian Standards Association）的电器与非电器优质标志 CSA。

（11）意大利——意大利有 IIP 质量标志章。

（4）凭商标或牌名买卖（Sale by Brand Name or Trade Mark）。商标是由字母、数字或图形组成的生产者或商号用来识别其生产或销售的商品的标志。牌名是指工商企业给其所制造或销售的商品所冠与的名称。商标和牌名是区分和识别货物的标志，商标是牌名的图案化。凭商标和牌名买卖是指某些商品品质比较稳定，享有良好的声誉，已有一定的市场，在交易时习惯上就采用这些商品的商标和牌名来表示其品质。主要适合于品质比较稳定的工业制成品。如：青岛啤酒、海尔冰箱等。

在凭商标或牌名买卖时，如果一种牌名有不同型号或规格的商品，应在合同中明确牌名或商标的同时，规定型号或规格，避免买卖双方日后对品质条件发生争议。

（5）凭产地名称买卖（Sale by Name of Origin）。有些产品，由于产区的自然条件、传统加工工艺等因素的影响，品质独具特色，可用产地名称来表示其品质，尤其是一些传统农副产品，如：四川榨菜等。

（6）凭说明书和图样买卖（Sale by Description and Illustration）。一些机械、电子、仪表等技术密集型产品，通常以说明书附以图样、照片等来说明其具体性能和结构特点，以此种方法规定商品品质进行交易的方式，称为凭说明书和图样买卖。机、电、仪产品，其结构和性能复杂，安装、使用、维修都有一定的操作规程，无法以几项简单的指标来表明全貌，须以说明书附以图样、照片等来说明其构造、性能、用途和使用方法，如汽车、摄像机等。按这种表示品质的方法成交时，卖方所交货物必须符合说明书和图样的要求，但由于这类产品的结构复杂，技术性能的发挥又常依赖于外部环境和调试能力，买方有时要求在买卖合同中加订卖方品质保证条款和技术服务条款，规定卖方必须在一定期限内保障其所售货物质量符合说明书上规定的指标，如在保证期内发现货物品质与说明书不符，买方有权提出索赔或退货。

（四）合同中的品质条款

1. 基本内容

合同中的品质条款主要列明商品的品名、规格、等级、标准、商标或牌名等项内容，如果是凭样品买卖，则要列名样品的编号或寄送日期。

例 1：样品号 S22，玩具熊，尺码 26 英寸，根据卖方于 2011 年 10 月 20 日寄送的样品

Sample S22, Teddy Bear, Size 26", as per the samples dispatched by the seller on 20th October, 2011.

例 2：

精纺呢绒	纱支	寸密	幅宽
Worsted Textile	Yarn Counts	No. of Threads	Width
	30s/2	49×42	39/40"

例 3：

鱼粉	蛋白质	55% 以上
	脂肪	最高 9%
	水分	最高 11%
	盐分	最高 4%
	砂分	最高 4%
Fish Meal	Protein	55% Min.
	Fat	9% Max.
	Moisture	11% Max.
	Salt	4% Max.
	Sand	4% Max.

2. 品质机动幅度和品质公差

在国际贸易中，某些商品由于生产过程中存在自然损耗，以及受生产工艺、商品本身特点等多方面因素的影响，难以保证质量与合同规定的完全一致。这些商品，如果条款规定过死或把质量指标订得绝对化，必然会给卖方交货带来困难。因此，

在订立合同品质条款时，规定一些灵活条款，允许卖方交货的质量可在一定范围内掌握。

（1）品质机动幅度。品质机动幅度是指允许卖方所交货物的品质指标在一定的范围内上下浮动。只要卖方所交货物的品质没有超出机动范围的幅度，买方就无权拒收货物。这一方法主要是用于某些质量不甚稳定的初级产品，如农副产品等。品质机动幅度主要有三种表示方法。

①规定范围：允许卖方交货的品质有上下波动的范围。如：棉布幅阔35/36″，即卖方所交的棉布幅阔在35英寸到36英寸间均属符合规定。

②规定极限：对货物的品质指标规格，规定上下限。如最大、最小、最高、最低等。例：芝麻，水分最高8%，杂质最高2%。

③规定上下差异：允许卖方交货的品质在某一指标的上下一定范围内浮动。如：灰鸭毛，含绒量18%，允许上下1%浮动。

对在机动幅度范围内的品质差异，一般均按合同单价计价，不再另作调整。但有些货物，也可在合同中规定按照交货的品质情况加价或减价，即所谓品质增减价条款。

如：白砂糖，以旋光度96°作为标准，每超过1°涨价1.4%，每低1°减价1.5%，不足1°按比例计算，但所装货物旋光度低于93°以下买方有权拒收。

（2）品质公差（Quality Tolerance）。指国际上公认的产品品质的误差。品质公差是由于工艺水平的限制而产生的，是难以避免的，如圆形物体的直径误差若干毫米。只要所交货物的品质差异在品质公差范围内，就符合合同的品质要求，买方不得拒收或要求调整价格。这一方法主要用于工业制成品。例：出口手表，允许每48小时误差1秒。

3. 订立品质条款的注意事项

（1）正确运用各种表示品质的方法。有些难以标准化的商品，如工艺品等，适于凭样品买卖；能用科学的指标说明质量的商品，适于凭规格、等级或标准买卖；质量好具有特色的名优产品，适于凭商标或牌名买卖；有地方风味和特色的产品，适于凭产地名称买卖；性能复杂的机、电、仪产品，适于凭说明书和图样买卖。

总之，要根据不同的产品特点，合理选用表示品质的方法。应该注意，凡是能够用一种方法表示品质的，一般就不要采用两种或两种以上的方法来表示，如果同时采用既凭样品又凭规格买卖，则卖方交货时，既要与样品一致，又要与规格一致。否则，买方有权拒收货物，并可提出索赔要求。

（2）条款的科学性和灵活性。品质条款应注意科学性、严密性和准确性。文字、内容要明确具体，避免使用“大约”、“左右”、“合理误差”等模糊字眼。但对某些农副产品、轻工业品和矿产品等，要有一定的灵活性，规定合理的品质机动幅度和品质公差。

（3）从产销实际出发，实事求是。根据国际市场的需求并结合国内生产的实际，品质条款既不能订得过高，以免给生产和交货带来困难，也不能订得过低，以免影响售价和商品信誉。

资料卡：

《联合国国际货物销售合同公约》规定：卖方交付的货物必须与合同规定的质量相符，否则，买方有权要求损害赔偿，也可要求修理或交付替代货物，甚至拒收货物和撤销合同。英国《货物买卖法》规定：卖方应有一项默示要件，即该合同项下的货物品质是适合商销的。美国《统一商法典》规定：卖方保证所出售的货物必须具有商销品质，这是卖方应承担的一项默示担保。

第二节　合同中的数量条款

商品的数量是指以一定的度量衡单位表示的货物重量、个数、长度、宽度、面积、体积等。在国际货物买卖中，货物的数量是国际货物买卖合同的主要交易条件之一，根据一些国家的法律规定，卖方交货数量必须与合同相符，否则，买方有权提出索赔，甚至拒收货物。

作为交易双方交接货物的数量依据，商品数量的约定具有重要意义，它是正确订立合同的必要条件，关系到买卖双方交易的顺利达成、合同的履行以及今后交易的进一步发展。

一、国际贸易中的度量衡制度

在国际贸易中，通常使用的度量衡制度有四种：国际单位制（International System of Units）；公制或米制（Metric System）；英制（British System）；美制（U. S. System）。由于不同的国家使用不同的度量衡制度，使得同一计量单位表示的实际数量有时会有很大不同。如重量单位吨，有公制的公吨、美制的短吨、英制的长吨，1 公吨 = 1 000 千克，1 短吨 = 907.2 千克，1 长吨 = 1 016 千克。不同的度量衡如果在合同中不明确表示就会产生不良后果。为了解决这一问题，现在国际上正广泛推广国际单位制。国际单位制，代号为“IS”，是在公制的基础上发展起来的，目前已被世界上一百多个国家所采用。

我国所采用的是以国际单位制为基础的法定计量单位。《中华人民共和国计量法》明确规定：“国家采用国际单位制。国际单位制和国家选定的其他计量单位为国家法定计量单位。”目前，除个别领域外，不允许使用非法定计量单位。我国出口商品，除合同规定需采用公制、英制或美制计量单位者外，也应使用法定计量单位。但一般不进口非法定计量单位的机器和设备。如有特殊需要，须经有关标准计量管理机构批准。

二、商品的计量单位

在国际贸易中，由于商品的种类和性质不同，使用的计量单位也不同，又由于各国采用的度量衡适度不一，计量的单位名称和其表示的实际数量也不同。常用的计量单位有以下六种：

（一）重量单位（Weight）

如克（Gram，G）、千克（Kilogram，KG）、公吨（Metric Ton，M/T）、长吨（Long Ton，

L. T)、短吨（Short Ton，S. T)、磅（Pound，LB.)、盎司（Ounce，OZ.）等。多用于农副产品、矿产品和某些工业产品，如大豆、铁矿、钢材。

（二）数量单位（Number）

如件（Piece，PC.）、双（Pair）、套（Set）、打（Dozen，Doz.）、卷（Roll）、令（Ream，RM.）、罗（Gross，GR.）、袋（Bag）、包（Bale）等。多用于消费品、轻工业品和机械产品等工业制成品及部分土特产品，如服装、文体用品、车辆、活牲畜等。

（三）长度单位（Length）

如米（Meter，M.）、英尺（Foot，FT.）、码（Yard，YD.）等。多用于布匹、绳索、电线电缆等。

（四）面积单位（Area）

如平方米（Square Meter，M^2）、平方英尺（Square Foot，FT^2）、平方码（Square Yard，YD^2）等。多用于玻璃板、地毯、皮革等商品交易。

（五）体积单位（Volume）

如立方米（Cubic Meter，M^3）、立方英尺（Cubic Foot，FT^3）、立方码（Cubic Yard，YD^3）等。多用于木材、砂石等商品交易。

（六）容积单位（Capacity）

如升（Liter，l.）、加仑（Gallon，Gal.）、蒲式耳（Bushel）等。多用于谷物、流体及气体等商品交易，如小麦、汽油、液化气等。

三、计算重量的方法

在国际贸易中，有很多货物是按重量计算的，计算重量的方法主要有：

（一）毛重（Gross Weight）

毛重是指商品本身的重量加上包装的重量。一些价值不高的产品可采用按毛重计价，即习惯上所称"以毛作净"（Gross for Net）的办法。如：红小豆，1 000 公吨，新麻袋装，每袋 100 千克，以毛作净。

（二）净重（Net Weight）

净重是指商品本身的重量，即除掉包装后商品本身的重量。如果按净重计价，则必须从毛重中减去包装物的重量，也就是减去皮重。计算皮重主要有四种做法：

1. 按实际皮重（Actual Tare）

按实际皮重是指将整批货物的包装逐一过秤求得包装重量。

2. 按平均皮重（Average Tare）

按平均皮重是指从整批商品中抽取几件，称其包装的重量，然后求出平均皮重，再用平均皮重乘以总件数，得出整批货物的皮重。

3. 按习惯皮重（Customary Tare）

按习惯皮重是指经市场确认的规格化包装的货物，按习惯公认的皮重乘以总件数得出包装重量。

4. 按约定皮重（Computed Tare）

按约定皮重是指按交易双方事先约定的单件包装重量乘以总件数，得出整批货物的皮重。

采取哪种计算皮重的方法，应根据商品的特点和商业习惯，由交易双方事先商定列入合同。《公约》规定，如果在合同中没有规定商品重量是按毛重还是净重计量，则按净重计量。

（三）公量（Conditioned Weight）

公量是指用科学方法抽去商品中的水分后，再加上标准含水量所求得的重量。使用于商品价值较高，而含水量不稳定的羊毛、生丝等商品。公量的计算公式是：

$$公量 = 实际重量 \times \frac{1 + 标准回潮率}{1 + 实际回潮率}$$

（四）理论重量（Theoretical Weight）

理论重量是指某些有固定规格和尺寸的商品，每件重量大体是相同的，可以根据其件数计算出重量。如马口铁、钢板等。

（五）法定重量（Legal Weight）

法定重量是指商品重量加上直接接触商品的包装材料，如销售包装等的重量。法定重量主要为海关征税时使用。

四、合同中的数量条款

（一）数量条款的基本内容

数量条款主要包括成交商品的数量和计量单位，按重量成交的商品，还要订明计算重量的方法。如按毛重、净重等。

（二）订立数量条款注意事项

1. 数量条款应明确具体

一般不宜采用“大约”、“近似”、“左右”（about，circa，approximate）等带伸缩性的字眼来说明。因为各国对这类词语的理解不一，容易引起纠纷。国际商会《跟单信用证统一惯例》规定：（1）“约”或“大约”用于信用证金额或信用证规定的数量时，应解释为允许有关金额或数量有不超过10%的增减幅度；（2）在信用证未以包装单位件数或货物自身件数的方式规定货物数量时，货物数量允许有5%的增减幅度，只要总支取金额不超过信用证金额，但当信用证规定的数量按包装单位或以个数计数时，则该增减幅度不适用。

2. 合理规定数量机动幅度

有些商品，如粮食、矿砂、化肥、食糖等受本身特性、生产、运输、包装条件等的限制，在交货时往往很难做到绝对数量准确，为便于合同的顺利履行，减少争议，买卖双方可在合同中规定合理的数量机动幅度。数量机动幅度条款也叫溢短装条款（More or Less Clause），是指在买卖合同的数量条款中，明确规定卖方可以多装或少装的百分比，但以不超过规定的百分比为限。在订立溢短装条款时应注意以下三点：

（1）允许溢短装的比例。允许溢短装的百分比具体规定多少，应视商品特性、行业贸易习惯和运输方式等因素而定，大小要适当。

（2）溢短装的选择权。一般情况下规定由卖方掌握，例：1 000公吨，卖方溢短装5%（1 000M/T, with 5% more or less at seller's option）。可在买方负责租船运输时，为了便于与租船合同衔接，可规定由买方掌握；为便于船长根据轮船的运载能力等具体情况考虑装运数量，也可以规定由船方掌握。

（3）溢短装数量的计价方法。对溢短装部分的计价，一般规定是按合同价计算；但对于价格波动较大的商品，为了防止享有溢短装选择权的一方故意多装或少装而从中获利，也可在合同中规定，溢短装部分按装船时或到货时的市价计算。

例：东北大豆60 000公吨，以毛作净，5%溢短装，由卖方决定，增减部分按合同价计算

Northeast Soybean 60 000M/T, gross for net 5% more or less at seller's option at contract price.

资料卡：

《联合国国际货物销售合同公约》规定：卖方必须按合同数量条款的规定交付货物。如卖方交货数量大于合同规定的数量，买方可以收取，也可以拒收多交部分货物的全部或一部分，如果买方收取多交部分，应按合同价格付款；如卖方交货数量少于合同规定的数量，卖方应在规定的交货期前补交，但不得使买方遭受不合理的不便或承担不合理的开支，即使如此，买方也有保留要求损害赔偿的权利。

第三节　合同中的包装条款

商品包装是指为了有效地保护商品的品质完好和数量完整，采用一定的方法将商品置于合适容器里的一种措施。在国际贸易中，除了少数商品难以包装、没必要包装而采取裸装（Nude Packed）或散装（In Bulk）方式外，绝大多数商品都需要有一定的包装。商品包装是商品生产的继续，只有通过适当的包装，才意味着生产过程的完成，商品才能进入流通和消费领域，才能实现商品的使用价值或增加商品价值。良好的包装不仅能保护商品品质和数量，方便运输、保管、贮存，还可以宣传和美化商品，提高商品的售价，吸引顾客，扩大销路。我国出口商品包装和设计的基本要求是：科学、经济、牢固、美观、适销。

在国际货物买卖中，包装条件是买卖合同中的一项主要条件，是说明货物的重要组成部分。提供约定的或通用的商品包装，是卖方的主要义务之一。

一、商品包装的分类

根据在流通过程中所起作用的不同，商品包装可分为运输包装和销售包装两大类。

（一）运输包装

运输包装（Transport Packing），又称大包装或外包装（Outer Packing），是指将货物装入特定容器，或以特定方式成件或成箱地包装。运输包装的主要作用一是保护商品，防止货损、货差；二是便于运输、储存和保管。

1. 运输包装的分类

运输包装又分为单件运输包装和集合运输包装两类。

（1）单件运输包装。单件运输包装是指货物在运输过程中作为一个计件单位的包装。如箱（Case）、桶（Drum）、包（Bale）、袋（Bag）、捆（Bundle）等。

（2）集合运输包装。集合运输包装，又称成组化包装，指将一定数量的单件包装组合成一件大包装。集合运输包装有提高装卸效率、保护商品、节省费用的作用。常见的集合包装有：

①集装箱（Container）。集装箱又称“货柜”，是一种运输货物的容器，由金属板材或木材、塑料、纤维板材制成的长方形的大箱，可装载5~40公吨的货物。国际贸易中使用的集装箱有多种不同标准规格，其中使用最多的是20英尺和40英尺标准化集装箱，我们通常称8英尺×8英尺×20英尺的集装箱规格为一个“标准箱位”，即“TEU”（Twenty-Foot Equivalent Unit）。

②集装袋（Flexible Container）。集装袋是由合成纤维或复合材料编织成的圆形大袋或方形大包，容量一般为1~4公吨，高的可达13公吨。适于盛装粉状、粒状的化工产品、矿产品、农产品及水泥等散装货物。

③托盘（Plate）。托盘是指由木材、金属或塑料制成的，能够用铲车叉起的托板，承载力一般为0.5~2公吨。用时将一定数量的单件货物堆放在托板上，捆扎加固，组成一个运输单位。

2. 包装标志

为了方便运输、储存、装卸，需要在运输包装上刷制一些标志。主要有运输标志、指示性标志和警告性标志三种。

（1）运输标志（Shipping Mark）。运输标志，又称唛头，是指在运输包装上刷制的简单图形、字母、数字及简单的文字。运输标志的主要作用是使有关人员在运输过程中便于识别货物，避免错发错运和便于核对单据。主要包括三项内容：收/发货人名称代号；目的地的名称或代号；件号或批号。

为了便于电子计算机技术在运输和单证流转方面的应用，避免由于运输标志内容差异过大而造成的差错和困难，国际标准化组织制定了标准运输标志向各国推荐使用。标准运输标志包括四项内容：收货人或买方名称的英文缩写字母或简称；参考号，如运单号、订单号或发票号；目的地；件号。

例如：ARACO－－－－－－－－－－－－－－－－收货人名称缩写

2012/C NO. 236 －－－－－－－－－－－－参考号

SINGAPORE－－－－－－－－－－－－－－－目的地

NO. 1－30－－－－－－－－－－－－－－－－件号

（2）指示性标志（Indicative Mark）。指示性标志是指为指示有关人员在装卸、搬运和存储易碎、易损、易变质货物时应注意的事项而在运输包装上刷制的图形和简单文字。如：“小心轻放”、“易碎”、“怕湿”等。

（3）警告性标志（Warning Mark）。警告性标志，又称危险品标志，是指在爆炸品、易燃品、有毒物品、放射性物品等危险性货物的运输包装上，刷制的醒目图形和简单文字，以示警告。各国政府一般都对危险性货物的包装、运输、储存有专门的管理规定，应严格遵照执行。我国在出口危险品货物时，要求标打我国和国际海运所规定的两套危险品标志。

（二）销售包装

销售包装，又称小包装或内包装，是指直接接触商品并随商品进入零售店和消费者直接见面的包装。销售包装不仅可以保护商品，还有美化和宣传商品的促销作用。

1. 销售包装的种类

根据不同的包装材料和不同的造型结构与式样，常见的销售包装有以下几种：

（1）挂式包装。可在商店货架上悬挂展示的包装，可利用货架的空间陈列商品。

（2）堆迭式包装。在食品罐头等听装商品包装品顶部和底部设有吻合装置，使商品上下堆迭过程中可以互相咬合，可以大量堆迭而节省货位。

（3）便携式包装。包装的造型设计和大小比例更为方便消费者携带。

（4）易开包装。一些封口严密的包装容器，标有特定的开启部位，易于消费者打开封口。如易拉罐等。

（5）喷雾包装。这种包装本身即是喷雾器。使用时按压按钮，内装液体就自动喷出。如香水、空气清新剂等。

（6）一次用量包装。以使用一次为目地的较简单的包装。如一次用量的药品等。

（7）配套包装。把在使用上有关联的不同品种、不同规格的商品搭配成套放在一个包装内。如工具配套袋等。

（8）礼品包装。专为送礼用的包装。

2. 销售包装的标示和说明

在销售包装上，一般都附有装潢画面和文字说明来突出商品的特点，说明商品的商标、牌名、品名、产地、数量、规格、成分、用途和使用方法等。有的销售包装上还印有条形码的标志。条形码（Bar Code）是由一组粗细间隔不等的平行线条及其相应的数字组成的标志。它表示一定的信息，通过光电扫描阅读设备，向计算机输入数据，即可识别出该商品的生产国别或地区、生产厂家、品种规格和售价等一系列有关该商品的信息，可以方便地进行货款结算，提高准确率，方便顾客。因此，条形码成了商品进入超市和大型百货商店的先决条件，并能使贸易双方及时了解对方商品的有关资料和本国商品在对方国家的销售情况。国际上通用的条形码主要有两种：一种是美国统一代码委员会编制的 UPC 条码（Universal Product Code）；另一种是由欧洲 12 国成立的欧洲物品编码协会后改名为国际物品编码协会编制的 EAN 条码（European Article Number）。目前 EAN 条码是国际上使用最广、国际公认的物品编码标识系统。它由 12 位数字的产品代码和 1 位校验码组成，前 3 位为国别码，中间 4 位为厂商号，后 5 位数字为产品代码。我国在 1988 年成立了中国物品编码中心，该中心于 1991 年 4 月代表中国加入国际物品编码协会，并成为正式会员。目前，国际物品编码协会分配给我国的国别号为“690”、“691”和“692”，凡标有“690”、“691”和“692”条形码的商品，即表示中国生产的商品。

背景资料：国际物品编码协会

国际物品编码协会（EAN International）是一个国际性的非官方的物品编码组织，是由欧盟 12 国（英国、德国、法国、丹麦、挪威、比利时、芬兰、意大利、奥地利、瑞士、荷兰、瑞典）的制造厂商和销售商于 1977 年联合成立的“欧洲物品编码协会”，1981 年更名为“国际物品编码协会”。到 20 世纪 80 年代中期实现了 EAN 系统的全面推广应用，因而使EAN成为国际物品通用代码。目前，已拥有九十多个成员，遍及六大洲。

它的宗旨是开发和协调全球性的物品标志系统，促进国际贸易和发展，以不赢利为目的。该组织建立了国际上通用的条形码标志系统，用数字和条形码标志国家名称、制造厂名称、物品和商品的有关特征，为实现快速、有效的自动识别、采集、处理和交换信息提供了保障，为各国商品进入超级市场提供了先决条件，促进了国际贸易的发展。EAN系统正广泛应用于工业生产、运输、仓储、图书、票汇等领域，其作为国际通用的商品标识体系的地位已经确定，必将最终成为国际惟一的通用商品标识系统。

知识窗：商品销售包装图案、色彩的宜忌

世界各国对包装的造型、图案、色彩等的喜好和厌恶有很大差别。如日本喜欢鸭子、乌龟、松、竹图案，不喜欢荷花、菊花和狐狸图案；英国不喜欢红色以及象、山羊图案；法国喜欢蓝色、百合花，忌用菊花、核桃、黑桃图案；新加坡喜欢绿色和红双喜、大象、蝙蝠图案，不喜欢黄色；美国忌用珍贵动物的头部作商标图案；在穆斯林国家，猪的图案是禁用的；非洲北部的大多数国家和地区忌用狗作为商标图案；德国禁用类似纳粹和军团的符号标志；意大利忌用菊花，喜欢绿色。

二、中性包装和定牌

中性包装和定牌生产，是国际贸易中的常用做法，我国的出口企业有时也应客户的要求，采用这些做法。

（一）中性包装

中性包装（Neutral Packing）是指既不标明生产国别、地名和厂商名称，也不标明商标或牌名的包装。中性包装有无牌中性包装和定牌中性包装两种。无牌中性包装是指包装上既无生产国别、地名和厂商名称，又无商标或牌名。定牌中性包装是指包装上仅有买方指定的商标或牌名，但无生产国别、地名和厂商名称。

采用中性包装，是为了打破某些国家与地区的关税壁垒和非关税壁垒以及适应交易的特殊需要，如转口销售等，有利于扩大出口，增强竞争能力。

（二）定牌

定牌是指卖方应买方的要求在其出售的商品或包装上标明买方指定的商标或牌名的做法。

采用定牌可以利用买方的经营能力及其商品信誉和牌名信誉，提高商品售价，扩大销路。我国对外商大量、长期、稳定的订货，也可使用定牌生产。在定牌业务中，要注意买方指定的商标是否存在侵权的行为。

三、合同中的包装条款

合同中的包装条款一般包括包装材料、包装方式、包装费用的负担和运输标志等内容。在订立包装条款时应注意下列问题：

（一）对包装的规定要明确具体

在订立包装条款时，一般不宜采用含义模糊的“海运包装”、“习惯包装”之类的术语，以免引起争议。

（二）明确包装费用由谁负担

包装费用一般包括在货价中，不另计收。但如买方对包装有特殊要求，其超出的包装费用原则上应由买方负担，并应规定费用的支付方法。

（三）注意有关国家对包装的特殊要求

各国政府对包装的要求越来越严格，在包装材料方面，有的国家不允许使用稻草、旧报纸作衬垫；有的国家要求制作木箱的木料必须经过熏蒸等。例如，为了防止包装材料带进蛀虫，危害进口国的森林、植物、木结构房屋，美国、菲律宾、澳大利亚等都严禁稻草、麦杆等谷物秸杆进口，禁止旧麻袋、旧布袋进口，运输用的木托盘和木箱要有熏蒸证明书；新西兰规定，严禁用稻草、谷糠作进口商品的包装物料，禁止用旧麻袋作进口包装物；塞浦路斯海关规定，对包装用的稻草，必须有输出国出具的消毒证书，或有该稻草系来自无疫病地区的证明，才予放行，否则当场烧毁。

包装条款举例：

纸箱装，每箱60听，每听1 000片

In cartons containing 60 tins of 1 000 tab. each.

单层新麻袋，每袋净重25千克

In new single gunny bags of 25 kilos net.

镀锌桶装，每桶净重175千克

In galvanized iron drums of 175 kilos net each.

涤纶袋包装，25磅一袋，4袋装一箱。箱子用以金属作衬里的木箱。包装费用由卖方负担。

In poly bags, 25 pounds in a bag, 4 bags in a sealed wooden case which is lined with metal. The cost of packing is for seller’s account.

知识窗：美国关于包装及标示的有关法规

美国是法治严格的国家，各种与商品包装及标示有关的联邦法规有30多种，内容主要关注三个领域：环境保护、消费者健康安全、标贴信息。如：

有毒物品防范包装法令：对含有毒性成分的日用化学品必须采取防止儿童误服的防护性包装，否则被视为违反毒品预防包装法令。

显窃启或防偷换包装法规：主要针对食品和药物，必须采取能有效防止不良分子偷换、污染、窃启的包装技术措施，如被拆封，必须留有明显识别痕迹。

禁止使用含碳氟化物做喷雾包装容器内推动剂法令。

进口玩具以年龄分组（适宜使用该玩具的最低年龄），警告语（远离儿童，以防塑料袋套头等）和安全使用标志清晰。

美国有十几个州立法禁止使用易拉罐，采用拉环不脱离的指压式或胶封式易拉罐。

•实务篇

一、品质条款规定不当致损案

【案情】某年，我某出口公司A对英国B公司按每公吨90英镑CIF利物浦成交某农产品一批，合同规定水分最高不超过15%，碎粒最高不超过20%，杂质最高不高于1%。成交前我方也曾向买方寄送过样品，订约后我方又电告对方成交货物与样品一致。货物装运前，由中国商品检验局检验签发品质规格合格证书。货到英国后，B公司提出，货物的质量比样品低，卖方有责任交付与样品一致的货物。因此要求降价。而此时我方留存的复样已遗失，我方出口公司以合同中并未规定凭样品交货，而只规定了凭规格交货为由，坚持我方所交货物品质符合合同规定，并有装运前商检局出具的商检证明，不同意降价。B公司又请该国某检验公司进行检验，出具了所交货物平均品质比样品低7%的检验证明，并据此要求我方赔偿，而我方拒赔。理由是：该批货物是凭规格买卖而不是凭样品买卖。你认为我方拒赔的理由充分吗？

【评析】本案的焦点是：该批货物是凭规格买卖，还是既凭规格又凭样品买卖？

从合同规定来看，该交易本身是凭规格买卖，但是卖方在签约前曾向买方寄交过样品，并没有声明此样品仅为参考样品，签约后又通知对方货物与样品一致，此通知可理解为：交货与样品一致是合同中品质条款的补充。因此，从整个交易过程来判断，这笔交易不是仅凭规格买卖，而是既凭规格又凭样品买卖。根据国际贸易法的规定和国际贸易习惯的做法，凡是既凭规格又凭样品达成的交易卖方所交货物必须既符合规格的要求，又要与样品一致。否则，买方有权拒收货物，并可提出索赔要求。因此，我方拒赔的理由不充分。加之我方事先留存的样品已遗失，无法证明货物品质与样品相符，应付赔偿责任。

此案对我们的启示很多。在出口贸易中，正确地规定货物的品质对卖方顺利完成交货义务至关重要。因此，订立买卖合同时，要正确选用表示品质的方法，能够用一种方法表示商品品质的，就不要采用两种或两种以上的方法，以免给交货带来难度和麻烦。本案例中，在合同已规定凭规格买卖的情况下，又去电确认所交货物与样品一致，实属多余，把凭规格买卖变成了既凭规格又凭样品买卖，使自己多承担了责任。如果需要寄送样品，可明确表示该样品仅供参考，避免发生类似的纠纷。另外寄送样品后，要妥善保存复样，一旦发生争议，可对复样进行重新检验以便对比，从而分清责任。

二、包装不符致损案

【案情】某年，我某出口公司对外出口果脯，合同中的包装条款规定：纸箱装，每箱20千克，内装20小盒，每盒1千克。但交货时恰逢此种包装短缺，该公司便将小包装（每箱为20千克，但内装40小盒，每盒0.5千克）的货物发出，总量并不短缺。但是货到后，买方提出包装不符，拒绝收货。我公司认为数量完全相符，要求对方付款。你认为责任在谁，应如何处理？

【评析】责任在卖方。根据《公约》第35条中的有关规定，卖方交付的货物必须与合同规定的数量、质量和规格相符，并需按照合同所规定的方式装箱或包装。

在本案例中，合同规定：每箱20千克，内装20小盒，每盒1千克，而我方实际交货虽然每箱为20千克，但内装40小盒，每盒0.5千克，与包装条款不符，显然是我方违反了合同。尽管从总量上并不短缺，但可能会给对方带来意想不到的损失。因为买方订购商品时对包装的要求，是有一定的商业目的的，包括适销对路，适应消费者的爱好和习惯，对付竞争对手等。而我方的包装，很可能使其商品滞销，让买方原来的商业目标落空，造成损失。

在国际货物买卖中，包装是说明货物的重要组成部分，包装条件是合同中的一项主要条件。按照某些国家的法律规定，如卖方未按约定的条件包装，买方有权拒收货物。本案中，责任在我方，我出口公司应主动向对方道歉，以求买方的谅解。

三、交货数量严重溢装案

【案情】我某进出口公司出口一批驴肉到日本，数量为24.9公吨，合同中规定，箱装，每箱净重16.6千克，整批货物装于1 500箱中。我公司按时将货物出运。但货物运抵日本港口后，日本海关人员在抽查该批货物时，发现每箱净重是20千克，即每箱多装了20－16.6＝3.4千克，我实际装货30公吨。但是我公司所提交的所有单据都注明装货24.9公吨，在议付货款时也是按照24.9公吨计算的，这样少收了5 100千克货物的货款。而且，由于货物单据上注明的重量与实际重量不符，日本海关还认为我方少报重量，有帮助客户偷税嫌疑，向我方提出意见。后经我方解释，才未予深究。但多装的5 100千克驴肉，不再退还，也不补付货款，造成我方的损失。

【评析】世界上许多国家的海关一般对进口货物都实行严格的监管，如进口商申报进口货物的数量与到货数量不符，进口商必然受到查询，如属到货数量超过报关数量，就有走私舞弊之嫌，海关不仅可以扣留或没收货物，还可追究进口商的刑事责任。上例中由于我方的失误，不仅给自己造成损失还给进口商带来麻烦。事后经调查发现，其原因主要是由于工作中各个环节没有衔接好。首先，业务人员成交这笔业务后，给加工部门下达的加工通知单中，没有明确规定每箱只装16.6千克，加工部门收到加工通知单后，仍按常规每箱装了20千克驴肉。其次，在出口货物报关、装船时，有关环节没有具体掌握每箱的净重、箱数以及总重，仅凭申报的重量24.9吨办理有关手续，而不知实际上已经装出了30吨货物，多装的驴肉白白送给了对方。

出口公司在履约过程中应加强单证、单货的复核工作。凡是装货要求特殊时，应该重点提出，以引起有关部门注意，杜绝差错产生。

阅读资料

ISO 系列标准与认证

ISO 是一个组织的英语简称，其全称是 International Organization for Standardization，即“国际标准化组织”。它成立于 1947 年 2 月 23 日，前身是 1928 年成立的“国际标准化协会国际联合会”（ISA）。它的宗旨是“在世界上促进标准化及其相关活动的发展，以便于商品和服务的国际交换，在智力、科学、技术和经济领域开展合作。”ISO 的最高权力机构是每年一次的“全体大会”，其日常办事机构是中央秘书处，设在瑞士的日内瓦。中央秘书处现有 170 名职员，由秘书长领导。

ISO 通过它的 2 856 个技术机构开展技术活动。其中，技术委员会（TC）共 185 个，分技术委员会（SC）共 611 个，工作组（WG）2 022 个，特别工作组 38 个。

ISO 的 2 856 个技术机构技术活动的成果（产品）是“国际标准”。ISO 现已制定出国际标准共 10 300 多个，主要涉及各行各业各种产品（包括服务产品、知识产品等）的技术规范。

一、ISO9000 族

“ISO9000”不是指一个标准，而是一族标准的统称，是由 ISO/TC176 制定的所有国际标准。TC176 即 ISO 中第 176 个技术委员会，它成立于 1980 年，全称是“品质保证技术委员会”，1987 年又更名为“品质管理和品质保证技术委员会”。TC176 专门负责制定品质管理和品质保证技术的标准。

至今，ISO9000 族一共有 17 个标准。

(1) ISO9001：1994《品质体系 设计、开发、生产、安装和服务的品质保证模式》。

(2) ISO9002：1994《品质体系 生产、安装和服务的品质保证模式》。

(3) ISO9003：1994《品质体系 最终检验和试验的品质保证模式》。

自从 1987 年 ISO9000 系列标准问世以来，为了加强品质管理，适应品质竞争的需要，企业家们纷纷采用 ISO9000 系列标准在企业内部建立品质管理体系，申请品质体系认证，很快形成了一个世界性的潮流。目前，全世界已有近 100 个国家和地区正在积极推行 ISO9000 国际标准，约有 40 个品质体系认可机构，认可了约 300 家品质体系认证机构，20 多万家企业拿到了 ISO9000 品质体系认证证书，第一个国际多边承认协议和区域多边承认协议也于 1998 年 1 月 22 日和 1998 年 1 月 24 日先后在中国广州诞生。

推行 ISO9000 的作用：

(1) 强化品质管理，提高企业效益；增强客户信心，扩大市场份额。

(2) 获得了国际贸易“通行证”，消除了国际贸易壁垒。

(3) 节省了第二方审核的精力和费用。

(4) 在产品品质竞争中永远立于不败之地。

(5) 有效地避免产品责任。

(6) 有利于国际间的经济合作和技术交流。

二、ISO14000

ISO14000 系列标准是由国际标准化组织（ISO）第 207 个技术委员会（ISO/TC207）组织制定的环境管理体系标准，其标准号从 14001 至 14100，共 100 个标准号，统称为 ISO14000 系列标准。它是顺应国际环境保护的发展，依据国际经济贸易发展的需要而制定的。目前正式颁布的有 ISO14001、ISO14004、ISO14010、ISO14011、ISO14012、ISO14040，其中，ISO14001 是系列标准的核心标准，也是惟一可用于第三方认证的标准。

ISO14000 标准与 ISO9000 标准都是 ISO 组织制定的针对管理方面的标准，都是国际贸易中消除贸易壁垒的有效手段。两套标准最大的区别在于面向的对象不同，ISO9000 标准是对顾客承诺，ISO14000 标准是对政府、社会和众多相关方（包括股东、贷款方、保险公司等）；ISO9000 标准缺乏行之有效的外部监督机制，而实施 ISO14000 标准的同时，就要接受政府、执法当局、社会公众和各相关方的监督。两套标准部分内容和体系的思路上有着质的不同，包括环境因素识别、重要环境因素评价与控制，适用环境法律、法规的识别、获取、遵循状况评价和跟踪最新法规，环境目标指标方案的制定和实施完成，以期达到预防污染、节能降耗、提高资源能源利用率，最终达到环境行为的持续改进的目的。

三、SA8000 社会责任标准

SA8000 即“社会责任标准”，是 Social Accoutability 8000 的英文简称，是全球首个道德规范国际标准。其宗旨是确保供应商所供应的产品，皆复合社会责任标准的要求。SA8000 标准适用于世界各地，任何行业及不同规模的公司。其依据与 ISO9000 质量管理体系及 ISO14000 环境管理体系一样，皆为一套可被第三方认证机构审核之国际标准。

SA8000 标准的提出源于瑞士通用公证行国际认证部（SGS Yarsley ICS）执行董事 Reg Easy 和美体国际公司（Body Shop）社会审核部高级经理 David Wheeler 的一次谈话，他们当时制定了一个可用于第三方认证的社会责任标准，SGS 积极支持并赞助了制定这一标准。1996 年 6 月，SGS 的董事 Jim Keegan 主持了制定社会责任标准意义的首次会议，来自美国和欧洲一些公司和非政府组织参加了这次会议，会议一致认为社会审核领域在全球范围内正在不断扩展，有必要对社会道德责任进行审核，在工商界也应确立与公众相同的价值观和道德准则，为此，需要制定社会道德责任标准或规范，并开展审核认证活动。1997 年，总部设在美国的社会责任国际发起并联合欧美部分跨国公司和其他一些国际组织，制定了 SA8000 社会责任认证标准。

SA8000 涉及以下主要内容：

（1）童工。企业必须按照法律控制最低年龄、少年工、学校学习、工作时间和安全工作范围。

（2）强制雇佣。企业不得进行或支持使用强制劳工或在雇佣中使用诱饵或要求抵押金，企业必须允许雇员轮班后离开并允许雇员辞职。

（3）健康安全。企业须提供安全健康的工作环境，对可能的事故伤害进行防护，进行健康安全教育，提供卫生清洁设备和常备饮用水。

（4）联合的自由和集体谈判权。企业尊重全体人员组成和参加所选工会并进行集体谈判的权利。

（5）差别待遇。企业不得因种族、社会地位、国籍、伤残、性别、生育倾向、会员资格或政治派系等原因存在歧视。

(6) 惩罚措施。不允许物质惩罚、精神和肉体上的压制和言词辱骂。

(7) 工作时间。企业必须遵守相应法规，加班必须是自愿的，雇员一周至少有一天的假期。

(8) 报酬。工资必须达到法定和行业规定的最低限额，并在满足基本要求外有任意收入。雇主不得以虚假的培训计划规避劳工法规。

(9) 管理体系。企业须制定一个对外公开的政策，承诺遵守相关法律和其他规定；保证进行管理的总结回顾，选定企业代表监督实行计划和实施控制，选择同样满足 SA8000 的供应商，确定表达意见的途径并采取纠正措施，公开与审查员的联系，提供应用的检验方法，并出示支持的证明文件和记录。

SA8000 认证的作用包括：

(1) 减少国外客户对供应商的第二方审核，节省费用。

(2) 更大程度地符合当地法规要求。

(3) 建立国际公信力。

(4) 使消费者对产品建立正面情感。

(5) 使合作伙伴对本企业建立长期信心。

虽然 SA8000 尚未转化为 ISO 国际标准，但它已得到国际认可，更为重要的是，该标准正在激起全球组织界的广泛关注和热情。很显然，组织经认证机构全面、独立的审核后，颁发的社会责任认证证书，将是对该组织道德行为和社会责任管理能力最为有效的认可。SA8000 将是未来国际竞争中组织获得成功的一个重要组成部分。

第四章　合同中的装运条款

• 基础篇

• 实务篇

·基础篇

进出口合同中的装运条款，是对出口方履行交货义务进行具体规定。即卖方何时交货，在什么地方交货，如何完成交货，等等。因此，装运条款通常包括装运（交货）时间、装运港（或发货地）和目的港（或目的地）、是否允许卖方分批装运和转运等内容。有的合同还需要列明运输方式、选派的运输工具以及有关费用负担等事项。装运条款是卖方履行交货义务的依据，明确、合理地规定装运条款，是保证买卖合同顺利履行的重要条件。

第一节　国际货物运输的方式

根据使用的运输工具的不同，国际货物运输主要可分为以下几种方式：

- 运输方式
  - 陆上运输
    - 公路运输
    - 铁路运输
  - 水上运输
    - 内河运输
    - 海上运输
      - 沿海运输
      - 近洋运输
      - 远洋运输
  - 航空运输
  - 管道运输
  - 邮政运输

（沿海运输、近洋运输、远洋运输｝河海联运；公路运输、铁路运输、内河运输、河海联运｝国际多式联运）

一、海洋货物运输

海洋货物运输是指使用船舶通过海上航道在不同国家和地区的港口之间运送货物的一种运输方式，是国际货物运输中最广泛采用的一种方式。尽管它的运输速度是所有运输方式中最慢的，但由于其具有运量大、费用低、通过能力大等优点，已成为国际货物运输的最主要方式，其货运量占国际货物运输总量的80%以上。

海洋货物运输按船舶经营方式不同分为两类：班轮运输和租船运输。

（一）班轮运输

1. 班轮运输的概念和特点

班轮运输（Liner Transport），又称定期船运输，是指船舶按照固定的船期表（Sailing Schedule），沿着固定的航线和港口来往运输，并按相对固定的运费率收取运费。它的特点是：

（1）“四固定”：固定航线、固定港口、固定船期和相对固定的费率。

（2）船方负责配载装卸，装卸费包括在运费中。

（3）船、货双方的权利、义务与责任豁免，以船方签发的提单条款为依据。

（4）承运货物的品种、数量较灵活。

班轮船舶通常具有良好的技术质量，班轮公司的严格管理制度能够保证货物运输的质量。其所具有的“四固定”、船方管装管卸以及承运货物品种、数量不限的特点，为进出口商订立合同中的装运条款、掌握交货时间、安排货物的运输提供了必要的条件。因此，特别适用于运量不大、批次较多、到港分散的零星货物运输。班轮公司定期公布船期表，为货主提供了极大的方便，因而深受货主的欢迎，使班轮运输成为海洋货物运输中的主要运输方式。

2. 班轮运输的费用

班轮运输费用是班轮公司为运输货物而向货主收取的费用，包括货物从装运港至目的港的海上运费以及货物的装卸费，简称班轮运费。班轮运费是按照班轮运价表的规定计算的，不同的班轮公司或班轮公会有不同的班轮运价表，通常是按照各种商品的不同的积载系数以及不同的性质和不同的价值，结合不同的航线加以确定的。班轮运价表的结构一般包括：货物分级表、航线费率表、附加费率表、冷藏货及活牲畜费率表等。对于基本费率的规定，有的运价表是按照每项货物列出其基本费率，这种运价表称为“单项费率运价表”；有的是将货物分为若干等级，（一般分为20个等级），每一个等级的货物有一个基本费率，称为“等级费率表”。第一级的商品运费率最低，第二十级商品的运费率最高。

班轮运费由基本运费和附加运费构成。

（1）基本运费。基本运费是班轮航线内各港口之间对每种货物规定的必须收取的费率，是构成全程运费的主要部分，按班轮运价表规定的标准计收。其计算标准通常采用以下几种：

①按货物的重量吨（Weight Ton）计算。班轮运价表中以“W”表示，每一重量吨是按货物的毛重计收，一般以1公吨为计费单位，也有按长吨或短吨计算的。这种计算方法适用于货物价值低、重量较大的商品，如钢材。

②按货物的尺码吨（Measurement Ton）计算。班轮运价表中以“M”表示，每一尺码吨是按货物的体积计收，一般以1立方米为计费单位，也可按40立方英尺计算。这种计算方法适用于货物价值低、重量较低、体积较大的商品，如棉花。

按重量吨或尺码吨计收运费的单位通称运费吨（Freight Ton）。

③按毛重或体积从高计收，在运价表中用“W/M”表示。按惯例凡1重量吨货物的体积超过1立方米或40立方英尺者即按体积收费；1重量吨货物其体积不足1立方米或40立方英尺者，按毛重计收。

④按货物的价格计收，称为从价运费，即以有关货物的FOB总价值按一定的百分比收取。运价表中用“A. V.”或“ad. val”表示。凡托运黄金、白银或其他贵重货物时，通常按此方法计收运费。

⑤按货物的毛重、体积、价格从高计收，运价表中用“W/M or A. V.”表示，指在重量吨或尺码吨或从价三种计收方式中选择高的收费。

⑥按货物的毛重或体积从高计收，另加一定百分比的从价运费，运价表中用“W/M plus A. V.”表示。

⑦按货物的件数计收，如活牲畜牛、羊按头，车辆按辆等。

⑧临时议定运价。在运价表中，注有“Open Rate”字样。通常对于粮食、豆类、矿石、煤炭等运量大、货值低、装卸速度快的大宗货物，一般在班轮费率表中没有规定具体费率，

由船公司和货主临时议定运费。议定运费一般比按等级运价计算运费为低。

如果不同的货物混装在同一包装内，则全部运费按其中较高者计收。同一票商品如包装不同，其计费标准及等级也不同，托运人应按不同包装分别列出毛重及体积，否则全部运费均按较高者计收。另同一提单内有两种或两种以上不同货名，托运人如未分别列出不同货名商品的毛重或体积，则全部运费均按较高者计收。

（2）附加运费。附加运费是指除基本运费外，针对一些需要特殊处理的货物，或突然事件的发生及客观情况变化等原因需另外加收的费用。附加费一般是在基本运费的基础上，加收一定的百分比，或规定每个运费吨加收一个绝对数。

资料卡：班轮附加费的种类

（1）超重附加费（Heavy Lift Additional）。一件货物的毛重达到或超过一定重量时，该货物即为超重货物。各船公司对一件货物重量规定的限量不一致。超重货物在装卸、配载等方面会增加额外劳动和费用，因此，船公司要加收一定的超重附加费。

（2）超长附加费（Long Length Additional）。一件货物的长度达到或超过规定的长度，该货物即为超长货物，船公司要加收超长附加费。

（3）选卸附加费（Additional On Optional Discharge Port）。由于贸易上的原因，在货物托运时尚不能确定具体卸货港，需要在两个或两个以上的卸货港中选择，对于选卸货物需要在积载方面给予特殊的安排，这就会增加一定的手续和费用，由于上述原因而追加的费用，称为选卸附加费。

（4）直航附加费（Additional On Direct）。如一批货物达到一定数量时，托运人要求将一批货物直接运抵非基本港口卸货，船公司可安排直航运输，为此加收的费用称为直航附加费。直航附加费一般比转船附加费要低。

（5）转船附加费（Transhipment Additional）。如果货物需在中途转船运至目的港，船公司必须在转船港口办理换货和转船手续，为此增加的费用称为转船附加费。

（6）港口附加费（Port Additional）。由于某些港口情况复杂，装卸效率低，费用高，造成成本开支增加而向货主收取的附加费。

（7）燃油附加费（Bunker Surcharge，BS）。由于燃油价格上涨，船舶开支增加而向货主加收的费用。

（8）港口拥挤附加费（Port Congestion Surcharge）。由于港口拥挤，船舶抵达港口后需长时间等泊，造成船期延误、成本增加，为弥补船期损失而收取的附加费。此项附加费随港口拥挤程度的变化而调整。如船期恢复正常，该项附加费即可取消，所以变动很大。

（9）货币贬值附加费（Currency Adjustment Factor，CAF）。因货币贬值，为弥补运费经济损失而收取的费用。一般随着货币贬值的幅度按基本费率的百分比收取。

(10) 绕航附加费 (Deviation Surcharge)。由于某种原因，船舶不能按正常航线而必须绕道航行，从而增加航运开支，为此加收的费用称为绕航附加费。此项费用也属一项临时费用，一旦航道正常，则该项费用取消。

3. 班轮运价的计算

按照运价表规定的计费标准和费率计算班轮运费。首先，从有关运价表中的“货物分级表”上查找相应的货名，查出该货物所属的运价等级及计费标准；然后，从“航线费率表”中查找相应的航线、到港，查出该等级货物相应的基本运费率，最后，从“附加费率表”中查出各种附加费的计算方法及费率，带入计算公式：

$$F = Fb + \sum_s = fQ + (S_1 + S_2 + \cdots + S_n) \times fQ$$
$$= (1 + S_1 + S_2 + \cdots S_n) \times fQ$$

公式中：F 代表运费总额　　Fb 代表基本运费

$\sum_s$ 代表各种附加费总额　　f 代表基本运费率

Q 代表货运量（运费吨）　　S 代表某项附加费

实例：

由青岛运往南非开普敦港口“门锁”一批共计 1 000 箱，每箱体积 20cm × 30cm × 40cm，毛重为 25 公斤，当时燃油附加费为 15%，港口拥挤附加费为 10%，门锁属于小五金，计费标准 W/M，等级为 10 级，查基本运费为每运费吨 66 美元，试计算应付运费为多少？

解：(1) 先查明此批货物计费标准是按 W 还是按 M 计收：

M：$20\text{cm} \times 30\text{cm} \times 40\text{cm} = 24\,000\text{cm}^3 = 0.024\text{m}^3$

W：$25\text{kg} = 0.025\text{M/T}$

所以应按重量（W）计收

(2) 算出该批货物的总重量：

$0.025\text{M/T} \times 1\,000 = 25\text{M/T}$

(3) 套入公式：

$$F = (1 + S_1 + S_2 + \cdots + S_n) \times fQ$$
$$= (1 + 15\% + 10\%) \times 66 \times 25 = 2\,062.5(\text{美元})$$

答：应付运费 2 062.5 美元

注意：如有货币贬值附加费应另算，其计算公式为：

$$F = (1 + S_1 + S_2 + \cdots + S_n) \times (1 + \text{贬值附加费}) \times fQ$$

(二) 租船运输

1. 租船运输的概念和特点

租船运输（Charter Transport），又称不定期船运输，是指船方与货方签订租船合同，按照承租人（货方）的要求，来安排船舶的航线和停靠的港口、运输货物的种类以及航行时间等，运费或租金也由双方根据租船市场行情在租船合同中加以约定。租船运输与定期船运输（班轮运输）不同，船舶没有固定的船期表、航线、港口。船舶按租船人和船东双方签订的租船合同规定行事。在国际贸易中，大宗货物、交货期集中的货物或者装运港与目的港之间没有直达班轮时，都采用租船运输。租船有租赁整船和租赁部分舱位两种，一般以租赁整船为多。

2. 租船运输的方式

（1）定程租船（Voyage Charter）。定程租船，又称航次租船或程租船，是指由船舶所有人负责提供船舶，在指定港口之间进行一个航次或数个航次，承运指定货物的租船运输。这种租船方式由船方负责船舶的一切营运开支。多数情况下，运费按货物装运数量计算。租船双方责任义务以程租船合同为准。合同中还规定一定的装卸期限或装卸率，并计算滞期费和速遣费。

资料卡：程租船按租赁方式不同可分为

①单程租船：也称单航次租船。即所租船舶只装一个航次，航程结束时租船合同就告终止。

②来回程租船：所租船舶根据租船合同规定，在完成一个航次任务后接着再装运一个回程货载的运输形式。有时按来回所运货物的不同，分别计算运费。

③连续航次租船：即在同一去向的航线上，同一条船舶连续完成若干个相同的租船航次，装运几个航次或来回装运几个航次。

④包运合同租船，又称包租船。即规定将一大批货物，采用若干条船由装货港运到目的港。在规定的期限内，只确定承运货物的数量，而不规定具体的航次数，实际上等于若干单航次程租船的总和。

（2）定期租船（Time Charter）。定期租船，又称期租船，是指船舶所有人将船舶出租给承租人，供其使用一定时期的租船运输。在租期内，船方负担船员工资、伙食及船舶保险费等，并负责保持船舶的适航状态，而承租人负责管理和使用船只，负担燃油费、港口费和装卸费，并定期向船方支付租金。

（3）光船租船（Demise Charter）。光船租船是指船舶所有人将空船出租给承租人使用一个时期，船长、船员的配置、船舶的给养及船舶营运管理所需费用等均由承租人负责。这种租船方式属于单纯的财产租赁，在当前国际贸易中很少使用。

（4）航次期租（Time Charter on Trip Basis，TCT）。航次期租是介于定程租船和定期租船之间的一种租船方式，它以完成一个航次运输为目的整船租赁，却按实际使用的天数计算租金，又称为“日租租船”。

3. 租船合同

租船合同是船舶所有人与承租人达成的协议，规定承租人以一定的条件向船舶所有人租用一定的船舶或一定的舱位以运输货物，并就双方的权利和义务、责任与豁免等各项内容以条款形式加以规定，用以明确双方的经济、法律关系。租船合同分为定程租船合同和定期租船合同，简称程租约（Voyage Charter Party）和期租约（Time Charter Party）。

定程租船合同中首先要规定合同的当事人、船名、船旗及有关船舶的必要规范资料，如船舶建造年月、船级、注册总吨、净吨、载重总吨、袋装容租、散装容租等，还要包括以下主要条款：货物、装卸港口、受载日和解约日、运费、装卸费的划分、许可装卸时间、滞期费和速遣费、佣金等。

定期租船合同的主要条款包括船舶说明、使用范围和航行区域、租期、交船/还船、租金、停租（Off – Hire）、转租等。

另外，在租船合同中还有其他条款，如：绕航条款、租船人责任终止条款、留置权条款、船东责任条款、仲裁条款、共同海损条款、罢工条款、战争条款、冰冻条款等。

租船合同的订立是一项非常复杂、细致的工作，为简化签订租船合同手续，国际上一些大的航运组织或大宗货物贸易商会，编制了一些供船、租双方选用或参考的租船合同范本，常用的有：标准杂货定程租船合同（金康 Gencon）、标准定期租船合同（Baltime）、古巴食糖租船合同（Cuba Sugar C/P）、巴尔的摩班轮条件谷物租船合同（Baltime Berth C/P）、澳大利亚谷物租船合同、纽约土产交易所期租合同等。我国的中国租船公司也制定了《中国租船公司期租约范本》（SINO – TIME1980），得到了国际航运界的承认。目前我国对外洽租定期船舶，均以此范本为依据。

4. 程租船运输费用

程租船运输费用主要包括程租船运费和装卸费，此外，还有滞期费和速遣费等。

（1）程租船运费。随行就市。

（2）程租船的装卸费。在程租船运输情况下，有关货物的装卸费用由租船人和船东协商确定后在程租船合同中作出具体规定。

资料卡：程租船装卸费用的规定

（1）船方负担装货费和卸货费。又称“班轮条件”（Gross Terms，Liner Terms），即装卸费用按班轮做法，货物的装卸费用包括在运费内，租船人负担运费，装卸费用由船方支付。在这种条件下，双方的费用划分以船的吊钩为界。多用于木材和包装货物的运输。

（2）船方管装不管卸（Free Out，F. O.）。船方负责装货及费用，但不负责卸货及费用。

（3）船方管卸不管装（Free In，F.I.）。船方负责卸货及费用，但不负责装货及费用。

（4）船方不负责装货及卸货费用（Free In And Out，F. I. O.）。即船方既不负担装货费也不负担卸货费。这种条件一般适用于散装货。

（5）船方不负责装卸费用及平舱、理舱费用（Free In And Out，Stowed And Trimmed，F. I. O. S. T.）。即船方不负担装卸费及平舱理舱费。

（3）滞期费和速遣费。使用程租船运输，装卸时间的长短直接关系到船方的经济效益，故船东与承租人要在租船合同中明确规定装、卸货时间或装卸率，约定承租人保证将货物在装货港全部装完和在卸货港全部卸完的时间，并规定延误装卸时间和提前完成装卸任务的罚款与奖励办法，以约束租船人。滞期费（Demurrage）是指由于货物未在合同约定的装卸期限内装卸完毕，致使船舶在港内停泊时间延长，给船方造成经济损失，租方向船方支付的罚款。速遣费（Despatch Money）是指货物按约定的装卸时间提前完成装卸任务，使船方节省了船舶在港的费用开支，船方给予租方的奖金。按惯例，速遣费一般为滞期费的一半。滞期费和速遣费通常约定为每天若干金额，不足一天者，按比例计算。

但在实际业务中，负责装卸货物的不一定是租船人，而是买卖合同的另一方当事人。如在FOB合同中，租船人是买方，而装货由卖方负责；在CIF合同中，租船人是卖方，而卸货由买方负责。因此，负责租船的一方为促使对方及时完成装卸任务，也应要求在买卖合同中规定装卸时间或装卸率，以及滞期、速遣条款。装卸期限可用若干日表示；也可用装卸率表示，及平均每天装卸若干吨。

资料卡：装卸时间是以天数或小时数来表示的，其规定方法通常有以下几种

（1）按“连续工作日”（Running Working Days）。明确规定每天装卸多少，多少天装卸完。

（2）按“晴天工作日”（Weather Working Days）。明确规定每天装卸多少，若干天装卸完，但雨天（坏天气）除外。

（3）按“晴天工作日”星期日和节假日除外（Weather Working Days Sundays and Holidays Excepted）。

（4）按“港口习惯快速装卸”（To Load/Discharge in Customary Quick Despatch，简写为C. Q. P）。

知识窗：主要中外船公司简称与缩写一览表

美国总统轮船（中国）有限公司/美国总统/APL

波罗的海航运公司/波罗的海/BOL

中国远洋集装箱运输有限公司/中远集运/COSCON

韩进海运（中国）有限公司/韩进海运/HJS

香港航运有限公司/香港海运/HKMSH

川崎汽船（中国）有限公司/川崎汽船/KLINE

高丽海运株氏会社/高丽海运/KMTC

环球船务有限公司/环球船务/UNIWD

阳明公司/阳明公司/YML

以星轮船有限公司/以星轮船/ZIM

马来西亚国际航运有限公司/马国航运/MISC

商船三井（中国）有限公司/商船三井/MOLCN

瑞士地中海航运公司/地中海/MSC

马士基（中国）航运有限公司/马士基/MSL

日本邮船（中国）有限公司/日本邮船/NYK

东方海外货柜航运（中国）有限公司/东方海外/OOCL

英国铁行箱运有限公司/英国铁行/P&O

太平船务有限公司/太平船务/PIL

中国对外贸易运输总公司/中外运/SNTBJ

二、航空货物运输

航空货物运输（Air Transport）是一种现代化的运输方式，与海洋运输、铁路运输相比，具有运输速度快、包装简化，减少保险和储存费用，保证货运质量和不受地面条件限制等优点。因此，航空运输特别适宜于运送鲜活、易腐商品、急需物资和贵重物品等。与其他运输方式相比，其不足在于运输费用高、运量有限。随着国际贸易的迅速发展和国际货物运输技术现代化水平的提高，航空货运在国际货物运输中的地位日渐重要。

（一）航空货物运输方式

目前，在我国进出口商品中，进口采用空运的有电脑、成套设备中的精密部件、电子产品等；出口商品采用空运的主要有丝绸、纺织品、海产品、水果和蔬菜等。这些进出口货物按不同需要，主要采用以下几种运输方式：

1．班机运输（Schedule Airline）

班机是在固定的航线上、在固定的始发站和目的站间定期航行的飞机。一般的航空公司都使用客货混合型飞机，但有些较大的航空公司在某些航线开辟定期的货运航班，使用全货机运送货物。由于班机定时、定线、定港的特点，便于收发货人掌握起运和到达时间，尤其适用于运送鲜活商品、急需物资及节令性商品。

2．包机运输（Chartered Carrier）

由于班机运输形式下货物舱位有限，当货物批量较大时，包机运输就成为一种重要的运输方式。包机运输可分为整机包机和部分包机。

整机包机是指航空公司或航空代理公司按照合同中双方约定的条件和运价将整架飞机租给租机人，从一个或几个机场将货物运抵指定目的地。整机包机适用于运送数量较大的货物。部分包机运输则是由几家航空代理公司或发货人联合包租一架飞机运送货物。部分包机适合于一吨以上但不足整机的货物，运费较班机低，但运送时间比班机长。

3．集中托运（Consolidation）

集中托运是指集中托运人将若干批单独发运的货物组成一整批，向航空公司办理托运，采用一份总运单整批发运到同一目的地，由集中托运人在目的港的代理人收货、报关，根据集中托运人签发的航空分运单分拨给各实际收货人。这种托运方式可争取较低的运价，通常比国际空运协会公布的班机运价低 7% ~10%，深受货主欢迎，是航空货物运输中较为普遍的一种形式。

4. 航空快递（Air Express Service）

航空快递是目前国际航空运输中最快捷的运输方式，它不同于一般的航空邮寄和航空货运，是由一个专门经营此业务的航空快递公司与航空公司密切合作，设专人用最快的速度在货主、机场、收件人之间进行运输和交接，传送快件。这种方式特别适用于急需药品、医疗器械、贵重物品、图纸资料、货样及单证等的传送，被称为“桌到桌运输”（Desk to Desk Service）。

（二）航空运输的承运人

1. 航空运输公司

航空运输公司是航空货物运输业务中的实际承运人，负责办理从起运机场至到达机场的运输，并对全程运输负责。

2. 航空货运代理公司

航空货运代理公司可以是货主的代理，负责办理航空货物运输的订舱，在始发机场和到达机场的交、接货与进出口报关等事宜，也可以是航空公司的代理，办理接货并以航空承运人的身份签发航空运单，对全程运输负责。

中国对外贸易运输总公司既是中国民航的代理，也是我国各进出口公司的货运代理，它充当航空货运代理公司的职责。

（三）航空运输的运价

航空运输的运价是指从启运机场到目的机场的运价，不包括其他额外费用（如提货、进出口报关、交接和仓储费用等）。航空运价一般是按重量（公斤）或体积（6 000 立方厘米折合 1 公斤）计算的，而以两者中高者计算为准。

航空运价有特种货物运价、等级运价和一般货物运价三种，航空运费选择其中一种计算。但如遇两种运价均可适用时，应首先使用特种货物运价，其次是等级运价，最后是一般货物运价。

1. 特种货物运价（Special Cargo Rate，SCR）

特种货物运价是由参加国际航空运输协会的航空公司，根据在不同航线上有经常性特种货物运输的发货人的要求，或为促进某地区的某种货物的运输，向国际航空运输协会提出申请，经同意后制定的。特种货物运价往往低于普通货物的运价。其目的是向发货人提供一种优惠的运价，使发货人能充分使用航空公司的运力，航空公司在公布特种货物运价时，同时公布起码重量。

2. 货物等级运价（Class Cargo Rate，CCR）

货物的等级运价仅适用于在指定的地区内少数货物的运价，通常是在一般货物运价基础上加减一定百分比。当某一种货物没有特种货物运价可适用时，方可使用合适的等级运价，其起码重量规定为 5 公斤。

3. 一般货物运价（General Cargo Rate，GCR）

当一批货物没有特种货物运价，也没有可适用的等级运价时，就必须使用一般货物运价，承运一般货物以 45 公斤为划分点，45 公斤以上一般货物的运价比 45 公斤以下一般货物的运价低，换言之，货物的重量越大其运价就越低。

三、铁路货物运输

铁路运输是仅次于海运的一种主要的国际货物运输方式。铁路运输的运行速度较快，载运量较大，而且在运输途中遭受的风险较小，能保持常年正常运行，有较高的连续性，成本较低，办理铁路货运手续也相对比较简单。因此，铁路运输在国际贸易货物运输中，尤其在内陆接壤的国家间的贸易中，起着很重要的作用。海洋运输的进出口货物，也大多是靠铁路运输进行货物的集中和分散的。我国进出口货物的铁路运输包括国内铁路运输、至港澳地区的铁路运输和国际铁路联运三部分。

（一）国内铁路运输

出口货物由产地经铁路运至口岸外运，进口货物由口岸经铁路转运国内各地，以及各地之间的进出口货物的经铁路调运，均属国内铁路运输，按《国内铁路货物运输规程》的规定办理。

（二）至港、澳的铁路运输

供应港、澳地区的物资经铁路运往香港、九龙，也属于国内铁路运输的范围。

1. 对港铁路货物运输

对港铁路货物运输由两部分组成：国内段铁路运输和港段铁路运输。

（1）国内段铁路运输是由始发站至深圳北站。发货人委托当地外运或直接向铁路托运，填写铁路运单，先行将货物运往深圳北站，由中外运深圳分公司作为收货人接货。深圳外运作为发货人的代理，负责在深圳与铁路局办理货物运输单据的交换，并向铁路租车，然后申报出口，经查验放行后，将货物过轨至香港。

（2）火车过轨后，由深圳外运在香港的代理——香港中旅货运有限公司向香港九广铁路公司办理港段铁路运输，火车到达九龙各目的地车站后，由中旅货运将货物卸下交给收货人。

对港铁路运输是一种特定的运输方式，即：租车方式、两票运输。目前国内段运输是一次起票，两端收费，即始发站至广州北站的运费由始发站计收，广州北站至深圳北站的运费在原有运费基础上增加 50%，由深圳北站计收。

2. 对澳铁路货物运输

货物由内地按国内铁路运单运至广州南站，收货人是广东省外运公司，货到后由广东省外运公司办理水路中转业务到澳门，货到澳门后由南光集团的运输部门接货并转交给收货人。

（三）国际铁路货物联运

国际铁路货物联运是指在两个或两个以上国家铁路运送中，使用一份运送票据，以连带责任办理货物的全程运送，并在由一国铁路向另一国铁路移交货物时，不需发、收货人参加。

我国的国际铁路货物联运主要是通过铁路合作组织所缔结的《国际铁路货物联合运输协定》来进行的，它对简化运输手续，节省运输时间，加速资金周转，减少运输费用都非常有利。

1. 国际铁路货物联运办理种别

（1）根据发货人托运的货物数量、性质、体积、状态等条件可分为：①整车货物。凡按一张运单办理的一批货物，需要单独车辆运送。②零担货物。凡按一张运单办理的一批货物，重量不超过5 000kg，并按其体积不需要单独车辆运送。③大吨位集装箱。按一张运单办理的，用大吨位集装箱运送的货物或空的大吨位集装箱。

（2）根据运送速度，托运的种别可分为慢运、快运及整车货物随旅客列车挂运三种。

2. 国际铁路联运的组织

（1）参加国际货协国家之间的货物运送，除阿尔巴尼亚、朝鲜外，凡开办国内货运营业的车站，都可办理国际铁路货物联运。其程序是发货人使用一份运单在发货站向铁路托运，由铁路以连带责任办理货物的全程运输，在最终到达站将货物交付给收货人。在铁路轨距相同的国家间可实现原车过轨，在不同轨距国家间，则在换装站货过境站进行换装或更换另一轨距的货车轮对或使用变距轮对。

（2）在未参加国际货协的国家间的铁路货物运送，是由发货人在发货站用国际货协运单办理至参加国际货协的最后一个过境国的出口境站，由该站站长办理转发至未参加国际货协国家的最后到达站。反向运输亦可。

四、集装箱货物运输

（一）集装箱运输

集装箱运输（Container Transport）是以集装箱作为运输单位进行货物运输的一种现代化运输方式。自20世纪70年代以来，国际海上集装箱业务发展迅速，迄今已形成一个世界性的集装箱运输体系。目前，集装箱海运已成为国际主要班轮航线中占有支配地位的运输方式。

1. 集装箱运输的特点

集装箱（Container）是货物运输的一种辅助设备。按国际标准化组织104技术委员会的规定，集装箱应具备下列条件：能长期反复使用，具有足够的强度；途中转运时可不动容器内的货物而直接换装；能快速装卸，并能从一种运输工具直接、方便地换装到另一种运输工具；便于货物的装满和卸空；具有一立方米或一立方米以上的容积。

集装箱的以上特点，使得集装箱运输同传统货物运输相比，具有下列优点：

（1）提高装卸效率，加速运输工具的周转。

（2）提高运输质量，减少货损货差。

（3）节省各项费用，降低货运成本。

（4）简化货运手续，便利货物运输。

（5）把传统单一运输串联为连贯的成组运输，从而促进了国际多式运输的发展。

2. 集装箱的种类

为适应不同货物的需要，集装箱可设计成各种不同的规格和类型。

（1）集装箱的规格。国际标准化组织为统一集装箱的规格，推荐了3个系列13种规格的集装箱，其中在国际航运上主要使用20英尺和40英尺两种，即1A型8英尺×8英尺×20英尺和1C型8英尺×8英尺×40英尺。为便于统计计算集装箱运输的货运量，目前国际上都以20英尺集装箱作为计算衡量单位，以TEU（Twenty-Foot Equivalent Unit）表示，在统计不同型号的集装箱时，按集装箱的长度换算成20英尺单位（TEU）加以计算。

（2）集装箱的类型。集装箱运输过程中，为了船、货、箱的安全，不同种类的货物应与不同类型的集装箱配伍。如表4－1所示。

表4－1　集装箱货物与集装箱的选用

货物	可选用的集装箱
一般货物	干货箱、通风箱
易碎货物	干货箱
易腐、冷冻、冷藏货物	冷藏箱、通风箱、隔热箱
动、植物	牲畜箱、通风箱
笨重货物	开顶箱、平台箱、框架箱
危险货物	杂货箱、框架箱、冷藏箱
散货	罐式箱、散货箱、漏斗式箱
贵重货物	干货箱
液体货物	罐式箱

3. 集装箱运输的各关系方

（1）经营集装箱运输的实际承运人。掌握运输工具并参与集装箱运输的承运人，可以是轮船、火车、汽车、飞机的所有人或控制这些运输工具的营运者。

（2）无船承运人。在集装箱运输中，经营集装箱货运的揽货、装箱、拆箱、内陆运输及经营中转站货内陆站业务，但不经营船舶的经营者。

（3）集装箱出租公司。专门经营集装箱的出租业务。

（4）集装箱装卸作业区。办理集装箱重箱或空箱装卸、存储、保管、交接的场所，包括码头、车站前方堆场和后方堆场。

（5）集装箱货运站。接受船公司的委托，在内陆交通比较便利的大中城市设立的提供集装箱交接、中转，尤指对拼箱货物提供服务的专门场所。

4. 集装箱运输的交接方式

集装箱货物有整箱货和拼箱货之分。

整箱货（Full Container Load，FCL）是指货主托运的数量较大，足以装满一个集装箱的货物。一般认为，货物达到集装箱最大容积的75%以上、最大载重量的90%以上，即为整箱货。整箱货通常只有一个发货人和收货人，由发货人自行装箱，向海关办理货物出口报关手续，经海关查验后，由海关对集装箱施铅封。

拼箱货（Less Than Container Load，LCL）是指货主托运的批量较小，不足以装满一个集装箱，须由集装箱货运站把分属于不同货主的同一目的地的货物合并装箱，经海关检验后，由海关对集装箱施加铅封。

整箱货和拼箱货的货物流通途径大体相同，但货物的交接方式有所不同。

根据贸易合同的规定，集装箱的交接方式和交接地点可分为以下四类九个地点：

（1）FCL/FCL，即"整箱交/整箱收"。在这种交接方式下，集装箱的具体交接地点有以下四种情况：

Door to Door，即"门到门"——指在发货人的工厂或仓库整箱交货，承运人负责运至收货人的工厂或仓库整箱交收货人。

Cy to Cy，即“场至场”——指发货人在起运地或集装箱港的集装箱堆场整箱交货，承运人负责运至目的地或卸货港的集装箱堆场整箱交收货人。

Door to Cy，即“门到场”——指在发货人的工厂或仓库整箱交货，承运人负责运至目的地或卸货港的集装箱堆场整箱交收货人。

Cy to Door，即“场到门”——指发货人在起运地或集装箱港的堆场整箱交货，承运人负责运至收货人的工厂或仓库整箱交收货人。

（2）LCL/LCL，即“拼箱交/拆箱收”。在这种交接方式下，集装箱的具体交接地点只有一种，为 CFS to CFS，亦即“站到站”。这是指发货人将货物运往起运地或装箱港的集装箱货运站，货运站将货物拼装后交承运人，承运人负责运至目的地或卸货港的集装箱货运站进行拆箱，当地货运站按件拨交各个有关收货人。

（3）FCL/LCL，即“整箱交/拆箱收”。在这种交接方式下，集装箱的具体交接地点有以下两种情况：

Door to CFS，即“门到站”——指在发货人的工厂或仓库整箱交货，承运人负责运至目的地或卸货港的货运站。货运站拆箱按件拨交有关收货人。

Cy to CFS，即“场到站”——指发货人在起运地或集装港的集装箱堆场交货，承运人负责运至目的地或卸货港的集装箱货运站，货运站负责拆箱拨交各有关收货人。

（4）LCL/FCL，即“拼箱交/整箱收”。在这种交接方式下，集装箱的具体交接地点也有以下两种情况：

CFS to Door，即“站到门”——指发货人在起运地或集装港的集装箱货运站按件交货，货运站进行拼箱，然后由承运人负责运至目的地收货人工厂或仓库整箱交货。

CFS to Cy，即“站到场”——指发货人在起运地或集装港的集装箱货运站按件交货，货运站进行拼箱，然后由承运人负责运至目的地或卸货港的集装箱堆场，整箱交收货人。

5. 集装箱运输业务涉及的主要货运单证

（1）场站收据（Dock Receipt，D/R）。场站收据，又称码头收据，是由承运人签发的证明已经收到托运货物并对货物开始负有责任的凭证。一般为一式 7 份。

（2）装箱单（Container Load Plan，CLP；或 Unit Packing List）。装箱单是根据已装进箱内的货物情况制作的辅助货物舱单，它详细记载每一个集装箱内所装货物的名称、数量及箱内货物积载顺序，是极为重要的单证。其作用体现在以下几方面：在装货地点作为向海关申报货物出口的代用单证；作为发货人、集装箱货运站与集装箱码头堆场之间货物交接单；作为向承运人通知集装箱内所装货物的明细清单；在进口国及途经国作为办理保税运输手续的单证之一；单证上所记载的货物和集装箱的重量是计算船舶吃水和稳定性的基本数据；当发生货损时，作为处理事故的原始依据之一。

整箱货的装箱单由货主自行编制，拼箱货的装箱单则由集装箱货运站编制，其上所记载的货运资料须与订舱单及港站收据上所记载的内容相一致。

（3）设备交接单（Equipment Receipt）。设备交接单是集装箱进出港区、场站时，用箱人、运箱人与管箱人或其代理人间交接集装箱及其他机械设备的凭证，并兼有管箱人发放集装箱的凭证的功能。当集装箱或机械设备在集装箱码头堆场或货运站借出或回收时，由码头堆场或货运站制作设备交接单，经双方签字后，作为两者之间设备交接的凭证。

设备交接单除了用作分清集装箱等设备的交接责任外，还可以有效地用于集装箱的追踪管理。另外，集装箱的重箱交接，就意味着箱内货物的交接。

（4）提单（B/L）。集装箱联运提单的功能与普通的海运提单一样，是承运人或其代理人签发的货物收据和货物的物权证明。但不同的是，集装箱提单是收妥待运提单，须等到承运人在提单上填注具体的装船日期和船名后，才成为已装船提单。

（5）提货单（Delivery Notice）。提货单是收货人凭正本提单向承运人或其代理人换取的可向港区、场站提取集装箱或货物的凭证，也是承运人或其代理人对港区、场站放箱交货的通知。提货单仅仅是交货的凭证，并不具备提单的流通性。

（6）交货记录（Delivery Record）。交货记录是承运人把箱货交付收货人时，双方共同签署的证明货物已经交付以及货物交付的情况的单证，它表明承运人对货物的责任已告终止。交货记录通常在签发提单的同时交给收货人或其代理人，而后通过提货、交货，由收货人和承运人所委托的集装箱堆场或集装箱货运站的经营人共同签署。

6. 集装箱运输的费用

以海运为例，集装箱运输费用包括以下：

（1）内陆运输费（Inland Transport Charge），或称装运港市内运输费，可以由承运人负责，也可由货主自理。一般在出口地发生的费用由发货人负责，在进口地发生的费用由进口人负责。

（2）拼箱服务费（LCL Service Charge）。

（3）堆场服务费（Terminal Handling Charge），也称码头服务费。

（4）集装箱及其他设备使用费。

（5）集装箱海运运费。集装箱海运运费是集装箱运输费用的主要构成部分，由船舶运费和一些有关费用组成。分为两大类：一类是沿用传统的件杂货运费计算方法，即以每运费吨作为计费单位；另一类是以每个集装箱作为计费单位，即包箱费率（Box - Rate）。

（二）国际多式联运

国际多式联运（International Multimodal Transport 或 International Combined Transport）是一种利用集装箱进行联运的新的运输组织方式。它以集装箱为媒介，把海、陆、空各种传统的单一运输方式有机地结合起来，组成国际间的连贯运输。通过一次托运，一次计费，一份单证，一次保险，即将货物的全程运输作为一个完整的单一运输过程来完成。《联合国国际货物多式联运公约》对国际多式联运所下的定义是："国际多式联运是按照多式联运合同，以至少两种不同的运输方式，由多式联运经营人把货物从一国境内接运货物的地点运至另一国境内指定交付货物的地点。"

1. 国际多式联运的特征

根据联合国的上述定义，国际多式联运应具备以下特征：

（1）必须有一个多式联运合同。合同中明确规定多式联运经营人与托运人之间的权利、义务、责任和豁免。该合同是区别多式联运与一般运输方式的主要依据。

（2）必须由一个多式联运经营人对货物运输的全程负责。多式联运经营人（Multimodal Transport Operator）是指本人或通过其代表订立多式联运合同的任何人，他可以充任实际承运人办理全程或部分运输业务，也可以是无船承运人（Non - Vessel Operating Common Carrier，NVOCC）将全程运输交由各段实际承运人来履行。多式联运经营人负有履行多式联运合同的责任，对全程运输负总的责任。

（3）必须使用一份包括全程的多式联运单据。

（4）必须是包括两种以上运输方式的国际间的货物运输。

（5）必须是全程单一的运费费率。其中包括全程各段运费的总和、经营管理费用和合理的利润。

（6）必须是国际间货物运输，适用国际运输的法规。

2. 国际多式联运的优点

多式联运集中了各种运输方式的特长，能够达到优化运输的效果。其责任统一，手续简便。选择多式联运方式，不论货物运程多远，不论由几种运输方式来完成货物运输，无论经过几次转运，不论运输环节多么复杂，托运人只需办理一次委托，支付一次运费，办理一次保险，取得一份联运单据，就可以将货物从发货人手中运到收货人手中。

（三）大陆桥运输

大陆桥运输（Land Bridge Transport）是指以横贯大陆的铁路或公路运输系统作为中间桥梁，把大陆两端的海洋连接起来的集装箱连贯运输。

大陆桥运输是集装箱运输开展以后的产物，始于1967年，多采用铁路运输系统来运送集装箱货物，故又称国际铁路集装箱运输。目前世界上的大陆桥有以下几种：

1. 西伯利亚大陆桥

西伯利亚大陆桥，又称欧亚大陆桥，是利用俄罗斯西伯利亚铁路作为陆地桥梁，将太平洋远东地区（东起纳霍德卡港）与波罗的海及黑海沿岸以及西欧大西洋口岸连起来，全长约13 000公里，东接日本、韩国、菲律宾和我国的台湾、香港等地，西抵英国以及西欧、中欧、北欧大陆各国和中近东。

2. 北美大陆桥

北美大陆桥包括两条路线，一条是从西部太平洋口岸至东部大西洋口岸的铁路（公路）运输系统，另一条是从西部太平洋口岸至南部墨西哥湾沿岸的铁路（公路）运输系统。该大陆桥将日本港至美、加西部港口的海运和美、加东部港口至欧洲的海运连接起来，形成海/陆/海的连贯运输。

3. 新亚欧大陆桥

新亚欧大陆桥于1992年投入运营，东起我国江苏连云港，经陇海、兰新线，接北疆铁路，出阿拉山口与哈萨克斯坦的德鲁日巴站接轨，穿过哈萨克斯坦、俄罗斯，经白俄罗斯、波兰、德国直达荷兰鹿特丹，将太平洋西岸港口与里海、波罗的海及大西洋沿岸各港衔接。该大陆桥总长10 800公里，与我国8条铁路相沟通，跨越我国11个省和自治区，在我国境内总长4 134公里，是连接亚、欧两洲最便捷的信道，比海上航程可缩短9 000多公里。据估算，使用新亚欧大陆桥将货物自我国运至欧洲，每一20英尺标准集装箱较海运节省运费最多达600美元，还可减少50%的运输时间，比第一条亚欧大陆桥运距缩短2 000～2 500公里，节省运输时间5天，节省运费10%以上。

五、国际邮政运输

世界各国的邮政业务均由国家办理，均兼办邮包货物运输业务。各国间通过签订协定和公约，形成全球性的邮政运输网，使邮包货物的传递畅通无阻。

国际邮政运输的特点是：

（1）国际邮政运输须经过一个或几个国家经转，具有广泛的国际性。

（2）寄件人只需办理一次托运手续，收件人凭邮局到件通知提取邮件，其余所有事宜均由各国邮局办理。因此邮政运输具有多式联运和“门到门”运输性质。

（3）适用于重量轻、体积小的货物的传递。一般规定单件货物重量不得超过 20 公斤，长度不得超过 1 米。

近年来，通过邮政运输进行的特快专递业务迅速发展，主要有：

（1）国际特快专递（International Express Mail Service，EMS）。EMS 是我国邮政部门办理的特快专递业务。

（2）DHL 信使专递（DHL Courier Service）。DHL 信使专递是由 Dalsey、Hilbolom、Lind 三方组建的敦豪国际有限公司信使专递和民航快递服务，总部设在美国纽约，业务范围遍及世界各地。

万国邮政联盟组织是一个国际性的组织，宗旨是根据邮联组织法规定，组成一个国际间邮政领域，以便相互交换邮件；组织和改善国际邮政业务，以利国际合作的发展；推广先进经验，给与会员国邮政技术援助。我国于 1972 年加入邮联。

第二节　国际货物运输的单据

国际货物运输时，承运人在收到承运货物后，应向托运人签发运输单据，作为交接货物、处理索赔与理赔以及向银行结算货款的凭据。在不同的运输方式中，承运人签发的运输单据有所不同。

一、海洋运输单据

海洋货物运输单据主要是指海运提单，还有在近洋运输中越来越多使用的海上货运单。

（一）海运提单

海运提单（Ocean Bill of Lading，B/L），简称提单，是指用以证明海上货物运输合同和货物已经由承运人接收或装船，以及承运人保证据以交付货物的单证。

1. 海运提单的功能

海运提单是海上运输尤其是班轮运输中的最重要的单证，具有三个方面的重要作用。

（1）货物收据。提单是承运人（或其代理人）签发的货物收据，证明承运人已收到或接管提单上所列的货物。

（2）物权凭证。提单在法律上具有物权证书的作用，承运人凭以向收货人交付货物。提单持有人还可通过背书将提单转让从而转移货物的所有权。

（3）运输契约的证明。提单是承运人与托运人之间订立的运输契约的证明。提单条款明确规定了承、托双方之间的权利和义务以及责任豁免，是处理承运人与托运人之间争议的法律依据。

2. 海运提单的格式和内容

提单是由各轮船公司制定的，格式不一，但基本内容相同，包括正面内容和背面条款两部分。

（1）提单的正面内容。提单的正面内容关系到提单的法律效力，分别由托运人、承运人或其代理人填写，通常包括以下事项：托运人；收货人；被通知人；收货地或装货港；目的地或卸货港；船名或航次；唛头及件号；重量和体积；运费预付或运费到付；正本提单的件数；船公司或其代理人的签章；签发提单的地点及日期。

（2）提单的背面条款。班轮提单背面都有印就的运输条款，作为确定承运人与托运人之间、承运人与收货人及提单持有人之间的权利、义务的主要依据。为了使提单背面条款能够照顾到船、货双方的利益，缓解船、货双方的矛盾，国际有关组织曾先后签署了有关提单的国际公约，以统一提单背面条款。它们是：

1924 年签署的《关于统一提单的若干法律规则的国际公约》，简称《海牙规则》。

1968 年签署的《布鲁塞尔议定书》，简称《维斯比规则》。

1978 年签署的《联合国海上货物运送公约》，简称《汉堡规则》。

上述三项公约签署的历史背景不同，内容不一，各国对这些公约所持有的态度也不相同，因此，各国船公司签发的提单背面条款也就互有差异。

3. 海运提单的分类

提单可从不同角度进行分类，主要有以下几种：

（1）按提单签发时货物是否已装船划分。

①已装船提单（On Board B/L，Shipped B/L）。已装船提单是指承运人在货物装上指定船舶后签发的提单，提单上须以文字表明货物已装上或已装运于某具名船只，提单签发日期即视为装船日期。

②备运提单（Received For Shipment B/L）。备运提单，又称收妥待运提单，是指承运人已收到托运货物等待装运时签发的提单。在签发备运提单的情况下，发货人可在货物装船后凭以调换已装船提单；也可经承运人或其代理人在备运提单上批注货物已装上某船舶及装船日期，并签署后使之成为已装船提单。

按国际贸易惯例，除非另有约定，卖方有义务向买方提交已装船提单。

（2）按提单上是否对货物的外表状况有不良批注划分。

①清洁提单（Clean B/L）。清洁提单是指货物在装船时“表面状况良好”，承运人在提单上无不良批注。

②不清洁提单（Unclean B/L）。不清洁提单是指承运人在提单上加注了有关货物及包装状况不良或存在缺陷等批注的提单。例如提单上有“被雨淋湿”、“三箱破损”等批注。

按国际贸易惯例，除非另有约定，卖方向银行结汇时，必须提交清洁提单。清洁提单也是提单转让时必须具备的基本条件。

（3）按收货人抬头的不同划分。

①记名提单（Straight B/L）。记名提单，又称“收货人抬头提单”，是指在收货人（Consignee）栏内具体写明收货人名称的提单。这种提单只能由特定收货人提货，而不能通过背书的方式转让给第三者，所以在国际贸易中只能在特定情况下使用。

②不记名提单（Bearer B/L）。不记名提单，又称“来人抬头提单”，是指在收货人栏内不写明具体收货人的名称，只写明“货交提单持有人”，或不填写任何名称的提单。这种提单不需要任何背书手续即可转让或提取货物，流通性极强，但对买卖双方的风险较大，在国际贸易中极少使用。

③指示提单（Order B/L）。指示提单是指在收货人栏内只填写“凭指示”（To Order）或“凭某人指示”（To Order of ）字样的提单。这种提单可经过背书转让，故其在国际贸易中使用最广。背书是指在提单背面记载有关事项以转让提单权利，有两种方式：空白背书和记名背书。空白背书是指背书人在提单背面签名，而不注明被背书人的名称；记名背书是指背书人除在提单背面签名外，还须注明被背书人的名称。记名背书的提单如需再转让，必须再加背书。目前在实际业务中使用最多的是“凭指定”并经空白背书的提单，习惯上称其为“空白抬头、空白背书”提单。

（4）按船舶经营方式不同划分。

①班轮提单（Liner B/L）。班轮提单是指由班轮公司承运货物后签发的提单。

②租船提单（Charter Party B/L）。租船提单是指承运人根据租船合同签发的提单。这种提单受租船合同的约束，银行或买方接受这种提单时，通常要求卖方提供租船合同的副本。

（5）按运输方式不同划分。

①直达提单（Direct B/L）。直达提单是指货物装船后中途不经过转船而直接驶往目的港卸货所签发的提单，也叫不可转船提单。凡合同和信用证规定不准转船者，必须使用这种直达提单。

②转船提单（Transhipment B/L）。转船提单是指在装运港装货的船只，不直接驶往目的港而需在中途换装另外船舶驶往目的港所签发的提单。在这种提单上要注明“转船”或“在××港转船”字样。

③联运提单（Through B/L）。联运提单是指由海运和其他运输方式联合运输时，第一程海运承运人签发的包括全程的提单。第一程承运人只承担他负责运输的一段航程内的货损责任。

（6）按提单格式不同划分。

①简式提单（Short Form B/L）。简式提单是指仅有提单正面条款而无背面条款的提单。这种提单多用于租船合同下的货物运输。除非信用证另有规定，银行不愿意接受这种提单。

②全式提单（Long Form B/L）。全式提单是指除提单正面外，在提单背面也详细列有承运人的权利和义务的提单。

（7）按提单签收的时间不同划分。

①倒签提单（Anti－Date B/L）。倒签提单是指承运人应托运人要求，在货物装船完毕后，以早于该票货物实际装船完毕的日期作为签发日期的提单。这种提单是为方便托运人结汇而签发的，承运人要为此承担相当大的风险。

②预借提单（Advanced B/L）。预借提单是指在信用证的有效期即将届满，而货物尚未装船或尚未装船完毕的情况下，托运人为能及时结汇，而要求承运人提前签发的已装船提单。

③过期提单（Stale B/L）。过期提单是指错过规定的交单日期或晚于货物到达目的港的提单。前者属无效提单，后者是在近洋运输中容易出现的情况，故在近洋国家间的贸易合同中，一般都订有“过期提单可以接受”的条款。

除以上各种提单外，还存在其他各种特殊提单，如多式联运提单、正本和副本提单、舱面提单等。

（二）海上货运单

海上货运单（Sea Waybill，Ocean Waybill），简称海运单，是证明海上货物运输合同和货物由承运人接管或装船，以及承运人保证据以将货物交付给单证所载明的收货人的一种不可流通的单证。

海运单不是物权凭证，所以不可转让。收货人不凭海运单提货，而是凭到货通知提货。因此，海运单收货人一栏应填写实际收货人名称，以利货物到达目的港后通知收货人前来提货。目前，欧洲、斯堪的纳维亚半岛、北美和某些远东、中东地区的贸易界越来越倾向于使用这种不可转让的海运单，主要是因为海运单能方便进口人及时提货，简化手续，节省费用，还可以在一定程度上减少以假单据进行诈骗的现象。另外，由于 EDI 技术在国际贸易中的广泛应用，不可转让海运单更适用于这种新的技术。

二、航空运输单据

航空运输中的单据主要是航空运单。航空运单（Air Waybill）是由航空承运人或其代理人签发的货物收据，也是承运人与托运人之间的运输合同，但它不是物权凭证，是一种不可转让的单据。

（一）航空运单的作用

1. 运输合同

航空运单是发货人与航空承运人之间的运输合同，在双方共同签署后产生效力。

2. 货物收据

航空运单是承运人签发的已接收货物的证明，也是承运人收到货物并在良好条件下装运的证明。

3. 运费账单

航空运单上分别记载着属于收货人应负担的费用和属于代理的费用，是承运人据以核收运费的账单。

4. 报关单证

航空运单是必备的报关单证之一，也是海关最后查验放行的基本单证。

5. 保险证书

如果承运人承担保险，则航空运单可用来作为保险证书。

6. 航空运单是承运人内部业务的依据

航空运单共有正本一式三份：

第一份正本注明"Original - For The Shipper"，应交托运人。

第二份正本注明"Original - For The Issuing Carrier"，由航空公司留存。

第三份正本注明"Original - For The Consignee"由航空公司随机带交收货人。

除三份正本外，航空运单副本分别注明"For Airport of Destination"、"Delivery Receipt"、"For Second Carrier"、"Extra Copy"等，由航空公司按规定和需要进行分发，作为报关、结算、国外代理中转分拨等用途分别使用。

（二）航空运单的种类

航空运单依签发人不同分为以下两类：

1. 航空主运单（Master Air Waybill，MAWB）

凡由航空公司签发的航空运单均称航空主运单。它是航空公司据以办理货物运输和交付的依据，是航空公司和托运人之间签订的运输合同。每一批航空运输货物都应有相应的航空主运单。

2. 航空分运单（House Air Waybill，HAWB）

航空分运单是由航空货运公司在办理集中托运时签发给每一发货人的运单。在集中托运的情况下，除了航空公司要签发给集中托运人主运单之外，集中托运人还必须签发航空分运单给每一托运人。从货物的托运到提取，货主均直接与航空货运公司联系，而与航空公司不直接发生关系。

三、铁路运输单据

铁路货物运输分为国际铁路货物联运和国内铁路货物运输两种方式，两种方式所采用的运输单据有所不同，前者使用铁路联运运单，后者使用承运货物收据。

（一）国际铁路联运运单

国际铁路联运运单（Rail Waybill）是国际铁路联运的主要运输单据，它是参加联运的发送国铁路与发货人之间订立的运输契约，其中规定了参加联运的各国铁路和收、发货人的权利和义务，对收、发货人和铁路都具有法律约束力。当发货人向始发站提交全部货物，并付清应由发货人支付的一切费用，经始发站在运单和运单副本上加盖始发站承运日期戳记，证明货物已被接妥承运后，即认为运输合同已经生效。

国际铁路联运的运单共有一式五联，除运单正本和运单副本外，尚有运行报单、货物交付单和货物到达通知单。运单正本随货同行，在到达站连同货物到达通知单及货物一并交给收货人，作为交接货物和结算费用的依据。运单副本交给发货人，作为向收货人证明货物已经发运并凭以结算货款的依据。货物交收货人时，收货人在货物交付单上签收，作为收妥货物的收据，退车站备查。运行报单则为铁路内部使用。

（二）承运货物收据

承运货物收据（Cargo Receipt）是承运人出具的货物收据，也是承运人与托运人签订的运输契约。我国内地通过铁路运往港、澳的货物，一般委托中国对外贸易运输公司承办，当货物装车发运时，承运人即签发一份承运货物收据给托运人，作为托运人办理结汇业务的凭证。

四、集装箱运输单据

（一）集装箱提单

集装箱提单（Container B/L）是海运集装箱业务的主要运输单据。与普通海运提单的功能一样，集装箱提单的主要功能是承运人或其代理人签发的货物收据，是承、托双方运输合同的证明，也是代表货物所有权的物权凭证。但集装箱提单是一种收妥待运提单，即签发提单时货物尚未装船。因此，在承运人根据发货人的要求在提单上填注了具体的装船日期和船名后，该提单才成为已装船提单。为此，现行的集装箱联运提单在其正面都有正面条款，该条款由“确认条款”、“承诺条款”、“签署条款”组成。

（二）国际多式联运单据

多式联运单据（Multimodel Transport Document，MTD）是在国际多式联运业务中，由多式联运经营人签发的，证明多式联运合同以及证明多式联运经营人接管货物并负责按照合同条款交付货物的单据。该单据包括全程运输，是发货人凭以结汇的单据，也是收货人凭以提取货物的凭据。

根据发货人的要求，多式联运单据可作成可转让的，也可作成不可转让的。如签发一份以上的正本单据，应注明份数。实践中对多式联运单据正本和副本的份数规定不一，主要视发货人的要求而定。

五、邮政运输收据

邮政收据（Parcel Post Receipt）是邮政运输的主要单据，它是邮局收到寄件人的邮包货物后所签发的凭证，也是收件人凭以提取邮件的凭证，当邮包发生损坏或丢失时，它还可以作为索赔和理赔的依据。但邮政收据不是物权凭证。

邮寄证明（Certificate of Posting）是邮政局出具的证明文件，据此证实所寄发的单据或邮包确已寄出和作为邮寄日期的证明。

专递收据（Courier Receipt）是特快专递机构收到寄件人的邮件后签发的凭证。

第三节 合同中的装运条款

海洋运输是国际货物运输中最主要的方式，以海洋运输中的班轮运输为例，合同中的装运条款包括装运时间、装运港和目的港、分批装运和转运，有的还规定卖方应交付的单据和有关装运通知的条款。

一、装运（交货）时间

装运时间又称装运期（Time of Shipment），是指卖方将合同规定的货物装上运输工具或交给承运人的期限。在国际贸易中装运时间（Time of Shipment）与交货时间（Time of Delivery）并不是同一个概念，但在 FOB、CFR、CIF 和 FCA、CPT、CIP 六种贸易术语签订的买卖合同中，当卖方将货物装上船或交给承运人时，即完成交货义务。所以习惯上将“交货”的概念与“装运”等同起来，即货物的装运时间就是交货时间。但在以其他贸易术语如 DES、DEQ 等达成的实际交货合同中，“装运”与“交货”是完全不同的。交货时间是指货物运到目的港交给买方的时间。装运时间是指卖方在装运港，将货物装上船或其他运输工具的时间。两者不能相互替代。装运时间是买卖合同的主要交易条款，卖方必须严格按照合同规定的时间交货，如卖方违反这一条款，买方有权撤销合同并要求损害赔偿。

（一）装运时间的规定方法

1. 明确规定装运时间

如：2012 年 5 月份装运。

Shipment during May 2004.

2012 年 3/4/5 月装运。

Shipment during March/April/May 2012.

2. 规定在某月底或某日以前装运

如：2012 年 7 月底以前装运。

Shipment before the end of July 2012.

2012 年 7 月 15 日以前装运。

Shipment before the July 15th.

3. 规定跨月装运

如：2012 年 1/2 月份装运。

Shipment during Jan. /Feb. 2012.

4. 规定收到信汇、电汇或票汇或信用证后若干天装运

如：收到信用证后 30 天装运。

Shipment within 30 days after receipt of L/C.

为防止买方不按时开证，一般还规定："买方必须不迟于某月某日将信用证开到卖方"（The relevant L/C must reach the seller not later than ...）。

这种方法主要用于外汇管制比较严格的国家或专为买方制造的特定商品或买方信誉较差。

（二）规定装运时间应注意的问题

（1）装运时间的规定要明确具体。避免使用"立即装运"或"即期装运"等词语。

（2）装运时间的长短的规定应适度。装运期限的长短应根据商品的特性以及租船订舱的实际情况而定。不宜过短，以免造成船货安排困难；不宜过长，以免造成买方资金积压。

（3）规定装运时间时要考虑开证时间的规定是否明确。

（4）要考虑卸货港的港口情况及季节因素。

二、装运港和目的港

装运港是指货物开始装运的港口，它通常是由卖方根据方便货物的装运而提出，经买方同意后确定的。

目的港是指最后卸货的港口，它通常是由买方根据使用和销售货物的需要而提出，经卖方同意后确定的。

（一）在买卖合同中，装运港和目的港的规定方法

（1）明确规定装运港和目的港各一个。这是最常用的规定方法，如：装运港为上海，目的港为纽约。

（2）规定两个或以上装运港或目的港。当货物分散多处，或磋商交易时尚不能确定在何处发运货物，可规定两个或多个装运港，如：装运港为青岛/上海。同样，当买方有不同的使用或销售地，而商订合同时尚不能确定供何处使用或销售，可规定两个或多个目的港，如：目的港为伦敦/利物浦。

（3）在磋商交易时，如明确规定装运港或目的港有困难时，可以采用选择港（Optional Port）的方法。如：CIF 利物浦选择港伦敦、汉堡。

（二）规定装运港或目的港应注意的问题

（1）装运港和目的港的规定要明确具体。在业务中不宜接受诸如"欧洲主要港口"或"非洲主要港口"作为装运港或目的港。

（2）不能接受内陆城市为装运港或目的港的条件。

（3）注意装卸港口的装卸条件。

（4）注意国外港口有无重名的情况。在买卖合同中，要明确写明装运港或目的港所在国家或地区名称。

（5）选择港的规定不宜过多，一般不超过 3 个，而且必须在同一航区、同一航线上。

三、分批装运和转运

分批装运和转运直接关系到买卖双方的利益。因此，分批装运和转运是买卖合同中交货条款的重要内容，需要在交易磋商时即予确定。

（一）分批装运（Partial Shipment）

分批装运是指一笔成交的货物先后分若干期或若干次装运。在大宗货物交易中，因成交数量较大，买卖双方可根据货源情况、运输条件、市场需要或资金情况，在合同中规定分批装运条款。

合同中规定分批装运的方法主要有以下两种：

（1）原则规定允许分批装运，对分批的具体批次、时间和每批数量均不做规定。例："允许分批装运"（Partial shipments allowed）。这种做法对卖方来说比较主动，卖方可根据货源和运输条件，自行安排具体分批装运。

（2）具体规定分批装运的时间和数量。例："3月至6月分四批每月平均装运"（Shipment during March/June in four equal monthly lots.）。这种规定方法给与卖方的机动余地很小，只要其中任何一批未按时、按量装运，均构成卖方违约。但从买方角度看，这种做法可按其使用或转售的需要进行安排，有利于资金周转和安排仓储。

资料卡：《UCP600》对分批装运的规定

（1）允许分批支款或部分发运。

（2）表明使用同一运输工具并经由同次航程运输的数套运输单据在同一次提交时，只要显示相同目的地，将不视为部分发运。即使运输单据上表明的发运日期不同或装运港、接管地或发运地点不同。如果交单由数套运输单据构成，其中最晚的一个发运日将被视为发运日。

（3）含有一套或数套运输单据的交单，如果表明在同一种运输方式下经由数件运输工具运输，即使运输工具在同一天出运往同一目的地，仍将被视为部分发运。

（4）含有一份以上快递收据，邮政收据或投寄证明的交单，如果单据看似由同一快递或邮政机构在同一地点和日期加盖印戳或签字并且表明同一目的地，将不视为部分发运。

（5）如信用证规定在指定的时间段内分期支款或分期发运，任何一期未按信用证规定期限支取或发运时，信用证对该期以及以后各期均告失效。

（二）转运（Transhipment）

卖方交货时，如自装运地至目的地没有直达的运输工具，就需要在中途换装其他运输工具至目的地。"转运"一词在不同运输方式下有不同的含义。

海运：转运（转船）是指在装货港和卸货港之间的海运情况下，货物从一艘船卸下再装上另一艘船的运输。

空运：转运是指从启运机场至目的地机场的运输过程中，货物从一架飞机上卸下再装上另一架飞机的运输。

公路、铁路和内河运输：是指在装运地到目的地之间用不同的运输方式的运输过程中，货物从一种运输工具上卸下，再装上另一种运输工具的行为。

资料卡：《UCP600》第20条对转运的规定

（1）转运系指信用证规定的装货港到卸货港之间的运输过程中，将货物从一船卸下并再装上另一船的行为。

（2）提单可以表明货物将要或可能被转运，只要全程运输由同一提单涵盖。

（3）即使信用证禁止转运，注明将要或可能发生转运的提单仍可接受，只要其表明货物由集装箱、拖车或子母船运输。

总之，《跟单信用证统一惯例》所谓的“禁止转运”，实际上仅是指禁止海运港至港除集装箱之外的货物运输的转运。

一般来说，允许分批装运和转运，对卖方比较主动。根据《跟单信用证统一惯例》规定，信用证业务中，除非信用证作相反规定，可准许分批装运和转运。但有些国家的合同法规定，如合同对此不作规定，买卖双方事先对此也没有特别约定或习惯做法，则卖方不得分批装运和转运。因此，为了避免纠纷，争取顺利地履行合同，早出口、早收汇，除非买方坚持，原则上应在出口合同中订入“允许分批装运和转运”。

四、合同中的装运条款示例

（1）2012年5/6/7月份装运，允许分批和转运。

Shipment during May/June/July 2012, with partial shipments and transhipment allowed.

（2）2012年5/6/7月份每月平均装运，允许转运。

Shipment during May/June/July 2012 in three equal monthly lots (in three equal monthly shipments), transhipment to be allowed.

（3）5/6月份分两次装运，禁止转运。

During May/June in two shipments, transhipment is prohibited.

（4）5月底或以前装船，由上海至纽约，允许分批装运和转船。

Shipment on or before May 31 from Shanghai to NewYork, allowing partial shipments and transhipment.

（5）5月份装运，由伦敦至上海。卖方应在装运月份前45天将备妥货物可供装船的时间通知买方。允许分批装运和转船。

Shipment during May from London to Shanghai. The Sellers shall advise the Buyers 45 days before the month of shipment of the time the goods will be ready for shipment. Partial shipments and transhipment allowed.

·实务篇

一、分批装运争议案

【案情】某国际贸易公司与欧洲某进口商订立出口某商品500公吨的合同，规定采用信用证支付，允许交货数量可有5%增减。买方银行开来的信用证规定："分4批装运：1月装运100公吨，2月装运150公吨，3月装运150公吨，4月装运100公吨，每月内不得分批。"贸易公司审查信用证后认为可以接受，虽于1月、2月分别按信用证要求装运两批货物并顺利收回货款。等到3月装运第三批时，因货源不足，经协商船公司同意，于3月15日由该船先在青岛装货70公吨，接着于3月20日到烟台再装75公吨，然后驶往目的港。贸易公司持分别于青岛和烟台签发的两套提单前去银行议付，议付行议付后将单据交到开证行索偿。开证行认为单证不符，拒绝偿付。理由是：

(1) 信用证规定每月内不得分批，出口方却在青岛和烟台两地分批装运；

(2) 3月份要求装运150公吨，出口方只装了145公吨，数量不足。

请问：开证行的拒付有无道理？为什么？

【评析】开证行的拒付是没有道理的。

首先，按照《跟单信用证统一惯例》(《UCP600》) 第31条规定，"表明使用同一运输工具并经由同次航程运输的数套运输单据在同一次提交时，只要显示相同目的地，将不视为部分发运，即使运输单据上表明的发运日期不同或装货港、接管地或发运地点不同。"在本案例中，在青岛装完70公吨后同一艘船又在烟台装运了75公吨，然后145公吨货物同时抵达同一目的港，并且同一次向银行交单。因此，符合《UCP600》的规定，不算分批，没有违反有关信用证中每个月不得分批的规定。

其次，合同中的溢短装条款规定允许交货数量可有5%增减，即使信用证没有这样规定，按照《UCP600》第30条规定，"在信用证未以包装单位件数或货物自身件数的方式规定货物数量时，货物数量允许有5%的增减幅度，只要总支取金额不超过信用证金额"，3月份交货的数量是145公吨，比150公吨只少了5公吨，而150公吨的5%是7.5公吨，是在溢短装条款规定的幅度范围之内的，因此，卖方交货的数量符合合同和有关信用证的规定。

因为卖方提交的单据符合信用证的规定，因此，开证行的拒付理由不充分，应当按照规定支付货款。

二、倒签提单所引起的争议案

山东A进出口公司向日本某公司出口一批玉米。信用证规定装运期不得超过4月30日，交单议付期不得超过5月10日。A公司接到信用证后立即备货等待装船。按计划船舶于4月26日到港，预计4月29日可装完，但因天气影响，船舶延至5月1日才到港。船到港后又连日下雨，无法装船，直至5月5日天气才转晴。

该公司随即与轮船公司研究，由于天气影响船舶未按时到港，又不能按原计划装船，致使信用证过期。如果现在开装，估计8日前可全部装完，但提单必须以4月30日的日期签发装运日，以便符合信用证规定，否则A公司暂时不能装船，必须等与买方磋商修改信用证的装运期后才能考虑开装。轮船公司考虑如果等待修改信用证，势必延长船舶周转期，故同意接受办理倒签提单日期，并由A公司向轮船公司出具书面担保，如因倒签提单所引起的一切后果和责任，均由A公司负责。货物于5月8日全部装完，同日船舶开航。5月9日A公司向银行提交倒签日期为4月30日的提单办理议付。

买方接到A公司的装运通知后，按4月30日开航时间计算，却迟迟未见船舶到达。买方即查询目的港的船方代理人亦无消息，至5月13日船才到达目的港，买方即怀疑提单装运期不真实。由于市场价格下跌，买方遭受了一定损失，故聘请律师登轮查核航海日志及装运单日期，发现并证实该提单日期是伪造的。

于是，日本买方即通过开证行，由开证行正式向A公司提出拒付货款。其理由是：伪造提单，提单上装运日期是虚假的，已查核该轮航海日志并证实提单日期倒签，故不能接受。

请问：开证行的拒付有无道理？从该案例中我们应该吸取哪些教训？

【评析】 首先应当肯定开证行的拒付是有道理的。

开证行拒付之后，A公司也曾经向开证行提出反驳，其理由是：（1）根据《UCP600》第5条明确规定，在信用证业务中，“银行处理的是单据，而不是单据可能涉及的货物、服务或履约行为。”所以，银行与受益人之间处理的只能是单据而不是单据以外的其他行为，而不能处理涉及货物和船舶的情况；（2）尤其是《UCP600》第34条又规定：“银行对任何单据的形式、充分性、准确性、内容真实性，虚假性或法律效力，或对单据中规定或添加的一般或特殊条件，概不负责。”因此，银行应该仅管单据表面上的一致，对其单据真实性，甚至单据伪造或法律效力不应过问；

随后，开证行接到该公司意见后，立即提出了反驳：A公司所引证的《UCP600》第34条是对银行免责而言的，银行对于单据的伪造，如果未发现时，其后果在法律上是不负任何责任和义务的，因为银行没有义务去鉴定单据的真伪。但是，银行虽然没有这个义务却有这个权利，一旦发现单据是伪造的，而且已持有可靠的证据证实它的伪造，银行又是凭该物权单据（提单）担保付款，而物权单据本身是伪造的，当然有权利提出不接受伪造的单据。

由此可见，开证行的拒付是有道理的。

随后，A公司了解到日本买方实际已经向目的港船方代理出具保函提取货物了，所以，A公司不得不向日方提出交涉。但日方却称：由于你方没有按合同和信用证规定日期发货，延误我方按时销售良机，现在市场价格下跌，致使我方遭受510 000美元的损失，你方必须赔偿我方上述损失。经认真研究，A公司认为对方已持有我倒签提单的证据，如果对方向法院起诉，则我方会更加被动。于是，A公司最终还是赔偿了对方的损失。

可以看出，本案中的A公司由于没能理解《UCP600》关于银行不管单据的准确性、真实性或单据伪造的规定之精神才弄巧成拙的。实际上，《UCP600》第34条是银行对单据有效性的免责，即银行对单据的虚假、伪造如未发现，不负担任何法律责任。但是，开证行在信用证支付方式下作为当事人之一，它对受益人担保付款的主要依靠是单据，尤其是有价证券（即法律上所谓的物权证）。如果开证申请人一旦因破产或其他原因无力偿付时，开证行就要替开证申请人赔款。因此，伪造提单会直接损害开证行权益，开证行当然有权提出拒付货款和拒受单据了。

倒签提单是在现实的国际贸易中经常使用的一种不规范的做法。提单日期对买卖双方的实际利益和贸易合同的履行，对海上货物运输保险契约的生效，对银行向买方提供垫款及向卖方付款等都具有十分重要的意义。所以，提单日期必须如实签发，倒签提单属伪造单据行为，收货人一旦发现可拒绝提货并诉诸法庭，扣留船货，直至取得赔偿。而且，倒签提单过程中，船公司一般要求托运人提供保函，以规避自己的风险。这样更是加大了托运人的风险责任。所以我们在实际业务中应当尽量避免使用倒签提单。

第五章　合同中的保险条款

• 基础篇

• 实务篇

· 基础篇

在国际贸易中，货物由卖方交付给买方，需要经过跨越国境的长途运输以及不止一次的装卸和存储。在整个运输过程中，货物可能遭遇各种风险而受损或灭失。买方或卖方为了在货物遭受损失后能够得到经济补偿，就需要办理货物运输保险。

国际货物运输保险是以运输过程中的各种货物作为保险标的，买方或卖方按照投保金额及投保险别向保险人（保险公司）交纳保险费，并取得保险单证的一种财产保险。保险公司负责对投保货物在运输过程中遭受保险险别范围内的损失给予被保险人经济上的补偿。

根据货物运输方式的不同，国际货物运输保险有海上运输货物保险、陆上运输货物保险、航空运输货物保险、邮包运输保险等。其中，海上运输货物保险在各类保险中起源最早、历史最久。各种不同运输方式的货物保险，虽然保险责任有所不同，但所保障的范围是相似的。

第一节　海上货物运输保险的承保范围

在现代的对外贸易航海运输中，船舶越来越大，虽然装备精良且现代化，但一旦遭遇海难，经济上的损失相应地更加严重，因此，办理海上运输货物保险十分必要。货物在海上运输及在海陆交接过程中，可能遭遇各种风险和损失，保险人并不是对所有的风险都予以承保，也不是对任何损失都予以补偿。为了明确责任，保险人都对其承保的各类风险及该风险所造成的各种损失和所产生的费用的赔偿责任，在其承保的各种险别中加以明确规定。因此，必须对保险人所承保的风险、损失和费用有准确的理解。

一、风险

海上货物运输可保险的风险主要有海上风险和外来风险。

（一）海上风险（Perils of the Sea）

海上风险，又称海难，是指船舶或货物在海上运输过程中所遇到的自然灾害和意外事故。在保险业中，它们都有特定的范围。

1. 自然灾害（Natural Calamities）

自然灾害是指由于自然界力量造成的灾害。但在海运保险业中，它并不是泛指一切由于自然力量而造成的灾害，而是仅指恶劣气候、雷电、海啸、地震或火山爆发等人力不可抗拒的自然力量造成的灾害。

2. 意外事故（Fortuitous Accidents）

意外事故一般是指由于意料之外的原因所造成的事故。但意外事故并不是泛指海上所有的意外事故，而是仅指运输工具搁浅、触礁、沉没、船舶与流冰或其他物体碰撞以及失踪、失火、爆炸等。

知识窗：对海上风险的专门解释

自然灾害

(1) 恶劣气候。一般是指海上发生的飓风、大浪引起船只颠簸和倾斜造成船舶的船体、机器设备的损坏或者由此而引起的船上所载货物相互挤压、碰撞而导致破碎、渗漏、凹瘪等损失。例如，我国对暴风的解释为，风力在8级以上，风速在17.2米/秒以上即构成暴风责任。

(2) 雷电。被保险货物在海上或与海上相连的陆上一段运输过程中，由雷电直接造成的、或者由雷电引起的火灾所造成的损害。

(3) 海啸。由于海底地壳运动引发的剧烈震荡而产生的巨大波浪，致使保险货物遭受损害或灭失。

(4) 地震或火山爆发。直接或归因于地震或火山爆发所致被保险货物的损失。

(5) 洪水。山洪爆发、江河泛滥、潮水上岸及倒灌使保险标的受浸泡、冲散、冲毁等损失，都属于洪水责任。

(6) 其他人力不可抗拒的灾害。通常包括浪击落海和海水、湖水、河水进入船舶、驳船、运输工具、集装箱或大型海运箱及贮存处所等。

浪击落海是指舱面货物受海浪冲击落海而造成的损失，不包括在恶劣气候下船身晃动而造成货物落海的损失。海水等进入船舶的风险，不仅包括由于海水，而且包括由于湖水和河水进入船舶等运输工具或储存处所造成的损失。此外，对储存处所可以理解为包括陆上一切永久性的或临时性的、有顶篷或露天的贮存处所。

意外事故

(1) 搁浅。载货船舶在海上航行时误入浅水区，船底同海底或浅滩相触无法继续航行称为搁浅。

(2) 触礁。船舶在航行中触到暗礁，致使船舶不能移动或受到损失称为触礁。

(3) 碰撞。船舶与水以外的物体，无论是固定的或是流动的碰撞，如与码头、流冰或其他船舶的碰撞都称为碰撞。

(4) 沉没。船体的全部或大部分已经没入水面以下，已失去继续航行的能力。

(5) 失踪。载货船舶不知去向，杳无音信达到一定时间称为失踪。失踪时间国际上没有统一规定，一般根据航程的远近和航行的区域来决定时间的长短。各个国家根据各自的情况，分别订出4个月或6个月的期限为合理期限。被保险船舶一旦宣告失踪，除非能够证明失踪是因战争风险导致的，均由保险人当作海上风险损失负责赔偿。如果在保险人赔偿以后，船舶又重新出现，该船的所有权则应归保险人。

(6) 失火（又称为火灾）。引起火灾的原因很多，既有自然灾害因素造成的，如雷击，也有货物本身在外界温度、气候条件下产生的自燃等。此外，人为因素造成的失火也属此范围之内。

(7) 爆炸。船上的锅炉爆炸或船上所载货物因外界气温变化引起的爆炸。

（二）外来风险

外来风险（Extraneous Risks）是指除海上自然灾害和意外事故以外其他外来原因造成的风险。所谓外来原因，必须是意外的、事先难以预料的，而不是必然发生的外来因素。因此，类似货物的自然损耗和本质缺陷等属于必然发生的损失，都不应包括在外来风险引起的损失之列。外来风险又分为一般外来风险和特殊外来风险两种。

1. 一般外来风险

一般外来风险是指货物在运输途中由于偷窃、雨淋、短量、渗漏、破碎、受潮受热、串味、沾污、钩损、生锈、碰损等原因所导致的风险。

2. 特殊外来风险

特殊外来风险是指由于战争、罢工、拒绝交付货物等政治、军事、国家禁令及管制措施所造成的风险与损失。如因政治或战争因素，运送货物的船只被敌对国家扣留而造成交货不到；某些国家颁布的新政策或新的管制措施以及国际组织的某些禁令，都可能造成货物无法出口或进口而造成损失。

二、损失

有风险就可能有损失，不但有货物本身的损失，还会有对遭遇风险的货物进行施救而支出的费用损失。

（一）海上损失

海上损失，即海上货物运输的损失，又称海损（Average），指货物在海洋运输过程中遇到海上风险所造成的各种损失。海上损失也包括与海上运输相连的陆上或内河航运过程中的货物损失。按照损失的程度不同，可分为全部损失和部分损失。

1. 全部损失

全部损失（Total Loss），简称全损，是指保险标的由于承保风险造成的全部灭失或视同全部灭失的损害。从损失的性质看，全损又可分为实际全损和推定全损两种。

（1）实际全损（Actual Total Loss）。实际全损，又称绝对全损，是指保险标的物在运输途中全部灭失或变质而失去原有用途，即货物完全损失已经发生或者不可避免。构成实际全损主要有以下几种：

①保险标的物全部灭失。例如，载货船舶遭遇海难后沉入海底，保险标的物实体完全灭失。

②保险标的物的物权完全丧失已无法挽回。例如，一根金条掉入海里要想收回已成为不可能的。

③保险标的物已丧失原有商业价值或用途。例如，水泥受海水浸泡后变硬；烟叶受潮发霉后已失去原有价值。

④载货船舶失踪，达到一定时期。例如，按照英国判例，半年无音讯，可视为全部灭失。

（2）推定全损（Constructive Total Loss）。推定全损，又称商业全损，是指保险标的因实际全损不可避免而被放弃，或者为了避免实际全损而花费的费用将超过保险标的本身的价值。构成被保险货物推定全损的情况有以下几种：

①保险标的物受损后，其修理费用超过货物修复后的价值。

②保险标的物受损后，其整理和继续运往目的港的费用超过货物到达目的港的价值。

③保险标的物的实际全损已经无法避免，为避免全损所需的施救费用，将超过获救后标的物的价值。

④保险标的物遭受保险责任范围内的事故，使被保险人失去标的物的所有权，而收回标的物的所有权的费用已超过收回标的物的价值。

被保险货物在发生推定全损时，被保险人可以要求保险人按投保货物的部分损失赔偿，也可以要求获得全损的赔偿。如果被保险人期望获得全损的赔偿，则必须向保险人提出委付(Abandonment)。所谓委付是指保险标的发生推定全损时，被保险人自愿将保险标的的一切权利转移给保险人，请求保险人按保险标的全部保险金额予以赔偿的表示。被保险人必须及时发出委付通知（Notice of Abandonment)，委付时必须将被保险货物全部进行委付，而且委付不能附带任何条件。保险人接到委付后，可以接受也可以拒绝。根据我国海商法的规定，对于被保险人所提出的委付要求，保险人无论是否接受，都应在合理的时间内作出决定，并通知被保险人。委付只有经过保险人的承诺才能生效，即只有经保险人同意，才能按推定全损赔付。

2. 部分损失（Partial Loss)

部分损失是指被保险货物没有达到全部损失的程度，包括共同海损和单独海损。

（1）共同海损（GeneraI Average)。共同海损是指载货的船舶在海上航行中，遭遇自然灾害或意外事故，威胁到船舶、货物和其他财产的共同安全，船方为了解除共同危险或使航行得以继续进行，有意识地采取合理的措施所引起的特殊牺牲和额外费用，这种损失由受益各方按其财产价值进行分摊。

构成共同海损必须具备以下几个条件：

第一，危险必须是真实存在的，且危及船货的共同安全。真实存在的危险是指非主观臆测的危险。例如，战争期间，一艘英国货轮由于担心遭到敌军潜艇的袭击，雇佣了一艘拖轮，进行全程护航。后来经调查发现，该船在全程运输中并未发现一艘潜艇。所以，遭潜艇袭击仅仅是船方主观臆断的危险，而不是真实存在的危险。因此，拖轮费不属于共同海损。真实存在的危险也可以指不可避免的危险，即某种危险不会立即发生危胁船货的共同安全，但是如果不采取措施，这种危险将会不可避免地发生并危及船货的共同安全。

第二，措施必须是有意识、合理的。通常共同海损措施是按照船长的命令采取的。所谓有意识的措施，主要用于区分意外的损失，即船长明知采取共同海损措施会导致船舶或货物的进一步损害，但为了船货的共同安全，不得不采取的措施。所谓合理的措施是指所采取的措施应该是以最小的牺牲换取船货的安全。例如，在船舶搁浅后，如果需要抛货以便船舶起浮，那么应当首先抛弃那些重货而价值又低的货物，并且以解除危难局面为限。

第三，作出牺牲的性质是特殊的，支付的费用是额外的。损失不是海上风险直接导致的损失，而是为解除这种危险而采取措施造成的损失，相比较海上风险导致的直接损失而言，这种牺牲的性质是特殊的。所谓额外支付的费用是指船舶正常营运成本以外的费用。例如，为了扑灭船上火灾，而使用了船上消防设备中的二氧化碳，就不属于共同海损，因为二氧化碳的用途就是灭火，这种费用属于船舶正常营运成本以内的费用。如果火灾尚未熄灭，需要再次给消防设备填充二氧化碳，则属于额外费用，因为再次填充的费用已超出船舶正常营运成本，不再属于船舶应尽义务范围。

第四，采取的共同海损措施必须有效果。有效果是指采取措施以后，船、货或其他财产的全部或部分获救，摆脱了危险。

发生共同海损后，其牺牲和费用应该由受益的船方、全体货主和其他财产所有人按获救财产的价值比例共同分摊，俗称“摊水”。

知识窗：共同海损理算规则

为了协调船方和货方的利益，欧美主要海运国家有关行业代表从19世纪中叶起开始酝酿制定一部统一的理算规则以资遵守。这部规则就是现在已为世界各海运国家所普遍接受的《约克·安特卫普规则》。最初于1860年在英国格拉斯哥制定，后经过7次修改，现行的是1994年版。1994年《约克·安特卫普规则》包括7条字母规则和22条数字规则，前者是有关共同海损定义的原则，后者是有关共同海损实践运用的规定。此规则在国际海运保险中也普遍使用。

我国于1969年在中国国际贸易促进委员会内设共同海损的理算处，并于1975年1月颁布了《中国国际贸易促进委员会共同海损理算暂行规则》（简称《北京理算规则》），作为我国共同海损理算的主要依据。

（2）单独海损（Particular Average）。单独海损是指在海上运输中，由于承保风险所直接造成的船舶和货物的部分损失。例如，载货船舶在航行中遇到狂风巨浪，海水进入货舱造成部分货物受损，即属于单独海损。单独海损由各受损方自行承担，或者按海上货物运输合同的有关规定处理。

（二）外来风险的损失

外来风险损失是指海上风险以外的外来风险造成的被保险货物的损失。一般外来风险所造成的损失即一般外来风险损失；特殊外来风险所造成的损失即特殊外来风险损失。前者如偷窃、雨淋、短量等风险造成的货物的损失，后者如战争、罢工等风险所造成的损失。

三、费用

费用是指保险货物遭受保险责任范围内的事故时，除了能使货物本身受到损毁而导致的经济损失外，还会产生费用的支出。保险人负责赔偿的海上费用主要包括施救费用和救助费用。

（一）施救费用（Sue and Labour Expenses）

施救费用是指被保险货物遭受保险责任范围内的自然灾害和意外事故时，被保险人或其代理人、雇佣人员和保险单受让人对保险标的所采取的各种抢救被保险货物，防止或减少货物损失的措施所支出的合理费用。施救行为即使无效果，只要施救费用是合理的，保险人都将负责赔偿。保险人对施救费用的赔偿以一个保险金额为限，亦即保险人对保险标的损失的赔偿和对施救费用的赔款之和不得超过保险金额的两倍。

（二）救助费用（Salvage Charges）

救助费用是指海上保险财产在遭受承保范围内的风险时，由被保险人和保险人以外的第三者采取救助措施，并获救成功时，由被保险人向救助的第三者所支付的报酬。国际上一般采用“无效果——无报酬”（No Cure，No Pay）原则，即只有救助获得成功才能得到赔偿。通常，保险人对救助费用负赔偿责任。

第二节 中国海洋运输货物保险条款

世界上主要国家都有自己的保险条款，中国人民保险公司根据我国保险业务的实际情况，并参照国际保险市场的习惯做法，分别制定了海洋、陆地、航空等运输方式的货物运输保险条款，总称为《中国保险条款》（China Insurance Clause，CIC）。

根据中国人民保险公司（PICC）1981 年 1 月 1 日修订的《海洋运输货物保险条款》（Ocean Marine Cargo Clauses）规定，海洋运输货物保险条款包括基本险与附加险的责任范围、除外责任及保险责任起讫等内容。

一、基本险别

（一）基本险的责任范围

基本险指可以独立投保的险别，依据承保责任范围的大小，分为平安险、水渍险和一切险三种。

1. 平安险（Free from Particular Average，FPA）

根据中国海运货物保险条款，平安险的责任范围包括以下八条内容：

（1）在运输过程中，由于自然灾害和运输工具发生意外事故，造成被保险货物的实际全损或推定全损。

（2）由于运输工具遭遇搁浅、触礁、沉没、互撞、与流冰或其他物体碰撞以及失火、爆炸等意外事故造成被保险货物的全部或部分损失。

（3）只要运输工具曾经发生搁浅、触礁、沉没、焚毁等意外事故，不论这意外事故发生之前或者以后曾在海上遭遇恶劣气候、雷电、海啸等自然灾害造成的被保险货物的部分损失。

（4）在装卸转船过程中，被保险货物一件或数件落海所造成的全部损失或部分损失。

（5）被保险人对遭受承保责任内危险的货物采取抢救，防止或减少货损措施支付的合理费用，但以不超过该批被救货物的保险金额为限。

（6）运输工具遭遇自然灾害或者意外事故，需要在中途的港口或者在避难港口停靠，因而引起的卸货、装货、存仓以及运送货物所产生的特别费用。

（7）共同海损的牺牲、分摊费和救助费用。

（8）运输契约订有“船舶互撞责任条款”，按该条款规定应由货方偿还船方的损失。

2. 水渍险（With Particular Average，WPA 或 WA）

水渍险的责任范围，除包括上列平安险的各项责任外，还负责被保险货物由于恶劣气候、雷电、海啸、地震、洪水等自然灾害所造成的部分损失。

3．一切险（All Risks）

一切险的责任范围除包括平安险和水渍险的保险责任外，还包括货物在运输过程中由于一般外来原因所造成的被保险货物的全损或部分损失。所以，一切险的承保责任虽较平安险和水渍险为广，但保险人并不是对任何风险所致的损失都负责。

（二）基本险的除外责任

除外责任，是保险人不予赔偿的损失和费用，一般来说是非意外的，非偶然的，或比较特殊的风险，其内容包括：

（1）被保险人的故意行为或过失所造成的损失。例如，被保险人未能及时提货而造成的货损或损失扩大。

（2）属于发货人责任所引起的损失。例如，由发货人装箱引起的短装、积载不当、错装所造成的货损。

（3）在保险责任开始前，被保险货物已存在的品质不良或数量短缺所造成的损失。

（4）被保险货物的自然损耗、本质缺陷、特性以及由于市价跌落、运输延迟所引起的损失或费用。

（5）战争险条款、罢工险条款规定的责任范围和除外责任。

（三）基本险的责任起讫期限

保险的责任起讫，亦称保险期间或保险期限，指保险人承担责任的起讫时限。非在保险期间内发生的保险责任范围内的风险损失，被保险人无权索赔。

我国海运货物基本险的保险期限同国际保险市场的习惯做法一样，采取“仓至仓”条款（Warehouse to Warehouse Clause，W/W Clause）。“仓至仓”条款是指保险人的承保责任从被保险货物运离保险单所载明的起运地发货人仓库或储存处开始运输时生效，包括正常运输过程中的海上、陆上、内河和驳船运输在内，直到该项货物到达保险单所载明目的地收货人的最后仓库或储存处所，或被保险人用作分配、分派或非正常运输的其他储存处为止。如未抵达上述仓库或储存处，则以被保险货物在最后卸载港全部卸离海轮后满60天为止。如在上述60天内被保险货物需转运到非保险单所载明的目的地时，则以该项货物开始转运时终止。

以上三种基本险别的索赔时效，自被保险货物在最后卸载港全部卸离海轮后起算，最多不超过两年。中国人民保险公司在1995年送审的海运货物保险条款修改稿中将两年的索赔期限的起算日改为保险事故发生之日，与我国《海商法》的规定保持一致。上述三种基本险别，被保险人可以从中选择一种投保。

二、附加险别

附加险是对基本险的补充和扩展，它不能单独投保，只能在投保了基本险的基础上加保。根据损失的性质，附加险分为一般附加险和特殊附加险。

（一）一般附加险（General Additional Risk）

一般附加险承保一般外来风险所造成的损失，包括11种。可在投保平安险、水渍险的基础上选择加保。

（二）特殊附加险（Special Additional Risk）

特殊附加险是指承保由于军事、政治、国家政策法令以及行政措施等特殊外来原因所引起的风险与损失的险别。中国人民保险公司承保的特殊附加险包括：

1. 战争险（War Risks）

承保战争或类似战争行为等引起货物直接损失，不能单独投保，只能在投保一种基本险的基础上加保。保险公司对此种险别的承保责任范围包括：由于战争、类似战争行为和敌对行为、武装冲突或海盗行为以及由此而引起的捕获、拘留、禁制、扣押所造成的损失，或者由于各种常规武器（包括水雷、鱼雷、炸弹）所造成的损失，由于上述原因所引起的共同海损的牺牲、分摊和救助费用。但对原子弹、氢弹、核武器所造成的损失，保险公司不予赔偿。

战争险的保险责任起讫与基本险的保险责任起讫不同，它不采用“仓至仓”条款，仅限于“水上危险”。保险责任自货物装上保险单所载明的起运港的海轮或驳船时开始，直到保险单所载明的目的港卸离海轮或驳船时为止。如果货物不卸离海轮或驳船，则保险责任最长延至货物到目的港当日午夜起算 15 天为止。如在中途港转船，则不论货物在当地卸载与否，保险责任以海轮到达该港或卸货地点的当日午夜起算满 15 天为止，俟再装上续运海轮时恢复有效。

2. 罢工险（Strikes Risk）

承保由于罢工者、被迫停工工人或参加工潮、暴动、民众斗争的人员的行为或任何人的恶意行为造成的直接损失及由此引起的共同海损牺牲、分摊和救助费用。

但与罢工有关的间接损失，如在罢工期间由于劳动力短缺或不能正常履行职责所致的货物的损失，包括因此而引起的动力或燃料缺乏使冷藏机停止工作所致的冷藏货物的损失，皆不在保险人的责任范围之内。罢工险对保险责任的起讫的规定与其他海运货物保险险别一样，采取“仓至仓”条款。按国际保险业惯例，已投保战争险后另加保罢工险，不另收保险费。如仅要求加保罢工险，则按战争险费率收费。

资料卡：一般附加险和其他特殊附加险

1. 一般附加险

（1）偷窃、提货不着险条款（Theft, Pilferage and Non - delivery, TPND）。承保被保险货物因偷窃行为所致的损失和整件提货不着的损失。

（2）淡水雨淋险条款（Fresh Water and /or Rain Damage Clause, FWRD）。货物在运输中，由于淡水、雨水以及冰雪融化所造成的损失。淡水包括船上淡水舱、水管漏水以及舱汗等。

（3）短量险条款（Shortage Clause）。承保货物数量和重量发生短少的损失。对于有包装货物的短少，保险公司必须要查清外包装是否发生异常现象，如破口、破裂、扯缝等。对于散装货物，往往以装船重量和卸船重量之间的差额作为计算短量的依据，但不包括正常的途耗。

（4）混杂、沾污险条款（Intermixture and Contamination Clause）。承保货物在运输

过程中混进杂质所造成的损失。

（5）渗漏险条款（Leakage Clause）。流质、半流质的液体物质和油类物质，在运输过程中因为容器损坏而引起的渗漏损失；或因流体渗漏而引起的以流体浸装的货物（如湿肠衣、酱菜等）的腐烂变质所造成损失。

（6）碰损、破碎险条款（Clash and Breakage Clause）。承保货物碰损和破碎的损失。碰损主要是对金属、木质等货物来说的；破碎则主要是对易碎性物质来说的。前者是指在运输途中，因为受到震动、颠簸、挤压而造成货物本身的损失；后者是在运输途中由于装卸野蛮、粗鲁、运输工具的颠震造成货物本身的破裂、断碎的损失。

（7）串味险条款（Taint of Odour Clause）。承保货物在运输途中因受其他带异味货物的影响而造成串味的损失。例如，茶叶、香料、药材等在运输途中受到一起堆储的皮张、樟脑等异味的影响使品质受到损失。

（8）受潮受热险条款（Sweating and Heating Clause）。承保货物在运输途中因受气温变化或水蒸气的影响而使货物发生变质的损失。例如，船舶在航行途中，由于气温骤变，或者因为船上通风设备失灵等使舱内水气凝结、发潮、发热引起货物的损失。

（9）钩损险条款（Hook Damage Clause）。货物在装卸过程中因为使用手钩、吊钩等工具所造成的损失。例如，粮食包装袋因吊钩钩坏而造成粮食外漏所造成的损失。

（10）包装破裂险条款（Breakage of Packing Clause）。承保因包装破裂造成物资短少、沾污等损失以及为续运安全需要而产生的修补包装、调换包装所支付的费用。

（11）锈损险条款（Rust Clause）。承保货物在运输过程中因为生锈造成的损失。不过这种生锈必须在保险期内发生，如原装船时就已生锈，保险公司不负责任。

2. 其他特殊附加险

（1）交货不到险（Failure to Deliver Risk）。不论何种原因，从被保险货物装上船舶时开始，不能在预定抵达目的地日期起6个月内交货的，按全损赔偿。

（2）进口关税险（Import Duty Risk）。当货物遭受保险责任范围内的损失，而被保险人仍须按完好货物价值完税时，保险人对损失部分货物的进口关税负责赔偿。

（3）舱面险（on Deck Risk）。对于装载于舱面的货物，保险人除按保险单所载条款负责外，还赔偿货物被抛弃或被风浪冲击落水的损失。

（4）拒收险（Rejection Risk）。承保被保险货物在进口港被进口国有关当局拒绝进口或没收所产生的损失。

（5）黄曲霉毒素险（Aflatoxin Risk）。承保被保险货物因所含黄曲霉毒素超过进口国的限制标准，被拒绝进口、没收或强制改变用途而致的损失。

（6）货物出口到香港（包括九龙）或澳门存仓火险责任扩展条款（Fire Risk Extension Clause, FREC—For Storage of Cargo at Destination Hong Kong, Including Kowloon, or Macao）。被保险货物到达目的地卸离运输工具后，如直接存放于保险单载明的过户银行所指定的仓库，本保险对存仓火险的责任至银行收回押款解除货物的权益为止，或运输责任终止时起算满30天为止。

（三）海洋运输货物专门保险条款与险别

海洋运输货物专门保险是指根据海洋运输货物本身的特性承保的专门险别，适用于海洋运输冷藏货物保险和适用于海洋运输散装桐油的海洋运输散装桐油保险等。两者均属基本险性质。

1. 海洋运输冷藏货物保险（Ocean Marine Insurance Frozen Products）

根据中国人民保险公司1981年1月1日修订的《海洋运输冷藏货物保险条款》规定：海洋运输冷藏货物保险条款分为冷藏险和冷藏一切险两种。它们的责任范围分别与海洋运输货物保险的水渍险和一切险基本相同，其主要差别在于冷藏货物一切险还负责由于冷藏机器停止工作连续达24小时以上所造成的货物腐烂或损失。

海洋运输冷藏货物保险的除外责任，除前述海洋运输险的除外责任外，还对以下两点所造成的损失不负赔偿责任：（1）被保险货物在运输过程中的任何阶段，因未存入有冷藏设备的仓库或运输工具中，或辅助运输工具没有隔温设备所造成的鲜货腐烂和损失。（2）被保险货物在保险责任开始时，因未保持良好状态，包括整理加工和包装不妥，冷冻上的不合规定及骨头变质所引起的鲜货腐烂和损失。

海洋运输冷藏货物保险的责任起讫也与海洋运输货物险的责任起讫基本相同。不过海洋运输冷藏保险条款规定：货物到达保险单所载明的最后目的港如在30天内卸离海轮，并将货物存入岸上冷藏仓库后还继续负责10天为限。如果在上述期限内货物一经移出冷藏仓库，保险责任即告终止；如果货物卸离海轮后不存入冷藏仓库，保险责任在卸离海轮时终止。

2. 海洋运输散装桐油保险

海洋运输散装桐油保险的责任范围，除了负责海洋运输货物保险所承担的责任外，还负责不论任何原因造成的散装桐油数量短少、渗漏超过免赔率部分的损失，以及不论任何原因所致被保险桐油沾污或变质损失。由于桐油是易受污染和变质的货物，因此，保险公司在接受承保时必须对桐油进行严格的检验。

海洋运输散装桐油保险的责任起讫是按“仓至仓”条款负责。如果被保险散装桐油运抵目的港后不及时卸载，则从海轮抵达目的港时起算满15天，保险责任即行终止。

第三节 伦敦保险协会海运货物保险条款

目前世界上大多数国家在海上保险业务中直接采用英国伦敦保险协会所制定的《协会货物条款》（Institute Cargo Clause，ICC）。在我国按CIF或CIP条件出口交易中，国外客户要求采用伦敦保险协会货物保险条款时，我出口企业和保险公司一般也可接受。《协会货物条款》最早制定于1912年，后来经过的修订与旧条款相比，无论在名称与条款的结构上都有很大变化。2008年，协会货物保险条款再次修订，主要是作了一些对被保险人有利或使条款含义更清楚的改变，新条款于2009年1月1日起生效，被称为《2009年协会货物保险条款》。

一、ICC条款的险别

伦敦保险协会的海运货物保险条款主要有六种。

1. 协会货物条款（A），即ICC（A）

2. 协会货物条款（B），即ICC（B）

3. 协会货物条款（C），即ICC（C）

4. 协会战争险条款（Institute War Clauses Cargo）

5. 协会罢工险条款（Institute Strike Clauses Cargo）

6. 恶意损害险条款（Malicious Damage Clause）

上述六种险别中除恶意损害险之外，其他五种险别都可以单独投保。另外，（A）险包括恶意损害险，但在投保（B）险或（C）险时，应另行投保恶意损害险。

二、协会货物保险主要险别的承保范围与除外责任

（一）ICC（A）险

1. 承保范围

ICC（A）是采用“一切风险减除外责任”的办法，即除了“除外责任”项下所列风险保险人不予负责外，其他风险均予负责。

2. 除外责任

（1）一般除外责任。如因包装或准备不足或不当所造成的损失；使用原子或热核武器所造成的损失和费用。

（2）不适航、不适货除外责任。主要是指被保险人在被保险货物装船时已知船舶不适航，以及船舶、运输工具、集装箱等不适货。

（3）战争除外责任。

（4）罢工除外责任。

（二）ICC（B）险

1. 承保范围

ICC（B）险对承保风险的做法是采用“列明风险”的方法，即在条款的首部开宗明义地把保险人所承保的风险一一列出。

（B）险的承保范围是：灭失或损失合理归因是属于下列任何之一者：

（1）火灾、爆炸；

（2）船舶或驳船触礁、搁浅、沉没或倾覆；

（3）陆上运输工具倾覆或出轨；

（4）船舶、驳船或运输工具同水以外的外界物体碰撞；

（5）在避难港卸货；

（6）地震、火山爆发；

（7）共同海损牺牲；

（8）抛货；

（9）浪击落海；

（10）海水、湖水或河水进入船舶、驳船、运输工具大型海运箱或贮存处所；

（11）货物在装卸时落海或摔落造成整件的全损。

2. 除外责任

ICC（B）与ICC（A）的除外责任基本相同，但有下列两点区别：（1）ICC（A）只对

被保险人的故意不法行为所造成的损失、费用不负赔偿责任外，对于被保险人之外的任何个人或数人故意损害和破坏标的物或其他任何部分的损害要负赔偿责任。但在ICC（B）下，保险人对此也不负赔偿责任。（2）ICC（A）对海盗行为列入承保范围，而ICC（B）对海盗行为不负赔偿责任。

（三）ICC（C）险

1. ICC（C）承保风险比ICC（A）要小得多

它只承保“重大意外事故”，而不承保“自然灾害及非重大意外事故”，其具体承保风险是：

（1）火灾、爆炸；

（2）船舶或驳船触礁、搁浅、沉没或倾覆；

（3）陆上运输工具倾覆或出轨；

（4）船舶、驳船或运输工具同除水以外的外界物体碰撞；

（5）在避难港卸货；

（6）共同海损牺牲；

（7）抛货。

2. ICC（C）险的除外责任与ICC（B）完全相同

ICC（A）险、ICC（B）险、ICC（C）险条款的责任起讫也采用“仓至仓”条款，但比我国条款规定更为详细。

（四）协会货物战争险

1. 承保责任范围

（1）直接由于战争、内战、革命、造反、判乱或由此引起的内乱或任何交战方之间的敌对行为所造成的运输货物的损失。

（2）由上述原因所引起的捕获、扣押、扣留或羁押以及此种行为结果或任何进行此种行为的企图所造成的运输货物的损失。

（3）各种常规武器（被遗弃的水雷、鱼雷、炸弹或其他被遗弃战争武器）所造成的运输货物的损失。

2. 除外责任

协会货物战争险的一般除外责任与ICC（A）除外责任相同，除此之外，还包括：

（1）基于航程或冒险的损失或受阻的任何索赔。

（2）因敌对性使用原子或核裂变和/或聚变或其类似反应或放射性力量或物质所制造的战争武器产生的损失、损害或费用。协会货物战争险的责任起讫适用于“水面”条款，以“水上危险”为限。

（五）协会货物罢工险

1. 协会货物罢工险承保责任范围

（1）由于罢工者、被迫停工工人，或参与工潮、暴动或民变的人员所造成的货物的损失。

（2）由于恐怖分子或出于政治动机而行为的人员所造成的货物的损失。

2. 协会货物罢工险一般除外责任与ICC（A）险的一般责任相同

除此之外，还包括：

(1) 因罢工、关厂、工潮、暴动或民变造成的各种劳动力缺乏、短缺或抵制引起的损失、损害或费用。

(2) 基于航程或冒险的损失或受阻的任何索赔。

(3) 战争、内战、革命、造反、判乱或由此引起的内乱或交战方之间的敌对行为造成的损失、损害或费用。

协会货物罢工险的责任起讫适用于“仓至仓”条款。

第四节 其他运输方式下的货运保险

在国际贸易中，不仅海洋运输的货物需办理保险，陆上运输、航空运输、邮包运输的货物也都需要办理保险。保险公司对不同方式运输的货物都订有相应的专门条款。现将中国人民保险公司对其他各种运输方式的货运保险分别介绍如下：

一、陆上运输货物保险

中国人民保险公司1981年1月1日修订的《陆上运输货物保险条款》（Overland Transportation Cargo Insurance Clauses）规定：陆上运输货物保险的险别分为陆运险（Overland Transportation Risks）和陆运一切险（Overland Transportation All Risks）两种基本险别。

（一）陆运险与陆运一切险

1. 陆运险的责任范围

陆运险的承保责任范围是保险公司负责赔偿被保险货物在运输途中遭受暴风、雷电、地震、洪水等自然灾害，或由于陆上运输工具（主要是指火车、汽车）遭受碰撞、倾覆或出轨或在驳运过程中因驳运工具搁浅、触礁、沉没或由于遭受隧道坍塌、崖崩或火灾、爆炸等意外事故所造成的全部损失或部分损失。由此可见，陆运险的承保责任范围大致相当于海运货物保险中的“水渍险”。

2. 陆运一切险的责任范围

陆运一切险除包括上述陆运险的责任外，保险公司对被保险货物在运输途中由于一般外来原因造成的短少、短量、偷窃、渗漏、碰损、破碎、钩损、雨淋、生锈、受潮、受热、发霉、串味、沾污等全部或部分损失，也负赔偿责任。由此可见，陆运一切险的承保责任范围大致相当于海运货物保险中的“一切险”。

3. 陆上运输货物保险的除外责任

陆运险、陆运一切险的除外责任与海洋运输货物险的除外责任相同。

4. 陆上货物运输保险责任起讫期限

陆上货运保险也采用“仓至仓”条款，即自被保险货物运离保险单所载明的起运地仓库或储存处所开始运输时生效，包括正常运输过程中的陆上和与其有关的水上驳运在内，直至该项货物运达保险单所载目的地收款人的最后仓库或储存处所或被保险人用作分配、分派的其他储存处所为止，如未运抵上述仓库或储存处所，则以被保险货物运抵最后卸载的车站满60天为止。如在中途转车，不论货物在当地卸车与否，保险责任从火车到达中途站的当日午夜起满 10 天为止。如果在 10 天内重新装车续运，则保险责任继续生效。

（二）陆上运输冷藏货物保险条款（Overland Transportation Insurance—Frozen Products）

陆上运输冷藏货物险是陆上货物运输险中的一种专门险。其主要责任范围是，保险公司除负责陆运险所列举的各项损失外，还负责被保险货物在运输途中由于冷藏机器或隔温设备的损坏或者车厢内贮存冰块的溶化所造成的解冻溶化而腐败的损失。但对于被保险货物在运输过程中的任何阶段，因未存放在有冷藏设备的仓库或运输工具中，或辅助运输工具没有隔温设备或没有在车厢内贮存足够的冰块所致的货物腐败或被保险货物在保险责任开始时因未保持良好状态，包括整理加工和包扎不妥，冷冻上的不合规定及骨头变质所引起的货物腐败和损失保险公司不负责赔偿。对于战争、罢工或运输延迟而造成被保险货物冷藏货物的腐败或损失保险公司也不负责赔偿。至于一般的除外责任条款也适用本险别。

本保险责任自被保险货物运离保险单所载起运地点的冷藏仓库装入运送工具开始运输时生效。包括正常运输和与其有关的水上驳运在内，直至该项货物到达保险单所载明的目的地收货人仓库时继续有效，但最长保险责任以被保险货物到达目的地车站后 10 天为限。本保险的索赔时效，从被保险货物在最后目的地车站全部卸离车辆后起算，最多不超过 2 年。

（三）陆上运输货物战争险条款（火车）（Overland Transportation Cargo War Risks —By Train）

陆上运输货物战争险是陆上运输货物险的特殊附加险，在投保陆运险和陆运一切险的基础上可加保。陆上运输货物战争险（火车）承保直接由于战争、类似战争行为和敌对行为、武装冲突或海盗行为所致的损失，保险人的具体责任同海运战争险基本相似。陆上运输货物战争险的保险责任自被保险货物装上保险单所载起运地的火车时开始到卸离保险单所载目的地的火车时为止。如果被保险货物不卸离火车，本保险责任最长期限以火车到达目的地的当日午夜起算满 48 小时为止。如在运输中途转车，不论货物在当地卸载与否，保险责任以火车到达该中途站的当日午夜起算满 10 天为止，如货物在上述期限内重新装车续运，本保险恢复有效。但如运送契约在保险单所载目的地以外的地点终止时，该地即视为本保险目的地，仍照前述的规定终止责任。

此外，陆上货物运输罢工险也是一种陆运附加险，其保险手续的办理也与海运货物罢工险相同，即在加保战争险的同时加保罢工险，不另收费，若仅要求加保罢工险，则按战争险费率收费。

二、航空运输货物保险条款

中国人民保险公司 1981 年 1 月 1 日修订的《航空运输货险条款》规定：航空运输货物保险分为航空运输险和航空运输一切险两种基本险别。

（一）航空运输险和航空运输一切险

1. 航空运输险的责任范围

航空运输险（Air Transportation Risks）的承保责任范围与海洋货物运输保险条款中的“水渍险”相似，包括被保险货物在运输途中遭受雷电、火灾、爆炸或由于飞机遭受恶劣气候或其他危难事故而被抛弃，或由于飞机遭碰撞、倾覆、坠落或失踪意外事故所造成全部或部分损失。

2. 航空运输一切险的责任范围

航空运输一切险（Air Transportation All Risks）的承保责任范围与海洋运输保险条款中的“一切险”相似，除包括航空运输险责任外，还包括被保险货物由于外来原因所致的全部或部分损失。

3. 航空货物运输保险的除外责任

航空货物运输险和航空运输一切险的除外责任与海洋货物运输保险条款中的基本险的除外责任基本相同。

4. 航空货物运输保险责任起讫期限

航空货物运输保险责任起讫期限也采用“仓至仓”责任，如被保险货物未运抵保险单所载明收货人仓库或储存处所，则以被保险货物在最后卸载地卸离飞机后满 30 天为止。如在上述 30 天内被保险的货物需转送到非保险单所载明的目的地时，则以该项货物开始转运时终止。

（二）航空货物运输战争险

在投保航空运输险时，还可以加保战争险等附加险别。航空货物运输战争险与海洋运输战争险的有关规定基本相同。值得注意的是，如果被保险货物不卸离飞机，航空货物运输战争险的责任起讫期限则以载货飞机到达目的地当日午夜起算满 15 天为止。

此外，航空货物运输保险还可以加保罢工险，其保险手续的办理也与海运货物罢工险相同，即在加保战争险的同时加保罢工险，不另收费，若仅要求加保罢工险，则按战争险费率收费。其责任范围与海洋运输罢工险相同。

三、邮政包裹运输保险条款

邮政包裹保险是承保邮包在运输途中因自然灾害、意外事故和外来原因所造成的损失。中国人民保险公司 1981 年 1 月 1 日修订的《邮包保险条款》规定：邮包保险分为邮包险和邮包一切险两种基本险别。在投保这两种基本险别之一的基础上，还可酌情加保一种或若干种附加险。

（一）邮包险和邮包一切险

1. 邮包险的责任范围

邮包险的承保责任范围是被保险邮包在运输途中由于恶劣气候、雷电、海啸、地震、洪水自然灾害或由于运输工具遭受搁浅、触礁、沉没、碰撞、倾覆、出轨、坠落、失踪，或由于失火、爆炸等意外事故所造成的全部或部分损失；另外，还负责被保险人对遭受保险责任内危险的货物采取抢救，防止或减少货损的措施而支付的合理费用，但以不超过该批被救货物的保险金额为限。

2. 邮包一切险的责任范围

邮包一切险的承保责任范围除包括上述邮包险的各项责任外，本保险还负责被保险邮包在运输途中由于外来原因所致的全部或部分损失。

3. 邮政包裹运输险的除外责任

邮包险和邮包一切险的除外责任与海洋货物运输保险条款中基本险的除外责任基本相同。

4. 邮政包裹运输险的责任起讫

邮包保险责任自被保险邮包离开保险单所载起运地点寄件人的处所运往邮局时开始生

效，直至该项邮包运达本保险单所载目的地邮局，自邮局签发到货通知书当日午夜起算满15天终止。但在此期限内邮包一经递交至收件人的处所时，保险责任即行终止。

（二）邮包战争险

邮包战争险与所述几种保险战争险的有关规定基本相同，值得注意的是，邮包战争险的保险责任自被保险邮包经邮局收讫后自储存处所开始运送时生效，直至该项邮包运达本保单所载目的地邮局送交收件人为止。

此外，邮政包裹运输保险还可以加保罢工险，其保险手续的办理也与海运货物罢工险相同，即在加保战争险的同时加保罢工险，不另收费，若仅要求加保罢工险，则按战争险费率收费。其责任范围与海洋运输罢工险相同。

第五节　保险实务与合同中的保险条款

在进出口运输保险业务中，被保险人通常涉及的工作有：申请投保，选择投保险别，确定保险金额，办理投保，交付保险费并取得保险单证以及在货损时办理保险索赔等。

一、保险实务

（一）投保手续

1. 进口货物的投保手续

按FOB、CFR和CPT条件成交的进口货物，均由买方办理保险。为了简化投保手续和防止出现漏保或来不及办理投保等情况，我国进口货物一般采取预约保险的做法。各外贸公司同中国人民保险公司签订有海运、空运、邮运、陆运等不同运输方式的进口预约保险合同。按照预约保险合同的规定，各外贸公司对每批进口货物，无需填制投保单，而仅以国外的装运通知代替投保单，作为办理了投保手续的凭证，保险公司则对该批货物负自动承保责任。

2. 出口货物保险的做法

凡按CIF和CIP条件成交的出口货物，由出口企业向当地保险公司办理投保手续。在办理时，应根据出口合同或信用证规定，在备妥货物并确定装运日期和运输工具后，按规定格式逐笔填制保险单，具体列明被保险人名称、保险货物项目、数量、包装及标志、保险金额、起止地点、运输工具名称、起止日期和投保险别，送保险公司投保，缴纳保险费，并向保险公司领取保险单证。

（二）选择投保险别

投保时，既要顾及所选择的险别能为被保险货物提供充分的保险保障，又要注意保险费的节省，避免不必要的保险费支出。在国际贸易业务中，选择何种险别，应综合考虑下列因素：

1. 货物的性质和特点

不同性质和特点的货物在运输途中可能遭遇的风险和发生的损失往往有很大的差别。因此，在投保时必须充分考虑货物的性质和特点，据以确定适当的险别。例如，粮谷类商品

（如粮食、花生、豆类等）的特点是含有水分，经过长途运输水分蒸发，可能造成短量；在运输途中如果通风设备不良，还易受潮、发热而致发霉。对于此类商品，一般可以在投保水渍险的基础上加保短量险和受热受潮险，或者投保一切险或 ICC（A）。又如，油脂类商品（食用动植油等）在运输途中常因容器破裂而致渗漏或沾污杂质而致沾污损失；如果是散装会因油脂本身沾在舱壁或在装卸过程中消耗而致短量。因此，对此类商品，可以在水渍险的基础上加保短量险和沾污险。再如，家用电器等商品，由于在运输途中易受碰损或被盗，一般应在水渍险、平安险的基础上加保碰损险或偷窃、提货不着险。不过，在投保一般海运货物保险的条件下，除非另有特别约定，对于货物内在缺陷所致损失或费用以及运输途中的自然损耗，保险公司一般不予负责。

2. 货物的包装

货物的包装对货物的安全运输具有重要作用，有些货物在运输及装卸转运过程中，常因包装破损而造成质量上或数量上的损失。因此，在办理投保和选择险别时，对货物包装在运输过程中可能发生的损坏及其对货物可能造成的损害也应加以考虑。但须注意，由于包装不良或由于包装不适应国际贸易运输的一般要求而致货物遭受损失，保险人一般不予负责，因为包装不良或不当属于装运前发货人的责任。

3. 运输路线及船舶停靠港口

海运中船舶的航行路线和停靠的港口不同，对货物可能遭受的风险和损失也有很大的不同。某些航线途经气候炎热的地区，如果载货船舶通风不良，就会增大货损。而在政局动荡不定，或在已经发生战争的海域内航行，货物遭受意外损失的可能性自然增大。同时，由于不同停靠港口在设备、装卸能力以及安全等方面有很大差异，进出口货物在港口装卸时发生货损货差的情况也就不同。所以，投保前要进行适当的调查了解，考虑到可能发生什么样的损失，以便选择适当的险别予以保障。

4. 运输季节

货物运输季节不同，也会对运输货物带来不同风险和损失。例如，载货船舶冬季在北纬度以北航行，极易发生与流动冰山碰撞的风险；又如，夏季装运粮食、果品，极易出现发霉腐烂或生虫的现象。

5. 目的地市场的变化趋势

在国际市场上，有些商品的价格波动激烈，当货物尚在运输途中，目的地的市场价格可能已经上升。因此，为了保证货物在运输途中遭受损失后，仍能按上涨后的市价从保险赔款中获得赔偿，就须根据目的地市场价格上涨的趋势，向保险公司另行加保增值保险。因此，目的地市场价格的变化趋势也是选择保险险别时应考虑的一项因素。

6. 各国贸易习惯

如果货物按 CIF 条件出口，卖方应负责投保何种险别，须在合同中加以明确规定。如果合同对此没有规定，便须按照国际贸易惯例及有关国家的法律规定办理。例如，按照国际商会《2010 通则》的规定，CIF 下的卖方应负责投保 ICC 保险条款或任何类似条款包括的最低限度的保险险别；美国《对外贸易定义》和《统一商法典》的规定，CIF 下卖方有义务代买方投保战争险，费用由买方负担；在比利时，CIF 下卖方常负责投保水渍险；在澳大利亚，按许多行业习惯，CIF 下卖方须负责投保水渍险和战争险；在德国，CIF 下卖方应根据货物的种类、贸易习惯和买方的愿望确定投保的险别，但仅投保平安险是不够的，保险公司承担的保险责任是以险别为依据，不同的险别，承担的责任范围不同，其保险费率也不相同。

（三）确定保险金额，缴纳保险费

1. 保险金额的确定

保险金额（Insured Amount），是指一个保险合同项下保险公司承担赔偿或给付保险金责任的最高限额，即投保人对保险标的的实际投保金额；同时又是保险公司收取保险费的计算基础。按照国际保险市场的习惯做法，出口货物的保险金额一般按 CIF 货价另加 10% 计算，这增加的 10% 即保险加成率。之所以要加一成投保，主要为了在货物发生损失时，使被保险人所支出的费用（开证费、电报费、借款利息、税款等）及进口商的预期利润能获得补偿。

保险金额的计算公式为：

保险金额 = CIF(CIP)价 ×(1 + 投保加成率)

2. 保险费的计算

投保人按约定方式缴纳保险费是保险合同生效的条件。保险费率（Premium Rate）是由保险公司根据一定时期、不同种类的货物的赔付率，按不同险别和目的地确定的。保险费是根据保险费率表按保险金额计算，其计算公式是：

保险费 = 保险金额 × 保险费率

如按 CIF（CIP）加成投保：

保险费 = CIF(CIP)价 ×(1 + 投保加成率) × 保险费率

资料卡：中国人民保险公司进出口货物保险费率

出口货物保险费率分为一般货物费率表和指明货物费率两类。

（1）一般货物费率：适用于所有海运出口的货物，凡投保基本险别的所有海运货物均需按照"一般货物费率表"所列标准核收保险费。

（2）指明货物加费费率：是针对某些易损货物加收的一种附加费率。由于这些货物在运输途中极易因为外来风险引起短少、破碎和腐烂等损失，损失率较高，故将它们单独列出。指明货物加费费率表是按货物大类分类的，如粮油、土畜、轻工类等。凡表中所列的货物或与此同类的货物在投保一切险时，均应在一般货物费率表的基础上再按本表的规定加计保险费。

进口货物保险费率表分为特约费率表和进口货物费率表。

（1）特约费率表：仅适用于同保险公司签定有预约保险合同的各投保人，实际上是一种优惠的平均费率。

（2）进口货物费率表：适用于未与保险公司订有预约保险合同的逐笔投保的客户。

例：某公司出口一批纺织品到欧洲某港口，单价为 CIF 欧洲港口，每打 105 美元，保险费率为 8‰，按加成 10% 投保。问保险金额为多少？保险费为多少？

解：保险金额 = CIF ×(1 + 加成费率) = 105 ×(1 + 10%) = 115.5(美元)

保险费 = 保险金额 × 保险费率 = 115.5 × 8‰ = 0.924(美元)

答：保险金额为 115.5 美元，应支付保险费 0.924 美元。

（四）取得保险单证

保险单证是保险公司和投保人之间订立的保险合同，也是保险公司出具的承保证明，是被保险人凭以向保险公司索赔和保险公司进行理赔的依据。在国际贸易中，保险单证是可以转让的。

1. 保险单（Insurance Policy）

保险单，又称大保单，它是一种正规的保险合同，其内容除载明被保险人、保险标的(名称、数量或重量、唛头)、运输工具、险别、起讫地点、保险期限、保险价值和保险金额等项目外，还附有有关保险人责任范围以及保险人和被保险人的权利和义务等方面的详细条款。如当事人双方对保险单上所规定的权利和义务需要增补或删减时，可在保险单上加贴条款或加注字句。保险单是被保险人向保险人索赔或对保险人上诉的正式文件，也是保险人理赔的主要依据。保险单可转让，通常是被保险人向银行进行押汇的单证之一。在 CIF 合同中，保险单是卖方必须向买方提供的单据。

2. 保险凭证（Insurance Certificate）

保险赁证，俗称小保单。它是保险人签发给被保险人，证明货物已经投保和保险合同已经生效的文件。凭证上无保险条款，表明按照本保险人的正式保险单上所载的条款办理。保险凭证具有与保险单同等的效力，但在信用证规定提交保险单时，一般不能以保险单的简化形式提交。

3. 预约保险单（Open Policy）

预约保险单是一种没有总保险金额限制的预约保险总合同，是保险公司对被保险人将要装运的属于约定范围内的一切货物自动承保的总合同。在承保范围内的被保险货物一经启运，保险公司即自动承保。在实际业务中，预约保险单适用于进口的货物保险，这可以防止因漏保或迟保而造成的无法弥补的损失。

4. 批单（Endorsement）

保险单出立后，投保人如需要补充或变更其内容时，可根据保险公司的规定，向保险公司提出申请，经同意后另出一种凭证，注明更改或补充的内容，这种凭证即批单。保险单一经批改，保险公司即按批改后的内容承担责任。其批改内容如涉及保险金额增加和保险责任范围扩大，保险公司只有在证实货物未发生出险事故的情况下才同意办理。批单原则上须粘贴在保险单上，并加盖骑缝章，作为保险单不可分割的一部分。

此外，还有一种比保险凭证更为简化的保险单据即联合凭证。保险公司将承保的险别、保险金额以及保险编号加注在投保人的发票上，并加盖印戳，其他项目均以发票列明为准。这种凭证曾用于对港澳的交易中，现已很少使用。

（五）办理保险索赔

进出口货物在运输途中遭受损失，被保险人（投保人或保险单受让人）可向保险公司提出索赔。保险公司按保险条款所承担的责任进行理赔。

1．索赔的条件

被保险人进行索赔应具备三个条件：被保险人要求赔偿的损失，必须是承保责任范围内风险造成的损失；被保险人是保险单的合法持有人；被保险人必须拥有可保利益（Insurable Interest）。可保利益，又称保险利益，是指被保险人对被保险的货物因具有某种利害关系而享有的为法律所承认的可以投保的经济利益。但国际货运保险又不像有的保险（如人身保险）那样要求被保险人在投保时必须具有保险利益。在实际业务中，保险人可视为买方具有预期的保险利益而允许承保。

2．索赔的主要程序

（1）损失通知。被保险人获悉货损后，应立即通知保险公司或保险单上指明的代理人。后者接到损失通知后应即采取相应的措施，如检验损失，提出施救意见，确定保险责任和签发检验报告等。

（2）向承运人等有关方面提出索赔。被保险人除向保险公司报损外，还应向承运人及有关责任方（如海关、理货公司等）索取货损货差证明，如系承运人等方面责任的，应及时以书面方式提出索赔。

（3）采取合理的施救、整理措施。被保险人应采取必要的措施以防止损失的扩大，保险公司对此提出处理意见的，应按保险公司的要求办理。所支出的费用可由保险公司负责，但以与理赔金额之和不超过该批货物的保险金额为限。

（4）备妥索赔单证，提出索赔要求。索赔单证除正式的索赔函以外，应包括保险单证、运输单据、发票，以及检验报告、货损货差、海事报告等。保险索赔的时效一般为两年。对易碎和易短量货物的索赔，应了解是否有免赔率的规定。

资料卡：免赔率与“不计免赔”条款

免赔率是指保险人对于保险货物在运输途中发生的货损货差，在一定比率内不负赔偿责任。“不计免赔率”（Irrespective of Percentage，IOP）条款是指货物受损后不论程度多少，损失多少赔多少。“计免赔率”是指如果损失额没有超过免赔率，保险公司不予赔偿；如果超过免赔率，才给与赔偿。而赔偿分两种情况：相对免赔率，不扣除免赔率，全部予以赔偿；绝对免赔率，扣除免赔率，只赔超过部分。PICC 采用绝对免赔率。

此外，在保险业务中，为了防止被保险人双重获益，保险人在履行全损赔偿或部分损失赔偿后，在其赔付金额内，要求被保险人转让其对造成损失的第三者责任方要求全损赔偿或相应部分赔偿的权利。这种权利称为代位追偿权，或称为代位权。在实际业务中，保险人需首先向被保险人进行赔付，才能取得代位追偿权。

二、合同中的保险条款

以 FOB、CFR（或 FCA、CPT）条件成交的进出口合同，保险由买方办理，合同中只需规定：

保险：由买方办理

(Insurance: To be covered by buyers)

以CIF（或CIP）成交的合同，保险由卖方办理，合同中须规定投保人、保险险别、保险金额、保险条款等内容。

例1："保险由卖方按发票金额的××%投保××险（险别）按伦敦保险业协会×年×月×日货物××险条款负责。"

Insurance: To be covered by the Seller for ... % of total invoice value against..., ... as per Institute Cargo Clauses... dated... .

例2："保险由卖方按发票金额的××%投保陆运（火车、汽车）一切险和海洋运输货物一切险，按中国人民保险公司×年×月×日陆上运输货物保险条款和海洋运输货物保险条款负责，包括战争险，按×年×月×日陆上运输货物战争险（火车）条款和×年×月×日海洋运输战争险条款负责。"

Insurance: To be covered by the Seller for ... % of total invoice value against Overland Transportation All Risks and ALL Risks as per Overland Transportation Cargo Insurance Clauses "Trains, Truck" and Ocean Marine Cargo Clauses of the People's Insurance Company of China date..., including War Risk as per Overland Transportation Cargo War Risks Clauses (By Train) dated..., and Ocean Marine Cargo War Risks Clauses dated..

·实务篇

一、水渍险的承保范围争议案

【案情】某年3月，我方A进出口公司，向荷兰出口无烟煤100公吨，合同采用CIF价格条件，规定由A公司投保水渍险，A公司随即按照发票金额另加10%向中国人民保险公司投保了水渍险（W.A）。5月份该批无烟煤装运出口，但在印度转船时，遭遇当地暴雨，货抵达目的港荷兰鹿特丹后，荷兰进口商发现货物有明显的湿损，损失经计算达27 000多美元。荷兰进口商遂向我A公司提出索赔，但遭到A公司的拒绝。A公司指出"该批货物已经投保了水渍险，你方应凭保险单向中国人民保险公司索赔"。事后，荷兰进口商凭保险单向中国人民保险公司住荷兰的代理人提出索赔，遭到拒绝。我方保险公司代理人指出，货损是由于淡水雨淋所致，非海水所浸损，不属于水渍险的承保范围，后来荷兰进口商只好自己承担了该批货物的损失。

【评析】水渍险承保的范围，是平安险所承保的范围加上自然灾害所造成的部分损失。按照水渍险，被保险货物即使在船舶没有遭受到搁浅、触礁、沉没或焚毁等意外事故而发生自然灾害所造成的部分损失，保险人仍然负责赔偿，如船舶遇上狂风大浪，引起货物受到海浪的湿损，但必须注意，水渍中的"水"是指海水，而不包括淡水，平安险、水渍险对海水造成的货损予以负责，但对淡水引起的损失不予负责。

本案中，货物在印度转船时，因雨淋而致湿损，可见是淡水所致货物的损失，不属于水渍险的承保范围，保险人当然拒绝赔偿，如果保险人赔偿这一部分的损失的话，则被保险人在投保时应加保淡水雨淋险或者投保一切险。当然被保险人也需要支付更高的保险费。

二、保险单转让的法律争议案

【案情】美国西雅图某进口商从非洲刚果进口一批可可共20公吨，合同采用CIF贸易条件，由卖方向刚果保险公司投保了一切险，保险责任期限刚果出口商的储货仓库起，直至西雅图美商的储货仓库为止。但该批货物从卖方的仓库运往码头的途中发生承保范围内的风险损失，当美国商人凭刚果出口商转让的保险单向刚果保险公司提出索赔时，遭到刚果保险公司的拒绝，理由是在风险发生时，买方未持有保险单，对货物也无所有权，所以不具有保险利益，无权提起索赔，后来买方向法院起诉。

法院判决的结果：西雅图进口商是保险单的合法持有人，有权获得保险单上记载的全部权益，刚果保险公司应该向买方赔偿货物遭受的风险损失。

【评析】在CIF合同中，代为办理保险并将保险单转让给买方是卖方的一项基本义务。由此可见，保险单的转让在某些货物买卖中是必须的义务。

刚果保险公司拒赔的理由是风险发生时，买方即没有保险单，也不持有提单，不具有保险利益。因而无权索赔，似乎颇有道理，但问题在于保险单的转让究竟导致什么样的法律后果。

根据世界各国有关海上保险立法的规定，保险单转让的法律后果是使受让人取得保险单上所记载的全部权利，原来保险单持有人的权利归于消灭，受让人有权以自己的名义依据保险单提起诉讼和应诉答辩。本案中的美国进口商在合法受让保险单以后，已经取得原被保险人在保险单上的一切权利，而货物的风险损失是发生在保险单上所载的保险人的承保范围之内的，所以美商向保险人提起赔偿要求是正当的。

第六章　合同中的价格条款

• 基础篇

• 实务篇

• 基础篇

在国际贸易中，买卖双方洽谈交易时，最关心的是成交价格。商品的价格是交易的核心内容，关系到买卖双方最根本的经济利益，直接对合同中的其他条款产生重大影响。双方在合同其他条款上的利害得失，都会在价格上体现出来。因此，价格是合同的核心条款，讨价还价往往成为双方交易磋商的主要内容。正确掌握进出口商品的价格，合理采用各种作价办法，选用有利的计价货币，适当运用佣金和折扣，并根据客户要求进行不同情况下的价格换算，订好合同中的价格条款，对企业提高经济效益，具有十分重要的意义。

第一节　进出口商品的价格构成

国际贸易合同中的价格，包括两个部分：单价（Unit Price）和总值（Total Amount）。合同总值是单价与合同成交数量的乘积得出的，因而，所说的合同价格一般是指合同中的单价。

国际贸易中的单价由计价数量单位、单位价格金额、计价货币和贸易术语四部分构成。例如，每公吨 200 美元 CIF 纽约。

一、计价数量单位

计价数量单位简称计量单位。一般来说，计价数量单位应该与合同数量条款中所用的计量单位相一致。

二、单位价格金额

如果说价格条款是买卖合同的核心，那么单位价格金额就是价格条款的核心。在交易磋商过程中，进出口双方应慎重报价，避免报错价格造成被动。价格经双方协商一致后，应正确填写在合同中。

三、计价货币

国际贸易活动中，使用哪国的货币作为合同中货物的计价货币，必须明确规定出来。

在选用计价货币时应注意以下问题：

（一）尽量使用可自由兑换货币

合同中的计价货币，可以选择出口国货币、进口国货币或进出口双方同意的第三国货币。在实际业务中，具体选用哪国货币，是由买卖双方协商而定的。例如中国公司向日本出口货物，可以采用日元作为计价货币，也可以采用国际上最为通行的计价货币——美元。除了因两国间订有支付协定，规定必须采用协定货币计价、支付的情况外，进出口业务中，通常选用可自由兑换货币进行计价和支付。使用可自由兑换货币，有利于调拨和运用，还有助于在必要时转移汇价风险。目前可自由兑换货币有美元、日元、欧元、英镑四种。我国的人民币已实现在经常项目下的可自由兑换，因此，亦可作为对外结算的货币。

（二）出口争取使用“硬币”，进口争取使用“软币”

当前世界上许多国家普遍实行浮动汇率制，货币的汇率会因市场供求变化而发生上涨或下浮，而国际贸易合同的交货期一般比较长，从订约到履行合同，往往需要一个过程，在此期间计价货币的币值会发生一定程度的变化，影响到买卖双方的经济利益。例如，出口一批货物，价值10万美元（以美元计价），合同签订后两个月交货，交货时付款。订约时人民币与美元汇价为8.30元，两个月后美元汇价将为8.23元，则出口方人民币收入将比按订约时汇率折算减少7 000元。因此，作为交易的当事人，在选择计价货币时，就必须考虑其将来的汇价走势。

在我们出口业务中，一般应争取用硬币作为计价货币，即币值比较稳定且趋势上浮的货币，这样可以在所收到的外汇数目不变的情况下折算出的人民币数目不变或有增加；而进口业务恰好相反，应争取采用汇价比较疲软且趋势下浮的货币即软币，在对外支付外汇时，所支出的人民币数目将不变或有减少。

（三）当为了达成交易而不得不采用对我方不利的计价货币时，为了减少外汇风险应采取的方法

1. 根据该种货币今后可能的变动幅度，适当提高出口价格或降低进口价格

如出口合同中以汇价一直比较疲软的某种货币计价，出口方预测该种货币币值还将下浮，那么就可以将出口价格相应提高以弥补这一损失。反之，进口合同如果采用了硬币计价，就应该在确定价格时将汇价可能上浮的因素考虑进去，适当降低进口价格。实际上，货币汇价的变动十分频繁，尤其是国际贸易中常被用来计价的货币币种，如美元、英镑、日元等，变动的原因也复杂多样，对汇价走势往往难以预测。因此这一办法只能适用于成交后进口付汇或出口收汇间隔期短的交易。

2. 在可能情况下，争取订立外汇保值条款

商品的价格是买卖双方都关心的敏感问题，出口提价或进口降价往往不能成功。货值较大的合同，可以争取订立外汇保值条款，以避免外汇风险。

四、贸易术语

贸易术语是进出口单价构成的必要要素，用来说明该成交价格的构成。在实践中，对贸易术语的采用，应从收付汇的多少、交易的安全性等各个方面综合考虑。如对外出口，应尽量采用CIF或CFR术语，不仅外汇收入高，而且由我出口方办理运输，指定承运人，可以有效地控制货物，避免承运人与国外买方勾结发生无单放货等损害出口方利益的情况。如从国外进口货物，情况正好相反而道理相同，应尽量采用FOB术语，由我方办理运输，掌握货物，避免受到国外卖方的欺诈。

第二节 价格中的佣金及折扣

在价格条款中，有时会涉及佣金（Commission）和折扣（Discount）。价格条款中所规定的价格，可分为包括有佣金或折扣的价格和不包含这类因素的净价（Net Price）。

一、佣金

佣金是指代理人或经纪人为委托人服务而收取的报酬。在国际贸易中，有些交易是通过中间代理商进行的，中间商因介绍生意或代买代卖而需收取一定的佣金。例如，出口商支付佣金给销售代理人，进口商支付佣金给采购代理人。因此，凡是进出口商同代理人或佣金商订立的合同，通常都会涉及到佣金的支付。

（一）佣金的表示方法

凡成交价格中含有需支付给中间商的佣金的，称为含佣价。不含佣金的价格，称为净价。佣金可以明确表示在价格条款中（明佣），也可以不在合同中表示出来，由当事人按约定另行私下交付（暗佣）。国外的一些中间商或买主，为了赚取“双头佣”（从买卖双方都获取佣金），或为了达到逃汇或逃税的目的，往往提出使用“暗佣”。

佣金的规定方法：

1. 规定佣金率

如：每公吨1 000美元CIF香港包括佣金3%。

USD1 000 per metric ton CIF Hongkong including 3% commission.

也可以在贸易术语后直接加注佣金的英文缩写“C”并注明百分比，如：

每公吨1 000美元CIFC3%香港。

USD1 000 per metric ton CIFC3% Hongkong.

2. 以绝对数表示佣金

如：每公吨支付佣金30美元。

在实践中，规定佣金率的做法比较常见。给予中间商佣金会提高其与我方成交的积极性，但也意味着出口方费用的增加，因此佣金率的高低影响着商品的成交价格，应该合理规定，一般掌握在1%～5%之间。

（二）佣金的计算方法

在国际贸易中，佣金的计算方法是各不一致的。主要体现在以佣金率的方法规定佣金时，计算佣金的基数怎样确定。常用的方法是将成交金额（发票金额）作为计佣基数。例如，按CIFC3%成交，发票金额为10 000美元，则应付佣金为10 000×3% =300美元。也有人认为价格中的运费、保险费不属于出口商本身收益，不应该作为计佣的基数，应按FOB价值计算佣金。如果按这种方法计算佣金，在以CIF、CFR等术语成交时，要将其中的运费、保险费扣除，求得FOB价之后计算佣金。

在实际业务中，按交易金额（发票金额）还是FOB价值作为计佣基数，并没有统一的规定，而是由买卖双方协商决定。但前者因计算方便，操作上比较简便，实践中使用较多。

佣金的计算公式：

单位货物佣金额 = 含佣价 × 佣金率

净价 = 含佣价 − 单位货物佣金额

= 含佣价 ×（1 − 佣金率）

$$含佣价=\frac{净价}{1-佣金率}$$

具体到某一种价格术语：

FOB 含佣价 = FOB 净价 ÷（1 − 佣金率）

CFR 含佣价 = CFR 净价 ÷（1 − 佣金率）

CIF 含佣价 = CIF 净价 ÷（1 − 佣金率）

例： 某出口公司对外报价某商品每公吨 2 000 美元 CIF 纽约，外商要求 4% 佣金。在保持我方净收入不变情况下，应该报含佣价为：

$$\text{CIFC}4\% = \frac{\text{CIF 净价}}{1-4\%} = \frac{2\ 000}{1-4\%} = 2\ 083.33（美元）$$

（三）佣金的支付

佣金的支付要按中间商提供服务的性质和内容而定，有以下做法：

1. 出口企业收到全部货款后将佣金另行支付给中间商或代理商

这种做法有利于合同的圆满履行。因为中间商为了取得佣金，不仅会尽力促成交易，还会负责联系、督促实际买主履约，协助解决履约过程中可能发生的问题，使合同得以顺利履行。但为了避免中间商的误解，应在与其确立业务关系时就明确这种做法，并最好达成书面协议。

2. 中间商在付款时直接从货价中扣除佣金

即出口企业收到的是除去佣金后的价款。采用这种做法，应注意防止重复付佣。

3. 有的中间商要求出口企业在交易达成后就支付佣金

这种做法不能保证交易的顺利履行，因而一般不能接受。

我国出口业务中常用的是第一种方法，即收到全部货款后再另行支付佣金。可以在合同履行后逐笔支付，也可以与中间商或代理商签订协议，按月、按季、按半年甚至一年汇总支付。为了发挥佣金的作用，充分调动外商的积极性，应按约支付佣金，防止错付、漏付。

二、折扣

折扣是指卖方给予买方一定的价格减让，即在原价基础上给予适当的优惠。在我国对外贸易中，使用折扣主要是为了照顾老客户，确保销售渠道，扩大对外销售等目的。在实践业务中应根据具体情况，针对不同客户，灵活运用各种折扣方式，如为了扩大销售而使用数量折扣，为发展客户关系而使用特别折扣等。

（一）折扣的规定方法

折扣一般在合同的价格条款中明确规定（明扣），也有双方私下就折扣问题达成协议而不在合同中表示出来的（暗扣或回扣）。

折扣的表示方法：

1. 用百分比表示折扣比例

如：每公吨 1 000 美元 CIF 香港折扣 2%。

USD1 000 per metric ton CIF Hongkong including 2% discount.

或写成：

每公吨 1 000 美元 CIF 香港减 2% 折扣。

USD1 000 per metric ton CIF Hongkong less 2% discount .

2. 用绝对数表示折扣

如：每公吨折扣 10 美元。

（二）折扣的计算与支付

折扣通常是以成交额或发票金额为基础计算出来的。计算方法为：

单位货物折扣额 = 原价（或含折扣价）× 折扣率

卖方实际净收入 = 原价（含折扣价）- 折扣额

折扣一般可在买方支付货款时预先扣除。如是暗扣，在合同中并不表示出来，而按双方私下达成的协议，由卖方另行支付给买方。

第三节 对外报价核算与价格换算

一、我国进出口商品的作价原则

我国进出口商品的作价原则是：在贯彻平等互利的原则下，根据国际市场价格水平，结合国别（地区）政策，并按照我们的购销意图确定适当的价格。

国际贸易中的商品价格是受多种因素影响的，进出口作价除了应遵循上述基本的作价原则外，还应考虑下列因素：

（1）商品的质量和档次的高低；

（2）运输距离的远近；

（3）交货地点和交货条件（贸易术语）的采用；

（4）季节性需求的变化；

（5）成交数量的多少；

（6）支付条件和汇率变动的风险；

（7）国际市场价格变动的趋势。

此外，交货期的远近、市场销售习惯和消费者爱好的不同、产品所处生命周期的不同阶段，均对价格的确定有不同程度的影响。

二、对外报价核算

尽管价格的确定要遵循一定的原则，并考虑诸多的因素，但商品价格的确定主要取决于两大因素：成本和费用。这两个因素是价格构成的固定因素，在此基础上，出口商应确定一个合理的利润率，与成本、费用相加构成商品的成交价格。利润率的确定，就是按照以上定价原则和参考因素来确定的。

下面以出口报价为例，介绍出口成交价格的构成部分和报价公式。

（一）成本

对外贸企业而言，成本系指其从生产厂家进货的成本扣除出口退税后的实际采购成本。退税公式：

实际采购成本 = 出口商品购货成本（含增值税）- 出口退税收入

出口退税收入 = 出口商品购货成本（含增值税）÷（1 + 增值税率）× 退税率

对生产企业而言，此处的成本指其生产成本扣除出口退税（如符合出口退税的条件）后的实际成本。退税公式：

出口退税收入 = FOB 价格 × 银行外汇买入价格 × 退税率

资料卡：我国的增值税与出口退税

增值税是以商品生产流通和劳务服务各个环节的增值额为课税对象征收的一种流转税。为降低出口商品成本，增强我国商品在国际市场上的竞争力，我国于 1985 年起全面实行出口退税办法。出口退税是一个国家或地区对已报关离境的出口货物，由税务机关根据本国税法规定，将其在出口前生产和流通各环节已经缴纳的国内增值税或消费税等间接税税款，退还给出口企业的一项税收制度，其目的是使出口商品以不含税价格进入国际市场，避免对跨国流动物品重复征税，从而促进该国家和地区的对外出口贸易。出口退税机制作为一项财政激励机制，已被 WTO 诸多成员国广泛应用。

按我国相关规定，对外贸易经营者应按照备案登记的身份名称开展出口业务和申请出口退（免）税。个人（包括外国个人，下同）须注册登记为个体工商户、个人独资企业或合伙企业，方可申请出口退（免）税。凡具有生产出口产品能力的对外贸易经营者，其出口的货物按照现行生产企业出口货物实行“免抵退”税办法的规定办理出口退（免）税。对没有生产能力的对外贸易经营者，其出口的货物按现行外贸企业出口退税的规定办理出口退（免）税。对认定为增值税小规模纳税人的对外贸易经营者出口的货物，按现行小规模纳税人出口货物的规定，免征增值税、消费税。

（二）费用

费用是指出口商品所发生的一切国内、国外费用。

国内费用包括商品的加工整理费用、包装费用、保管费用（包括仓租、火险等）、国内运输费用（仓至码头、车站、空港、集装箱货运站、集装箱堆场）、装船费用（装船、起吊费和驳船费等）、认证费（包括商检费、公证费、领事签证费、产地证费、许可证费、报关单费等）、银行费用（贴现利息、手续费等）、预计损耗（耗损、短损、漏损、破损、变质等）、邮电费（电报、电传、邮件等费用）、经营管理费，等等，通常由各企业按进货成本的 5% ~10% 不等的定额费率自行核定。

国外费用指国外运费、国外保险费以及国外佣金三种费用。

（三）利润

利润部分通常是由企业自定利润率，可按以下三种方法计算。

1. 以生产成本或进货成本为基数

利润 = 生产成本（或进货成本）× 利润率

2. 以出口成本（生产成本或进货成本加国内费用）为基数

利润 = 出口成本 × 利润率

3. 以成交价格为基数

利润 = 成交价格 × 利润率

实践中，通常以成交价格为利润计算基数，由此可得出成交价格的计算公式：

出口成交价格 =（成本 + 费用）÷（1 – 利润率）

具体为以下核算公式：

FOB 价 =（退税后成本 + 国内出口费用）÷（1 – 预期利润率）

CFR 价 =（退税后成本 + 国内费用 + 国外运费）÷（1 – 预期利润率）

CIF 价 =（退税后成本 + 国内费用 + 国外运费）÷（1 – 投保加成 × 保险费率 – 预期利润率）

如对方为中间商，要求佣金，则公式为：

FOB 含佣价 =（退税后成本 + 国内费用）÷（1 – 预期利润率 – 佣金率）

三、成本核算

为了实现企业的经济效益，避免不计成本、不计盈亏、单纯追求成交量的偏向，应对每笔进出口交易进行成本核算。尤其是我们的出口业务，为了确保盈利，应该在对外成交前，依据所报价格将出口总成本、出口外汇净收入、出口人民币净收入等数据一一确定，进行盈亏核算。

出口总成本是指出口企业为出口商品支付的国内总成本，包括进货成本（或生产成本）和国内费用（出口前的一切费用和税金），但要扣除出口退税。

出口成本价格是指以出口总成本为基础计算出来的单位成本价格，它不涉及任何国外费用，是出口定价的基础。

出口外汇净收入是指出口外汇总收入中扣除劳务费用如运费、保险费、佣金等非贸易外汇后的外汇收入，即以 FOB 价成交所得的外汇收入。如以 CFR 或 CIF 术语成交，价格中去除国外运费、保险费后，为出口外汇净收入。以含佣价成交的，还要去除佣金。

出口人民币净收入是指出口外汇净收入按当时外汇牌价折算的人民币数额。

根据出口商品的这些数据，可以计算出出口商品盈亏率、出口换汇成本、外汇增值率等指标。

（一）出口换汇成本

出口换汇成本是指出口商品净收入一单位外汇所需的人民币成本。在我国，一般是指出口商品每净收入一美元所耗费的人民币成本，即用多少人民币换回一美元。其计算公式如下：

$$出口换汇成本=\frac{出口总成本(人民币)}{出口销售外汇净收入(美元)}$$

出口换汇成本是衡量外贸企业和进出口盈亏的重要指标，与外汇牌价相比较能直接反映出商品出口是否盈利。换汇成本如高于银行外汇牌价说明出口为亏损；换汇成本低于银行外汇牌价，则说明出口盈利。

（二）出口盈亏率

出口所得人民币净收入扣除出口总成本，即为出口盈亏额。出口盈亏率是指出口盈亏额与出口总成本的比例，用百分比表示。它是衡量出口盈亏程度的重要指标，其计算公式为：

$$出口盈亏率=\frac{出口盈亏额}{出口总成本}\times100\%=\frac{出口销售人民币净收入-出口总成本}{出口总成本}\times100\%$$

（三）出口创汇率

在实际定价时，必须以出口成交价为基础，认真核算出口换汇成本和出口盈亏率，在确保盈利的前提下达成交易，纠正不计成本、不算盈亏和不讲效益的做法。片面强调出口数量，不计成本，削价竞销，不仅自身效益下降甚至亏损，而且会使一些国家借此对我国出口产品采取限制措施，使我国失去了一些传统出口市场。

四、价格换算

在国际贸易中，不同的贸易术语表示的价格构成因素不同，如 FOB 价不包括从装运港至目的港的运费和保险费；CFR 价包括从装运港至目的港的运费但不包括保险费；CIF 价包括从装运港至目的港的正常运费和保险费，等等。当一方按某种贸易术语报价，而另一方要求按别的贸易术语报价，就涉及到价格的换算问题。作为外贸业务人员，一定要熟练掌握每种贸易术语代表的价格构成及不同价格的换算方法。

价格换算公式：

$$\begin{aligned}CIF价&=CFR价+国外保险费(I)\\&=FOB价+国外运费(F)+国外保险费(I)\\&=\frac{CFR价}{1-投保加成\times保险费率}\end{aligned}$$

例：我某公司出口货物 1 000 公吨，出口价格为每公吨 2 000 美元 CIF 纽约，现客户要求改报 FOB 上海价。已知该种货物每公吨出口运费为 150 美元，原报 CIF 价中，投保险别为一切险，保险费率为 1%，按 CIF 价的 110% 投保。求应报的 FOB 上海价。

$$\begin{aligned}FOB价&=CIF价\times(1-投保加成\times保险费率)-运费\\&=2\,000\times(1-110\%\times1\%)-150\\&=1\,828(美元)\end{aligned}$$

答：应报 FOB 上海价为每公吨 1 828 美元。

第四节 作价方法

作价方法是在掌握作价原则的前提下，在合同中规定价格的方法。国际贸易中的商品种类成千上万，行情变化各自不一，有的商品行情变化剧烈，从双方签约到履约，价格往往波动较大，而有的商品行情平稳，从订约到履约这段期限，商品价格少有变化。针对商品行情变化的不同特点，采用不同的作价方法，也是外贸人员必备的技能。

进出口商品的作价方法主要有以下几种：

一、固定价格

买卖双方明确约定成交价格，履约时按此价格结算货款。这是我国进出口贸易中最常见的作价方法，也是国际上常用的方法。

采用固定价格，买卖双方在协商一致的基础上明确规定货物的价格，一般是货物的单价，例如：

每公吨 300 美元 CIF 纽约。

USD300 per metric ton CIF New York.

这种定价，即双方履约时必须遵守的价格，即使在订约后市价发生重大变化，任何一方也不得擅自变更原定价格。有的合同甚至对此作出明确规定，例如：

合同成立后，不得提高（调整）价格。

No price increase (adjustment) shall be allowed after conclusion of this contract.

二、非固定价格

即一般业务上所说的"活价"，适用于行情频繁变动、价格涨落不定且交货期较长的合同，可以使买卖双方避免承担市价变动的风险。从我国进出口合同的实际做法看，主要有以下几种做法：

（一）具体价格待定（暂不固定价格）

即在价格条款中不规定出具体价格，而是规定定价时间和定价方法或只规定作价时间而不规定作价方法。例如："在装运月前 30 天参照当地及国际市场价格水平，协商确定价格"或"按提单日期的国际市场价格计算"。

（二）暂定价格

在合同中先订立一个初步价格，作为开立信用证和初步付款的依据，在双方确定最后价格后再进行清算。在我国出口业务中，有时在与信用可靠、业务关系密切的客户洽商大宗货物的远期交易时，也可以采用这种做法。如：

每件 150 港元 CIF 香港。

备注：上列价格为暂定价，于装运月份 15 天前由买卖双方另行协商确定价格。

（三）部分固定价格，部分非固定价格

为了照顾买卖双方的利益，解决在定价方法上可能存在的分歧，可以采用部分固定价格，部分非固定价格的方法。尤其是分期交货的合同，可以在订约时将交货期近的价格固定

下来，其余的在交货前一定期限内由双方议定价格。

三、价格调整条款

某些货物如成套设备、大型机械，从合同订立到履行完毕需要较长的时间，少则几个月，多则一年甚至几年。其中，货物价格可能要受到工资、原材料价格变动的影响。为了避免承受过大的价格风险，交易双方尤其是卖方往往要求在合同中订立价格调整条款（又称滑动价格）。价格调整条款的做法，是在合同中规定一个基础价格，交货时或交货前一定时间，按工资、原材料价格变动的指数作相应调整，以确定最后价格，在合同中一并订明调整价格的方法。

第五节　合同中的价格条款

一、价格条款的内容

合同中的价格条款包括单价和总值两部分。举例如下：

（一）净价

1. 单价：每箱0.70美元FOB天津

   总值：14 850美元

   Unit Price：at USD 0.70 Per box FOB Tianjin

   Total Value：USD 14 850（Say US Dollars Fourteen Thousand Eight Hundred And Fifty Only）

2. 单价：CIF哥本哈根每公吨97英镑

   总值：14 550英镑

   Unit Price：at GBP 97 per metric ton CIF Copenhagen

   Total Value：GBP 14 550（Say Pounds Sterling Fourteen Thousand Five Hundred And fifty Only）

（二）含佣价

单价：每公吨200美元CIFC2%伦敦

总值：100 000美元

Unit Price：at USD 200 per metric ton CIFC2% London

Total Value：USD 100 000（Say US Dollars One Hundred Thousand Only）

（三）含折扣价

单价：每件45英镑CIF汉堡折扣2%

总值：44 100英镑

Unit Price：at GBP 45 per piece CIF Hamburg less 2% discount

Total Value：GBP 44 100（Say Pounds Sterling Forty－four Thousand One Hundred Only）

二、规定价格条款时应注意的事项

（1）合理确定商品的单价，防止偏高或偏低。

（2）根据经济意图和实际情况，在权衡利弊的基础上选用适当的贸易术语。

（3）争取选择有利的计价货币，以免遭受币值变动带来的风险。如采用了对我方不利的计价货币，应争取订立外汇保值条款。

（4）灵活运用各种不同的作价办法，以避免价格变动的风险。

（5）参照国际贸易的习惯做法，注意佣金和折扣的运用。

（6）如果货物品质和数量约定有一定的机动幅度，则对机动部分的作价也应一并规定。

（7）如果包装材料和包装费用另行计算，对其计价方法也应一并规定。

（8）单价中涉及的计价数量单位、计价货币、装卸地名称等必须书写正确、清楚，以利合同的履行。

• 实务篇

一、出口成本核算

1. 出口某商品 1 000 件，每件 17.30 美元 CIF 纽约，总价为 17 300 美元，其中运费 2 160 美元，保险费 112 美元。进价每件人民币 117 元，共计 117 000 元（含增值税 17%），费用定额率为 10%，出口退税率 9%。当时银行美元买入价为 8.28 元。求该笔业务的出口换汇成本。

解：

出口换汇成本 = 出口总成本(人民币)/出口外汇净收入(美元)

= (进货成本 + 定额费用 − 出口退税收入)/FOB 出口外汇净收入

= [117 000 + (117 000 × 10%) − 117 000 ÷ (1 + 17%) × 9%]/(17 300 − 2 160 − 112)

= 119 700/15 028

= 7.965(人民币/美元)

答：该笔业务的出口换汇成本为 7.965 元人民币/美元。

2. 出口某商品 1 442 250 只，出口总价为 USD71 017 FOB 上海。商品进价为 ¥574 980（含增值税 17%），费用定额率为 6%，出口退税率 9%，当时银行美元买入价为 8.30 元人民币。求该笔业务出口盈亏率。

解：出口盈亏额 = 出口销售人民币净收入 − 出口总成本

= 71 017 × 8.30 − [574 980 × (1 + 6%) − 574 980 ÷ (1 + 17%) × 9%]

= 589 441.1 − 565 249.57 = 24 191.53(人民币)

出口盈亏率 = 出口盈亏额/出口总成本 × 100% = 24 191.53/565 249.57 × 100% = 4.28%

答：该笔业务出口盈亏率为 4.28%。

二、出口报价换算

某公司就某商品对外报价为每公吨2 000美元CIFC2%纽约，投保一切险加战争险，费率为1%。外商要求改报为CFR纽约价含4%佣金。在保持我方净收入不变的情况下，应报价多少?

解：应报价为：

CFRC4% = CFR净价/（1 - 4%）

CFR净价 = CIFC2% - 佣金 - 保险费

= CIFC2% ×（1 - 2% - 110% ×1%） = 1 938

CFRC4% = 1 938/（1 - 4%） = 2 018.75（美元）

答：在保持我方净收入不变的情况下，应报CFRC4%价为2 018.75美元。

（CIFC价的保险费计算通常以CIFC价格为基础，而非以CIF价为基础，两者相差甚微。）

第七章　合同中的支付条款

- 基础篇
- 实务篇

• 基础篇

在国际货物买卖中，按买卖合同支付货款是买方的基本义务，按时收取货款是卖方的主要权利。货款的收付直接影响到买卖双方的资金周转和融通，以及金融风险和费用的负担，所以这是关系到买、卖双方利益的问题。货款的结算主要涉及到支付工具、付款时间、付款地点及支付方式等问题。买卖双方应对此取得一致的意见，并在合同中作出明确的规定。

第一节　国际贸易中的支付工具

国际贸易货款的收付，采用现金结算的较少，绝大部分采用非现金结算，即使用代替现金作为流通手段和支付手段的信贷工具来结算国际间的债权债务。票据是国际通行的结算和信贷工具，是可以流通转让的债权凭证。

票据是出票人（发票人）依照票据法的规定而签发的、约定由自己或自己的委托人或受票人无条件支付一定金额货币的承诺或命令，具有以下特性：

1. 流通性

票据是一种特殊的债权凭证，可以凭交付或背书后交付再转让，无须再履行其他任何手续，也不必经票据的债务人同意，这是票据的流通性。

2. 无因性

为了保证票据的顺利流通，必须由票据的第二个特性即无因性加以保证。票据的无因性，是指票据的效力与作成票据的原因关系的效力完全分离，证券权利的存在与行使均不以作成票据的原因效力为要件。票据的债务人无义务了解票据的原因，只要验看票据是否真实合法。在票据无瑕疵或持票人不是显为恶意取得时，应无条件支付票面金额。

3. 文义性

由于票据的无因性，就决定了票据债务人只能根据票据的文字记载履行付款义务，即所谓文义性。

4. 要式性

鉴于票据的文义性，各国法律都非常强调票据的要式性。票据的要式性是指票据必须具备法定格式，才能有效。除票据法另有规定者外，不具备法定格式的，不发生票据效力。票据的法定格式表现为票据的法定必要记载内容，法定必要记载的内容不齐备，且为票据法所不允许者，不是票据。

国际贸易中使用的票据主要有汇票、本票和支票，其中以使用汇票为主。

一、汇票

（一）汇票的含义

根据我国于1995年5月10日公布的《中华人民共和国票据法》（自1996年1月1日施行）第十九条的规定，汇票（Bill of Exchange；Draft）是出票人签发的，委托付款人在见票时或者在指定日期无条件支付确定的金额给收款人或者持票人的票据。

按照各国广泛引用或参照的《英国票据法》的规定，汇票是一个人向另一个人签发的，要求见票时或者在将来的固定时间，或可以确定的时间，对某人或其指定的人或持票人支付一定的金额的无条件的书面支付命令。

（二）汇票的基本内容

汇票必须要式齐全，即应当具备必要的内容。各国的票据法内容的规定不同，我国《票据法》第二十二条规定，汇票必须记载下列事项：

（1）表明“汇票”的字样；（2）无条件支付的委托；（3）确定的金额；（4）付款人的名称；（5）收款人名称；（6）出票日期；（7）出票人签章。

汇票上未记载上述规定事项之一的，汇票无效。

在实际业务中，汇票通常尚需列明付款日期、付款地点和出票地点等内容。对此，我国《票据法》第二十三条也作了下述具体规定：“汇票上记载付款日期、付款地、出票地等事项的，应当清楚、明确。汇票上未记载付款日期的，为见票即付。汇票上未记载付款地的，付款人的营业场所、住所或者经常居住地为付款地。汇票上未记载出票地的，出票人的营业场所、住所或者经常居住地为出票地。”

除了上述必备项目外，汇票还可以有一些票据法允许的其他内容的记载，例如，利息和利率、付一不付二、禁止转让、免除作成拒绝证书、汇票编号、出票条款等。

（三）汇票的种类

汇票从不同的角度可以分为以下几种：

1. 以出票人为标准分类

（1）银行汇票（Banker's Draft）。银行汇票是指出票人和受票人都是银行的汇票。

（2）商业汇票（Commercial Draft）。商业汇票是指出票人是商号或个人的汇票。可参见图7－1。

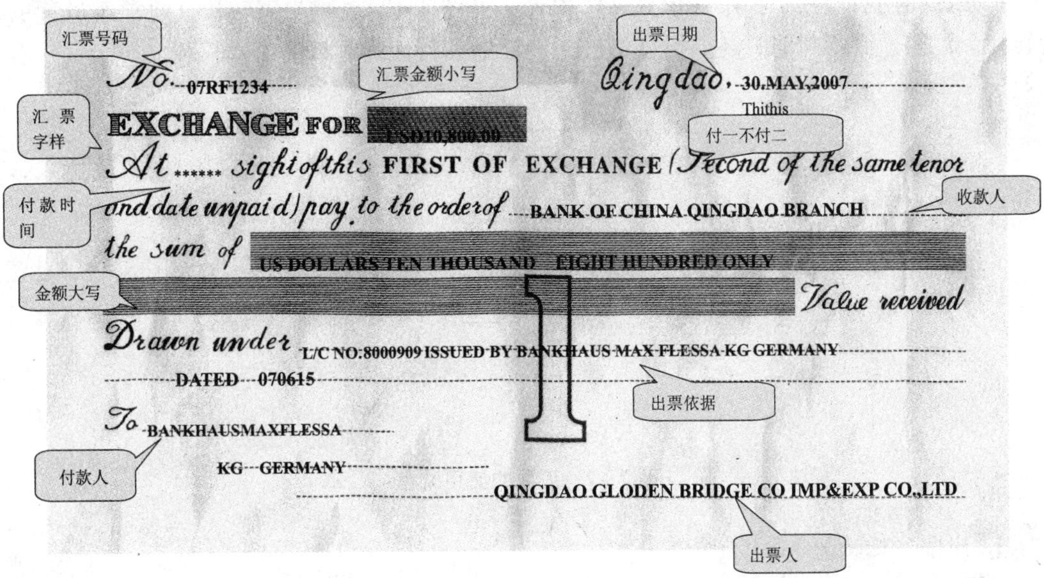

图7－1　商业汇票样本

2. 按照有无随附商业单据分类

（1）光票（Clean Bill）。光票是指不附带商业单据的汇票。银行汇票多是光票。光票的流通全靠出票人、付款人或出让人的信用。

（2）跟单汇票（Documentary Bill）。跟单汇票，又称押汇汇票，是指附带商业单据的汇票。跟单汇票体现了钱款与单据对流的原则，对进出口双方提供了一定的安全保证。因此，在国际货款结算中，大多采用跟单汇票作为结算工具。

3. 按照付款时间的不同分类

（1）即期汇票（Sight Draft）。即期汇票是指在提示或见票时立即付款的汇票。

（2）远期汇票（Time Bill or Usance Bill）。远期汇票是指在一定期限或特定日期付款的汇票。远期汇票的付款时间，有以下几种规定方法：

①见票后若干天付款（At × ×days after sight）；

②出票后若干天付款（At × ×days after date）；

③提单签发日后若干天付款（At × ×days after date of Bill of Lading）；

④指定日付款（Fixed date）。

4. 根据承兑人不同分类

（1）商业承兑汇票（Commercial Acceptance Draft）。商业承兑汇票是由工商企业或个人承兑的远期汇票，是建立在商业信用的基础上的。

（2）银行承兑汇票（Banker's Acceptance Draft）。银行承兑汇票是由银行承兑的远期汇票，通常由出口人签发，银行对汇票承兑后成为主债务人，而出票人为次债务人。所以银行承兑汇票是建立在银行信用的基础上的，便于在金融市场上进行流通。

一张汇票往往可以同时具备几种性质，例如，一张商业汇票同时可以是即期的跟单汇票，一张远期汇票同时又是银行承兑汇票。

（四）汇票的使用程序

汇票的使用有出票、提示、承兑、付款等（见图7－2）。如果需转让，通常经过背书行为转让。汇票遭到拒付时，还要设计做成拒绝证书和行使追索权的法律权利。

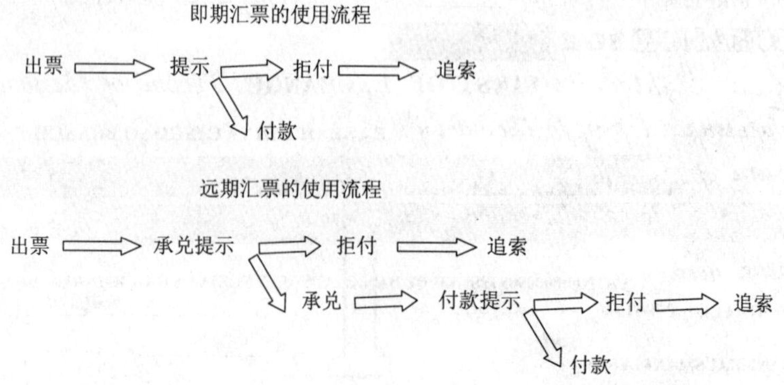

图7－2　汇票的使用流程

1. 出票（Issue）

出票是指出票人签发票据并将其交付给收款人的票据行为。出票包括两个动作：一是写成汇票，并在汇票上签字；二是将汇票交付给受款人。在出票时，对受款人通常有三种写法：

（1）限制性抬头。例如，“仅付甲公司”（Pay A Co. Only）或“付给××公司，不准流通”（Pay××Co. Not Negotiable）。这种抬头的汇票，不能流通转让，只能指名的公司有权收取货款。

（2）指示性抬头。例如，“付甲公司或指定人”（Pay××Co. Or Order 或 Pay to The Order of××Co.）。这种抬头的汇票，除公司可以收取票款外，也可以经过背书转让给第三者。

（3）来人抬头。英国《票据法》允许来人作为收款人，《日内瓦统一票据法》不允许来人作为收款人。收款人是必须注明的项目。来人抬头的汇票仅凭交付转让，不需要背书。按照我国《票据法》的规定，凡签发持票或来人抬头的汇票无效。例如，支付给来人（pay to bearer），支付给 ABC 公司或来人（Pay to ABC Co. or bearer）。

按照我国《票据法》，必须记载收款人名称。

出票人签发汇票后，即承担保证该汇票必然会被承兑和/或付款的责任，出票人在汇票得不到承兑或者付款时，应当向持票人清偿被拒绝付款的汇票金额和自到期日或提示付款日起至清偿日止的利息，以及取得拒绝证书和发出通知等的费用。

2. 提示（Presentation）

提示是指持票人将汇票提交付款人要求承兑或付款的行为。付款人见到汇票叫见票（Sight）。提示可以分成两种：

（1）承兑提示（Presentation for Acceptance）。承兑提示是指远期汇票的持票人向付款人出示汇票，要求付款人承诺付款的行为。

（2）付款提示（Presentation for Payment）。付款提示是指持票人向付款人提交汇票，要求付款的行为。

资料卡

远期汇票的提示承兑和即期汇票的提示付款均应在法定期限内进行。对此，各国票据法规定不一。按照我国《票据法》，即期和见票后定期付款汇票自出票后一个月；定日付款或出票后定期付款汇票应在到期日前向付款人提示承兑；已经承兑的远期汇票的提示付款时间是自到期日起 10 日内。

3. 承兑（Acceptance）

承兑是指汇票付款人承诺对远期汇票承担到期付款责任的行为。付款人在汇票正面写明“承兑”字样，注明承兑日期，并由付款人签字，交还持票人。付款人对汇票作出承兑，即成为承兑人。承兑人有在远期汇票到期时付款的责任。我国《票据法》规定：“付款人承兑汇票后，应当承担到期付款的责任。”因此，汇票一经承兑，付款人就成为汇票的承兑人，并成为汇票的主债务人，而出票人便成为汇票的从债务人（或称次债务人）。

4. 付款（Payment）

对即期汇票，在持票人提示汇票时，付款人即应付款；对远期汇票，付款人经过承兑后，在汇票到期日付款。付款后，汇票上的一切债权债务即告解除。

5. 背书（Endorsement）

在国际市场上，汇票又是一种流通工具（Negotiable Instrument），可以在票据市场上流通转让。背书是转让汇票权利的一种法定手续，就是由汇票持有人在汇票背面记载有关事项经签章，或再加上受让人的名字，并将汇票交受让人的行为。

资料卡：汇票的背书

汇票背书的方式有限制性背书、空白背书和特别背书三种。限制性背书即不可转让背书是指背书人对支付给被背书人的指示有限制性的词语，该汇票只能由指定的被背书人凭票取款，而不能再行转让流通。空白背书又称略式背书或不记名背书，是指背书人只在票据背面签名，不写明受让人。这种汇票凭交付转让。特别背书又称记名背书，是指背书人在票据背面签名以外，还写明被背书人的名称。按照我国《票据法》第 30 条的规定，背书必须记载被背书人名称，这就表明我国不允许对票据作不记名背书。

汇票可以经背书不断地转让下去，汇票的收款权利便经背书转移给受让人。对受让人来说，所有在他之前的背书人以及原出票人都是他的“前手”；而对出让人来说，所有在他让与以后的受让人都是他的“后手”，前手对后手负有担保汇票必然会被承兑或付款的责任。

在国际市场上，一张远期汇票的持有人如果想在付款人付款以前，取得票款，可以经过背书转让汇票，即将汇票进行贴现。贴现（Discount）是指远期汇票承兑以后，尚未到期，有银行或贴现公司从票面金额中扣除从转让日到汇票付款日止的利息后将余额付给持票人的行为。

6. 拒付（Dishonour）

持票人提示汇票要求承兑时遭到拒绝承兑，或持票人要求付款时，遭到拒绝付款，均称拒付，也称退票。

除了拒绝承兑和拒绝付款以外，付款人拒不见票，死亡或宣布破产，以致付款事实上已经不可能，也称拒付。

如汇票在合理时间内提示，遭到拒绝承兑，或在到期日提示，遭到拒绝付款，对持票人立即产生追索权，他有权向背书人和出票人追索票款。按照有些国家的法律，持票人为了行使追索权应及时作出拒绝证书（Protest）。所谓追索权（Right of Recourse）是指汇票遭到拒付，持票人对其前手（背书人、出票人）有请求其偿还汇票金额及费用的权利。拒绝证书是由付款地的法定公证人或其他依法有权作出证书的机构，如法院、银行、公会、邮局等，作出证明拒付事实的文件，是持票人凭以向其“前手”进行追索的法律依据。如拒付的汇票已经承兑，出票人可凭以向法院起诉，要求承兑汇票的承兑人付款。

按我国的《票据法》规定，持票人行使追索权时，应当提供被拒绝承兑或者被拒绝付款的有关证明。又规定，持票人提示承兑或提示付款被拒绝的，承兑人或付款人必须出具拒绝证明，或者出具退票理由书。否则，应当承担由此产生的民事责任，持票人可以依法取得其他有关证明。

此外，汇票的出票人或背书人为了避免承担被追索的责任，可在出票时或背书时加注“不受追索”字样。但是这种汇票在市场上难以流通。

二、本票

（一）本票的含义和主要内容

根据我国《票据法》第七十三条规定，本票（Promissory Note）是出票人签发的，承诺自己在见票时无条件支付确定的金额给收款人或持票人的票据。本法所称本票，是指银行本票。

按照我国《票据法》第七十六条规定，本票必须记载下列事项：

（1）表明“本票”的字样；

（2）无条件支付的承诺；

（3）确定的金额；

（4）收款人名称；

（5）出票日期；

（6）出票人签章。

本票上未记载规定事项之一的，本票无效。该法又规定：本票上未记载付款地的，出票人的营业场所为付款地；未记载出票地的，出票人的营业场所为出票地。

（二）本票的种类

本票可分为商业本票和银行本票。由工商企业或个人签发的称为商业本票或一般本票。由银行签发的称为银行本票。商业本票又可按照付款时间分为即期本票和远期本票两种。即期本票就是见票即付的本票；而远期本票则是承诺于未来某一规定的或可以确定的日期支付票款的本票。银行本票都是即期的。按我国《票据法》第七十九条规定，我国允许开立自出票日起，付款期限不超过2个月的银行本票。

根据我国《票据法》规定，银行本票仅限于由中国银行审定的银行或者其他金融机构签发。

三、支票

（一）支票的含义和主要内容

根据我国《票据法》第八十二条规定，支票（Cheque，Check）是出票人签发的，委托办理支票存款业务的银行或者其他金融机构在见票时无条件支付确定的金额给收款人或持票人的票据。

根据我国《票据法》第八十五条规定，支票必须记载下列事项：

（1）表明“支票”字样；

（2）无条件支付的委托；

（3）确定的金额；

（4）付款人名称；

（5）出票日期；

（6）出票人签章。

未记载上述规定事项之一的，支票无效。

我国《票据法》规定，出票人必须按照签发的支票金额承担保证向该持票人付款的责任。出票人在付款人处的存款足以支付支票金额时，付款人应当在当时足额付款。支票的出票人所签发的支票金额不得超过其付款时在付款人处实有的存款金额。出票人签发的支票金额超过其付款时在付款人处实有的存款金额，为空头支票。禁止空头支票。

知识窗：支票的种类

1. 现金支票与转账支票

按照我国《票据法》，支票可分为现金支票和转账支票两种，用以支取现金或是转账，均应在支票正面注明。现金支票只能用于支取现金；转账支票只能用于通过银行或其他金融机构转账结算。

2. 划线支票与未划线支票

在国际上，支票一般既可以支取现金，也可以通过银行转账，由持票人自主选择收款方式。但一经划线就只能通过银行转账，而不能直接支取现金。因此，就有"划线支票"和"未划线支票"之分。划线支票通常都在其左上角划上两条平行线。视需要，支票既可以由出票人，也可以由收款人或代收银行划线。对于未划线支票，收款人既可通过自己的往来银行代向付款银行收款，存入自己的账户，也可径自到付款银行提取现金。但如果是划线支票，或原是未划线支票，经自己加上划线后，收款人就只能通过往来银行代为收款入账。

按各国票据法，支票可由付款银行加"保付"字样并签字而成为保付支票。付款银行保付后就必须付款，支票经保付后身价提高，有利于流通。

（二）支票的使用

支票的使用有一定的效期，由于支票是代替现金的即期支付工具，所以效期较短。我国《票据法》规定，支票的持票人应当自出票日起10日内提示付款；异地使用的支票，其提示付款的期限由中国人民银行另行规定。超过提示付款期限的，付款人可以不给予付款；付款人不给予付款的，出票人仍应当对持票人承担票据责任。

第二节 汇付支付方式

一、汇付方式的含义及当事人

汇付（Remittance），又称汇款，指付款人主动通过银行或其他途径将款项汇交收款人。国际贸易货款的收付如采用汇付，一般是由买方按合同约定的条件（如收到单据或货物）和时间，将货款通过银行，汇交卖方。

在汇付业务中，通常有四个当事人：

（1）汇款人（Remitter），是指汇出款项的人，在进出口交易中，通常是指进口人。

（2）收款人（Payee；Beneficiary），是指收取款项的人，在进出口交易中，通常是出口人。

（3）汇出行（Remitting Bank），是指受汇款人的委托汇出款项的银行，通常是在进口地的银行。

（4）汇入行（Paying Bank），是指受汇出行的委托解付汇款的银行，因此，又称为解付行，在对外贸易中，通常是出口地的银行。

汇款人在委托汇出行办理汇款时，要出具汇款申请书，此项申请书在西方国家被称为是汇款人和汇出行之间的一种契约，汇出行一经接受申请就有义务按照汇款申请书的指示通知汇入行。汇出与汇入行之间，事先订有代理合同，在代理合同规定的范围内，汇入行对汇出行承担解付汇款的义务。

二、汇付的种类及其业务程序

根据不同的汇款方法，汇付方式有电汇、信汇和票汇三种。

（一）电汇（Telegraphic Transfer，T/T）

电汇是指汇出行应汇款人的申请，拍发加押电报或电传等电讯手段将电汇付款委托书给汇入行，指示解付一定金额给收款人的一种汇款方式。

汇出行在发出电文后，为了防止传递电文有误，通常还应立即以航空信件向汇入行寄发“电汇证实书”，供汇入行查对。

电汇的优点是交款迅速，其缺点是费用较高。

（二）信汇（Mail Transfer，M/T）

信汇是指汇出行应汇款人的申请，将信汇付款委托书寄给汇入行，授权解付一定的金额给收款人的一种汇款方式。

信汇方式的优点是费用较为低廉，但是收款人收到汇款的时间较迟。

（三）票汇（Remittance by Banker's Demand Draft，D/D）

票汇是指汇出行应汇款人的申请，代汇款人开立以其分行或代理行为解付行的银行即期汇票，支付一定金额给收款人的一种汇款方式。

票汇和电汇、信汇不同之处在于，票汇的汇入行无须通知收款人收款，而是由收款人持票登门取款，这种汇票除有限制转让和流通的规定外，经收款人背书，可以流通转让，而电汇和信汇（业务程序见图7-3）的收款人则不能将收款权转让。

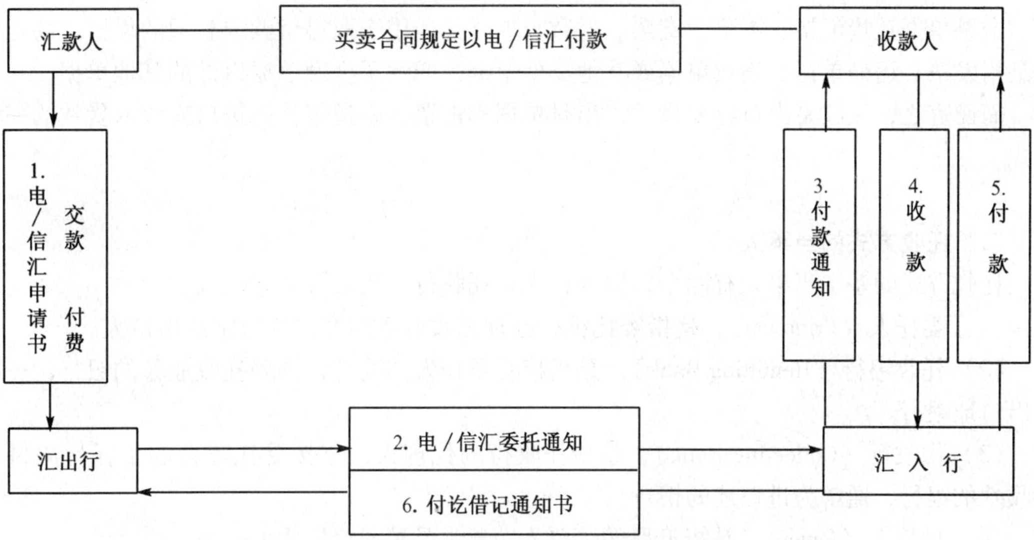

图7-3 电/信汇业务程序图

三、汇付方式的性质及其在国际贸易中的使用

在国际贸易中，使用汇付方式结算货款，银行只提供服务，因此，使用汇付方式完全取决于买卖双方的信任，卖方交货后或交出单据后，买方是否按时付款，则取决于买方的信用。拒此，汇付方式的性质属于商业信用。

汇付方式还可用于支付订金、分期付款、货款尾数以及佣金等费用的支付。

四、合同中的汇付条款

合同中的汇付条款，包括汇付方式、汇付时间等内容。

例1：买方应不晚于2007年12月10日将全部货款用电汇（信汇或票汇）方式预付给卖方。

The Buyers shall pay the total value to the Sellers in advance by T/T（M/T or D/D）not later than December 10，2007.

例2：买方同意在本合同签字之日起，一个月内将本合同总金额30%预付款，以电汇方式汇交卖方。

30% of the total contract value as advance payment shall be remitted by the Buyer to the Seller through telegraphic transfer within one month after signing this contract.

第三节　托收支付方式

一、托收的含义

按照《托收统一规则》（国际商会第522号出版物）第2条的规定，可对托收（Collection）作如下规定：托收是指由接到托收指示的银行根据所收到的指示处理金融单据和/或商业票据以便取得付款或承兑，或凭付款或承兑交出商业单据，或凭其他条款或条件交出单据。

金融单据是指汇票、本票、支票、付款收据或其他用于取得付款或款项的凭证。商业单据是指发票、运输单据、物权单据或其他类似单据，或除了金融单据以外的其他单据。

简而言之，托收是出口方发货后，出具单据和汇票，委托银行向进口方收取货款的一种方式。

二、托收方式的当事人

托收方式的基本当事人有四个，即委托人、托收行、代收行和付款人。

（1）委托人（Principal），是指委托银行办理托收业务的客户，通常是出口人。

（2）托收银行（Remitting Bank），是指接受委托人的委托，办理托收业务的银行，一般为出口地银行。

（3）代收行（Collecting Bank），是指托收行的代理人，是接受托收行的委托代向付款人收款的银行，通常为进口地的银行。

（4）付款人（Payer），是指汇票的受票人，通常是买卖合同中的买方。

托收业务中，有时还可能有以下当事人：

提示行（Presenting Bank）。提示行是指向付款人提示单据的银行。提示行可以是代收行委托与付款人有往来账户关系的银行，也可以由代收银行自己兼任提示银行。

需要时的代理（Principal's Representative in Case of Need），是委托人指定的在付款地代为照料货物存仓、转售、运回或改变交单条件等事宜的代理人。委托人如指定需要时的代理人，必须在托收委托书上写明此项代理的权限。如无此注明，银行将不受此需要时的代理的任何指示。

三、托收的种类

托收分为光票托收和跟单托收。光票托收是指金融票据不附有商业单据的托收，即仅把金融票据委托银行代为收款。跟单托收是指金融票据附有商业单据或不附有金融票据的商业单据的托收。国际贸易中货款的收取大多数采用的是跟单托收。在跟单托收情况下，根据交单条件的不同，又可以分为付款交单和承兑交单两种。

（一）付款交单

付款交单（Documents against Payment，D/P）是指出口人的交单是以进口人的付款为条件。即出口人发货以后，取得货运单据，委托银行办理托收，并在托收委托书中指示银行，只有在进口人付清货款后，才能把商业单据交给进口人。

按付款时间的不同，付款交单又可以分为即期付款交单和远期付款交单。

1. 即期付款交单

即期付款交单（Documents against Payment at Sight，D/P at Sight）是指出口人发货后开具即期汇票连同商业单据，通过银行向进口人提示，进口人见票后立即付款，进口人在付清货款后向银行领取商业单据。其业务程序见图 7－4 所示。

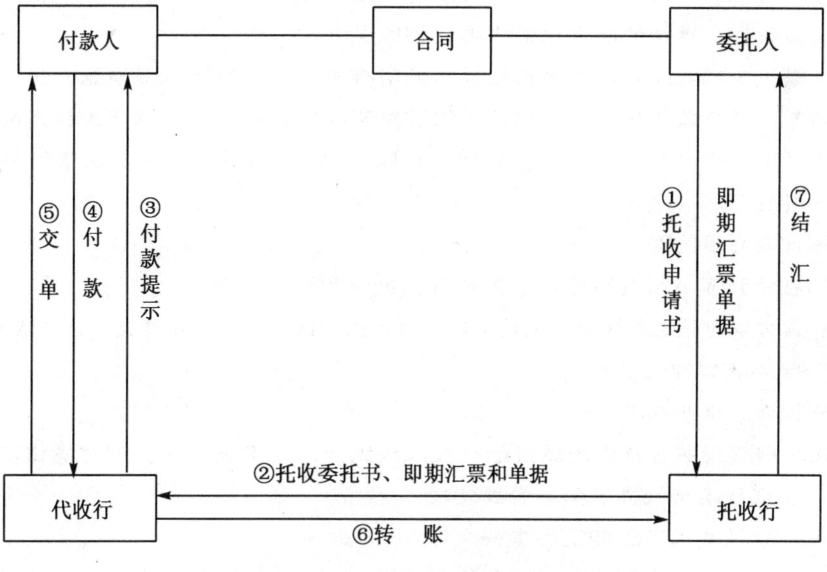

图 7－4　即期付款交单业务程序图

2. 远期付款交单

远期付款交单（Documents against Payment after Sight，D/P after Sight）是指出口人发货

后开具远期汇票连同商业单据，通过银行向进口人提示，进口人审核无误后即在汇票上进行承兑，于汇票到期时付清货款后再领取商业单据。

如果付款日期晚于到货日期，买方为了抓住有利行市，不失时机地转售货物，可以采取两种做法：一是在付款到期日之前提前付款赎单，扣除提前付款日至原付款到期日之间的利息，作为买方享受的一种提前付款的现金折扣；另一种做法，也是西方银行的通常业务，即代收行对于资信较好的进口人，允许进口人凭信托收据借取货运单据，先行提货。所谓信托收据（Trust Receipt），就是进口人借单时提供的一种书面信用担保文件，用来表示愿意以代收行受托人的身份代为提货、报关、存仓、保险、出售，并承认货物的所有权仍属于银行。货物出售以后所得的货款，应于汇票到期时交代收行。如果代收行在委托人授权范围之外自行向付款人提供信用便利，到期不能收到货款，则代收行应对委托人负全部责任。但如系出口人指示代收行借单，就由出口人主动授权银行凭信托收据借单给进口人，即所谓“远期付款交单凭信托收据借单”（D/P . T/R），那么进口人在承兑汇票后可以凭信托收据先行借单提货。日后如果进口人在汇票到期时拒付，则与银行无关，应由出口人自己承担风险。

资料卡：信托收据

信托作为一种转移与管理财产的制度来源于中世纪的英国，在美国及其他国家得以继受并发展。《美国统一商法典》对信托收据进行了规定。大批货物购买人为购买货物向银行或其他债权人获取资金，在签订借款合同的同时，以信托收据形式达成担保协议。依据信托收据，货物的所有权直接从厂家或卖方转移给银行或其他债权人，由他们作为所有权人再将货物交付给买方，买方对货物仅享有占有权，当银行或债权人的债权实现时，货物的所有权最终再转移给买方。

在我国，信托收据是客户将自己货物的所有权转让给银行以获取银行提供短期融资的确认书，持有该收据意味着银行对该货物享有所有权，客户仅作为银行的受托人代其处理货物（包括加工、转卖、存仓、代购保险、销售等），从而从银行获取短期融资的一项业务。

信托收据适用范围：

（1）在银行享有授信额度的客户所开出的信用证项下来单。

（2）卖方以付款交单托收方式的进口代收单据，但不适用于承兑交单进口代收单据。

（3）申办进口押汇。

信托收据的业务内容：

信托收据须指明客户作为银行的受托人代银行保管有关货物，同时保证：

（1）以银行名义代办货物存仓或处理。

（2）在银行要求下立即退回有关文件。

（3）以银行名义进行货物加工并在加工后重新存仓。

（4）安排出售货物，并立即或在规定期限内用销售收入归还全部银行垫款。

（二）承兑交单

承兑交单（Documents against Acceptance，D/A）是指出口人的交单以进口人在汇票上承兑为条件，即出口人在装运货物后出具远期汇票，连同商业单据，通过银行向进口人提示，进口人承兑汇票后，代收行即将商业单据交给进口人，在汇票到期时，方履行付款义务。承兑交单只使用于远期汇票的托收。由于承兑交单是进口人只要在汇票上办理承兑之后，即可取得商业单据，凭以提取货物。也就是说，出口人先交出商业单据，其收款的保障依赖进口人的信用，一旦进口人到期不付款，出口人便会遭到货物和货款全部落空的损失。因此，出口人对这种方式，一般采取很慎重的态度。其业务程序如图 7－5 所示。

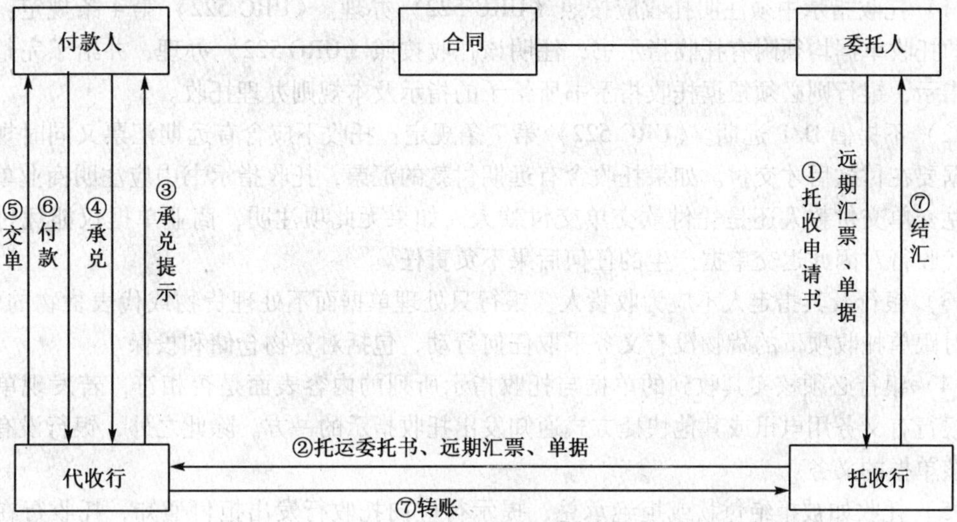

图 7－5　承兑交单业务程序图

四、托收的性质及利弊

托收的性质为商业信用。银行办理托收业务时，只是按委托人的指示办事，并无承担付款人必然付款的义务。如果进口人破产或丧失清偿债务的能力，出口人则可能收不回或晚收回货款。在进口人拒不付款赎单后，除非事先约定，银行没有义务代为保管货物。如果货物已经到达，还要发生在进口地办理提货、交纳进口关税、存仓、保险、转售以至被低价拍卖或运回国内的损失。在承兑交单条件下，进口人只要在汇票上办理承兑手续，即可取得商业单据，凭以提货；出口人收款的保障就是进口人的信用，一旦进口人到期不付款，出口人就会遭受货、款两空的损失。所以承兑交单比付款交单的风险更大。

跟单托收对出口人有一定的风险，但是对进口人却有利，他不但可免去申请开立信用证的手续，不必预付银行押金，减少费用支出，而且有利于资金融通和周转。由于托收对进口人有利，所以在出口业务中使用托收，有利于调动进口商采购货物的积极性，从而有利于促成交易和扩大出口，故很多出口商都把采用托收作为推销库存货和加强对外竞销的手段。

五、国际商会《托收统一规则》

为统一托收业务的做法，减少托收业务有关当事人可能产生的矛盾和纠纷，国际商会曾于1958年草拟，并于1967年作为国际商会第254号出版物公布了《商业单据托收统一规则》(Uniform Rules for Collection of Commercial Paper)。1978年国际商会在吸收了十多年实践经验的基础上，对该规则再次进行了修订，并改名为《托收统一规则》(Uniform Rules for Collection, Publication No. 322)(即国际商会第322号出版物)。进入20世纪90年代，国际贸易又发生了很大的发展和变化，国际商会对《托收统一规则》再一次进行修订，于1995年公布了新的修订本为国际商会第522号出版物(Uniform Rules for Collection, ICC Publication No. 522)，以下简称《URC522》，于1996年1月1日起实施。

《URC 522》包括7部分，共26条。主要内容及新增添内容介绍如下：

(1) 托收指示中须注明托收应按照《URC 522》办理。《URC 522》第4条规定：一切寄出的托收单据均须附有托收指示书，注明该托收按照《URC 522》办理，并给予完整且明确的指示，银行则必须根据托收指示书所给予的指示及本规则办理托收。

(2) 不提倡D/P远期。《URC 522》第7条规定：托收不应含有远期汇票又同时规定商业票据要在付款后才交付。如果托收含有远期付款的汇票，托收指示书中应注明商业单据是凭承兑交单交付款人还是凭付款交单交付款人。如果无此项注明，商业单据仅能凭付款交付，代收行对因此迟交单据产生的任何后果不负责任。

(3) 银行及其指定人不应为收货人，银行只处理单据而不处理货物或代表货物的合同。银行对跟单托收项下的货物没有义务采取任何行动，包括对货物仓储和投保。

(4) 银行必须核实其收到的单据与托收指示所列的内容表面是否相符，若发现单据缺少，银行有义务用电讯或其他快捷方式通知发出托收指示的一方。除此之外，银行没有进一步审核单据的义务。

(5) 托收如被拒绝付款或拒绝承兑，提示行应向托收行发出拒付通知，托收行在收到此项通知后，必须对单据如何处理给予相应的指示。提示行如在发生拒绝付款或拒绝承兑通知后60天内仍未收到此项指示，可将单据退回托收银行，不再负任何责任。

《托收统一规则》自公布实施以来，被各国银行所采用，已成为托收业务的国际惯例。

六、使用托收业务应注意的问题

为了加强对外竞销能力和扩大出口，在我国出口业务中，针对不同的产品、不同的贸易对象和不同的目标市场的贸易习惯，适当采用托收方式是必要的，但是由于托收方式纯属于商业信用，出口人需要承担较大的风险，因此，必须谨慎从事。为了确保收汇安全，应妥善掌握如下几点：

(1) 调查和考虑进口人的资信情况和经营作风，成交金额应妥善掌握，不宜超过其信用程度。

(2) 了解进口国家的贸易管制和外汇管理条例，以免货到目的地后，由于不准进口或收不到外汇而造成损失。

(3) 了解进口国的商业惯例，以免由于当地习惯做法影响安全迅速收汇。

(4) 出口合同应争取按CIF或CIP条件成交，由出口人办理货运保险，或投保出口信用保险。在不采用CIF或CIP条件时，应投保卖方利益险。

(5) 对托收方式的交易，要建立健全的管理制度，定期检查，及时催收清理，发现问题应迅速采取措施，以避免或减少可能发生的损失。

资料卡：卖方利益险

卖方利益险是海上货物运输保险业务中的一种特殊的独立险别，依照此种险别，在买方拒收时，保险人对被保险人卖方的利益承担责任，赔偿保险单载明承保险别的条款责任范围内的货物损失。中国人民保险公司将卖方利益险列入其海洋运输货物保险条款中，在办理此项业务时，按一切险和战争险承保，被保险人卖方在货运发票上注明投保"卖方利益险"，送保险公司加盖公章并填具日期，卖方缴纳保险费的费率按正常规定时保险费率的25%计收。

托收付款方式下买卖双方以FOB或CFR价格条件成交，当货物在运输途中发生损失而买方又拒付时，卖方就将处于极为被动的境地。特别是在FOB价格条件下，由于是买方租船订舱，卖方能否顺利和船公司接洽，船公司是否愿意听从卖方指令，使卖方的货物中途停运权得到有效行使都会成为问题，这些都极大增加了卖方的风险。所以在以FOB或CFR价格成交的情况下，为防范可能出现的货款两空风险，卖方亟须一种险别，使自己在买方拒收时的利益能够得到有效保障，而卖方利益险恰好适应了卖方的这一要求。

七、合同中的托收条款

合同中的托收条款内容包括付款时间、交单条件、承兑责任等内容。

例1：即期付款交单

买方应凭卖方开具的即期汇票于见票时立即付款，付款后交单。

After first presentation the Buyer shall pay against documentary draft by the Seller at sight . The shipping documents are to be delivered against payment only.

例2：远期付款交单（见票后定期付款）

买方应对卖方开具的见票后60天付款的跟单汇票，于提示时即予承兑，并应于汇票到期日即予付款，付款后交单。

The Buyers shall duly accept the documentary draft drawn by the Sellers at 60 days sight upon first presentation and make payment on its maturity. The shipping documents are to be delivered against payment only.

例3：远期付款交单（按提单日期定付款期）

买方应凭卖方开具的跟单汇票，于提单日后30天付款，付款后交单。

The Buyers shall pay against documentary draft drawn by the Sellers at 30 days after date of B/L. The shipping documents are to be delivered against payment only.

例4：远期付款交单（俟汇票出票日期定付款期）

买方应凭卖方开具的跟单汇票，于汇票出票日后45日付款，付款后交单。

The Buyers shall pay against documentary draft drawn by the Sellers at 45 days after date of draft. The shipping documents are to be delivered against payment only.

例5：承兑交单

买方对卖方开具的见票后60天付款的跟单汇票，于提示时应即承兑。并应于汇票到期日即予以付款，承兑后交单。

The Buyers shall duly accept the documentary draft drawn by the Sellers at 60 days sight upon first presentation and make payment on its maturity. The shipping documents are to be delivered against acceptance.

第四节 信用证支付方式

信用证（Letter of Credit，L/C）支付方式是随着国际贸易的发展，在银行与金融机构参与国际贸易结算的过程中逐步形成的。

一、信用证的含义

根据国际商会《跟单信用证统一惯例》的解释，信用证是指一项不可撤销的安排，无论其名称或描述如何，该项安排构成开证行对相符交单予以承付的确定的承诺。（Credit means any arrangement，however named or described，that is irrevocable and thereby constitutes a definite undertaking of the issuing bank to honour a complying presentation.）

二、信用证的当事人

信用证的当事人主要有：

（1）开证申请人（Applicant），系指要求开立信用证的一方。在实际业务中一般为进口商或实际买方。另外，《UCP500》和《UCP600》均规定，允许开证行以自己的名义开证。

（2）开证行（Opening Bank），指应申请人要求或代表自己开出信用证的银行，一般是进口地的银行。开证行和开证申请人之间的契约是开证申请书。进口商在申请开证时，应根据开证行的要求，交付押金及手续费；开证行应根据申请书条款，正确、及时地开出信用证。开证行不能以进口商拒绝赎单或无力付款而拒绝承担保证承付的责任。

（3）受益人（Beneficiary），指接受信用证并享受其利益的一方，即出口人。

（4）通知行（Advising Bank；Notifying Bank），是应开证行的要求通知信用证的银行。它只证明信用证的真实性，并不承担其他的责任。

第二通知行根据《UCP600》的规定：通知行可以通过另一银行向受益人通知信用证及其修改。第二通知行的责任是核实所收到的通知书的表面真实性及其准确性。另外，经由通知行或第二通知行通知信用证的银行必须经由同一银行通知其后的任何修改。

（5）议付行（Negotiating Bank），又称押汇银行、购票银行或贴现银行。系指愿意买入受益人的跟单汇票的银行。议付行可以是指定的银行，也可以是非指定的银行，由信用证的条款来决定。在信用证业务中，议付行通常又是以受益人的指定人和汇票的善意持有人的身份出现。因此，它对作为出票人的受益人的付款有追索权。

（6）付款行（Paying Bank；Drawee Bank）。付款行是开证行授权进行信用证项下付款或承兑并支付受益人出具的汇票的银行。付款行通常是汇票的受票人，故亦称受票行。付款行如同一般汇票受票人，一经付款，既使事后发现有误，对受款人也无追索权。

（7）偿付行（Reimbursing Bank）。信用证的偿付行又称信用证的清算银行，是指受开证行的指示或授权，对有关代付银行的索偿予以照付的银行。偿付不视作开证行终局性的付款，因为偿付行并不审查单据，不负单证不符之责。开证行在见单后发现单证不符时，可直接向寄单的议付行、代付行追回业已付讫的款项。

（8）保兑行（Confirming Bank）。系指根据开证行的是授权或要求对信用证加具保兑的银行。它具有与开证行相同的责任地位。保兑是指保兑行在开证行承诺之外作出的承付或议付相符交单的确定承诺。（Confirmation means a definite undertaking of the confirming bank, in addition to that of the issuing bank, to honour or negotiate a complying presentation.）保兑行在信用证上加具保兑以后，即对受益人独立负责，承担对相符单据必须付款或议付的责任。一旦付款没有追索权。

三、信用证的一般收付程序

信用证的收付程序随信用证的类型不同，其具体的做法有所差异，但就其基本流程而言，大体要经过申请、开证、通知、议付、索偿、付款、赎单等环节。现以最为常见的即期不可撤销跟单议付信用证为例，简要说明其收付程序，以及各个环节的具体内容。

（一）订立合同

进出口双方经过交易磋商签订合同，规定支付方式为信用证，一般还应规定开证行、信用证的类型、金额、到期日、信用证开立并送达卖方的时间等。

（二）申请开证

进口人向当地银行提出申请，填写开证申请书，依照合同填写各项规定和要求，并交押金或提供其他担保，请银行（开证行）开证。

开证人填写申请书时，应严格履行买卖合同的买方义务，申请书所列的内容不能与合同规定的条款相矛盾，其表述还要符合《跟单信用证统一惯例》的规定。并应本着既完整、明确，又简单、适用的原则，不要把与信用证无关的内容和合同中过多的细节写进信用证。

（三）开证

开证行根据申请书内容，向出口人（受益人）开出信用证，并寄交出口人当地的分行或代理行（统称通知行）。

信用证的开立形式有信开本（Open by Airmail）和电开本（Open by Telecommunication）两种。前者是开证行通过航空邮寄信用证正本给通知行；后者是指开证行通过电报或电传或通过SWIFT等电讯方法将加注密押的信用证通知受益人当地的代理行。电开本又分为以下几种：（1）简电本。开证行只是通知已经开证，将信用证的主要内容预先通告通知行，详细条款将另航寄通知行。简电本在法律上是无效的，不足以作为交单承付或议付的依据，必须注明“详情后告”或类似用语，或声明以邮寄确认书为有效信用证或修改的文本。（2）全电本。全电开证本身是一个内容完整的信用证，因此是交单承付或议付的依据。（3）SWIFT信用证。SWIFT是“全球银行金融电讯协会”的简称，于1973年在比利时布鲁塞尔成立。该组织设有自动化的国际金融电讯网，该协会的成员银行可以通过电讯网办理信用证业务以及外汇买卖、证券交易、托收。通过 SWIFT 开立或通知的信用证称为 SWIFT 信用证（见表 7-1），具有标准化、固定化和统一格式的特性，且传递速度快捷，成本也较低。

表 7-1　　SWIFT 信用证样本

BASIC HEADER F 01 BKCHCNBJA5XX 9109 069905

APPL. HEADERO 700 1332990223 SMITJPJSAXXX 4956 850438 0102231232 N

+ SUMITOMO BANK LTD OSAKA JAPAN

（BANK NO：2632001）　+ OSAKA, JAPAN

USER HEADER　　BANK. PRIORITY 113：

MSG USER REF. 108：G/FO-7752807

：MT：700 ——— ISSUE OF A DOCUMENTARY CREDIT ———

SEQUENCE OF TOTAL　：27：1/1

FORM OF DOCUMENTARY CREDIT　：40A：IRREVOCABLE

DOCUMENTARY CREDIT NUMBER　：20：G/FO-7752807

DATE OF ISSUE　：31C：010223

DATE AND PLACE OF EXPIRY　：31D：010610QINGDAO CHINA

APPLICANT：50：TOSHU CORPORATION OSALM
12-26, KYUTARO-MACHI 4-CHOME
CHUO-KU, OSAKA 561-8317 JAPAN

BENIFICIARY　：59：DONGYUE KNITWEARS AND HOMETEXTILES
IMPORT AND EXPORT CORPORATION
197 ZHONGHUA ROAD QINGDAO, CHINA

CURRENCY CODE, AMOUNT　：32B：USD201780, 00

AVAILABLE WITH ... BY ...　：41D：ANY BANK
BY NEGOTIATION

DRAFTS AT...　：42C：AT SIGHT

DRAWEE　：42D：THE SUMITOMO BANK, LTD. OSAKA

PARTIAL SHIPMENT　：43P：ALLOWED

TRANSSHIPMENT　：43T：PROHIBITED

LOADING/DISPTCH/TAKING/FROM　：44A：QINGDAO

FOR TRANSPORTATION TO...　：44B：YOKOHAMA

LATEST DATE OF SHIPMENT　：44C：010531

DESCRPT OF GOODS/SERVICES　：45A：

CIF YOKOHAMA

MEN'S SHIRT (CONTRACT NO. 01JA7031KL)

ST/ NO. Q'TYUNIT PRICE

71-80067, 200PCS USD 1.43/PC

71-80148, 000PCS USD 1.46/PC

71-80227, 600PCS USD 1.29/PC

DOCUMENTS REQUIRED　：46A：

1. COMMERCIAL INVOICE IN QUINTUPLICATE

2. FULL SET LESS ONE ORIGINAL CLEAN ON BOARD OCEAN BILL OF LADING
MARKED FREIGHT PREPAID MADE OUT TO ORDER OF THE SHIPPER BLANK
ENDORSED NOTIFY APPLICANT

3. PACKING LIST IN 3 COPIES

4. G. S. P CERTIFICATE OF ORIGIN FORM A IN 3 COPIES

5. INSURANCE POLICY OR CERTIFICATE IN DUPLICATE ENDORSED IN BLANK WITH CLAIM PAYABLE IN JAPAN IN THE CURRENCY OF THE DRAFT COVERING 110 PERCENT OF INVOICE VALUE INCLUDING INSTITUTE WAR CLAUSES INSTITUTE CARGO CLAUSES (ALL RISKS) INSTITUTE S. R. C. C. CLAUSES

6. BENEFICIARY'S CERTIFICATE STATING THAT ONE SET OF ORIGINAL SHIPPING DOCUMENTS INCLUDING CERTIFICATE OF ORIGIN FORM A HAS BEEN SENT DIRECTLY TO THE APPLICANT (ATTN. OSALM SECTION) WITHIN 2 DAYS AFTER SHIPMENT BY AIR COURIER.

ADDITIONAL CONDITIONS：47A：

THIS CREDIT IS SUBJECT TO UNIFORM CUSTOMS AND PRACTICE FOR DOCUMENTARY CREDITS (1993 REVISION) I. C. C. PUBLICATION NO 500. T. T. REIMBURSEMENT：UNACCEPTABLE

(1) THE GOODS SHOULD BE CONTAINERIZED.

(2) A COPY OF CABLE ADVISING SHIPPING DETAILS FAX TO THE ACCOUNTEE WITHIN 2DAYS AFTER SHIPMENT.

(3) CLEAN ON BOARD COMBINED TRANSPORT B/L OF ITOCHU EXPRESS CO., LTD IS ACCEPTABLE.

CHARGES：　71B：ALL BANKING CHARGES AND COMMISSIONS INCLUDING REIMBURSEMENT COMM. OUTSIDE JAPAN ARE FOR A/C OF BENEFICIARY.

PERIOD FOR PRESENTATIONS　：48：D OCUMENTS TO BE PRESENTED WITHIN 10 DAYS AFTER THE DATE OF SHIPMENT BUT WITHIN THE VALIDITY OF THE CREDIT.

CONFIRMATION INSTRUCTION　：49：WITHOUT

INSTRUCTION TO BANK　：78：

TO NEGOTIATING BANK：

ALL SHIPPING DOCUMENTS TO BE SENT DIRECT TO THE OPENING OFFICE BY REGISTERED AIRMAIL IN ONE LOT

UPON RECEIPT OF THE DRAFTS AND DOCUMENTS IN ORDER, WE WILL REMIT THE PROCEEDS TO YOUR ACCOUNT WITH THE BANK DESIGNATED BY YOU.

TRAILER

MAC：51EF556F CHK：D3A3A848E00C

（四）通知

通知行核对印签与密押无误后，将信用证交给受益人。如果收到的信用证是以通知行为收件人的，则通知行应以自己的通知书格式照录信用证全文通知受益人。

按《UCP600》第7条规定：信用证可经另一银行（通知行）通知受益人，而该通知行毋需承担责任，但如该行愿意通知，则应合理审慎地鉴别通知的信用证的表面真实性。如该行不愿通知，则必须毫不延迟地告知开证行；如通知行无法鉴别信用证的表面真实性，它必须毫不延迟地通知开证行它无法鉴别；如通知行仍决定通知受益人，则必须告知受益人它未能鉴别该证的真实性。

（五）审证、交单、议付

受益人收到经通知行转来的信用证后，对照合同条款审核信用证。如果发现信用证中的条款有差错，表述不清等不能接受或者无法照办的内容时，均应通知开证申请人，请求修改信用证。信用证修改通知书的传递方式与信用证相同。

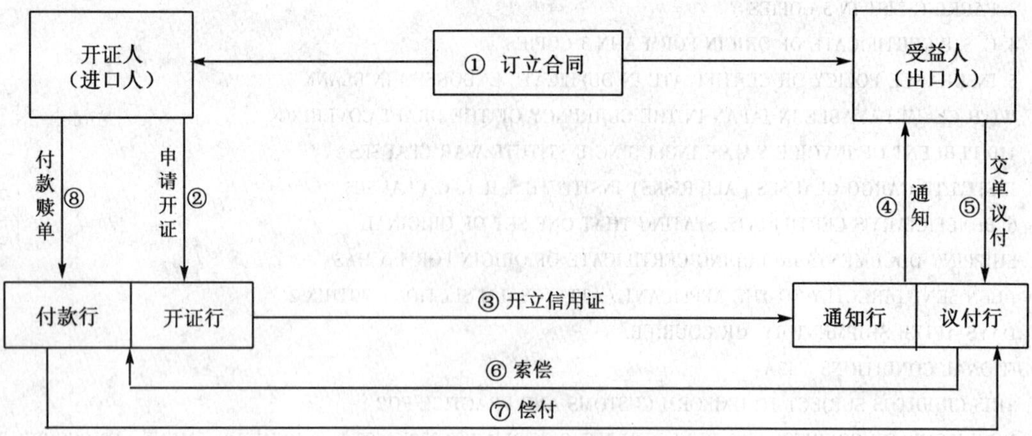

图7-6　即期不可撤销跟单议付信用证收付程序示意图

受益人收到信用证审核无误，或需修改的收到修改通知书后，按信用证规定装运货物，并备齐各项货运单据，开立汇票连同信用证（如经过修改还有修改通知书）在信用证有效期内，递交当地银行（议付行）议付。

根据《UCP600》的解释："议付是指指定银行在相符交单下，在其应获偿付的银行工作日当天或之前向受益人预付或同意预付款项，从而购买汇票（其付款人为指定银行以外的其他银行）及/或单据的行为。"（Negotiation means the purchase by the nominated bank of drafts (drawn on a bank other than the nominated bank）and/or documents under a complying presentation by advancing or agreeing to advance funds to the beneficiary on or before the bank day on which reimbursement is due to the nominated bank）议付也是一种汇票的贴现行为，在我国习惯上称为"买单"。议付行办理议付后成为汇票的善意持有人，如遇开证行拒付，有向其前手出票人进行追索的权利。

（六）索偿

索偿就是议付行办理完议付后，根据信用证规定，凭单向开证行或其指定的银行请求偿付的行为。其具体做法是：由议付行按信用证要求将单据连同汇票和索偿证明（证明单据符合信用证规定）分次以航邮寄给开证行或其指定的付款行。

（七）偿付

偿付是指开证行或被指定的付款行或偿付行向议付行进行付款的行为。如果发现单据与信用证规定不符，可以拒付，但应在收到单据的次日起5个银行营业日内通知议付行表示拒绝接受单据。

（八）付款赎单

开证行履行完偿付责任后，应向开证申请人提示单据，开证申请人审核单据无误后，办理付款手续。

四、信用证的内容

信用证虽然尚无统一格式，但其基本的内容大致相同，主要包括以下几个方面：

（1）关于信用证本身的说明。如信用证的种类、性质、编号到期日和到期地点、交单期限等。

（2）信用证的当事人。开证行、开证申请人、受益人、通知行等。此外有的信用证还指定付款行、偿付行、承兑行、议付行等。

（3）对货物的要求。货物的名称、品种、规格、数量、包装、价格、金额等。

（4）对运输的要求。装运的最迟日期、起运地和目的地、运输方式、可否分批装运、可否转运等。

（5）对单据的要求。单据主要分为三类：①货物单据（以发票为中心，包括装箱单、重量单、产地证、商检证明书等）；②运输单据（如提单，这是代表货物所有权的凭证）；③保险凭证（保险单或保险凭证）。除上述三种单据以外，还有可能提出其他单证，如寄样证明、装船通知电报副本等。

（6）特殊要求。视具体交易的需要而异。常见的有要求通知行加保兑；限制由某银行议付；限制某船或不许装某船等。

（7）开证行对受益人及汇票持有人保证付款的责任条款，根据国际商会《跟单信用证统一惯例》开立的文句，开证行签字和密押等。

五、信用证支付方式的特点与作用

（一）信用证支付的特点

根据《跟单信用证统一惯例》，即国际商会第600号出版物（简称《UCP600》）规定，信用证支付方式有以下三个特点：

1. 信用证是一种银行信用

信用证支付方式是一种银行信用，由开证行以自己的信用作出承付的保证。在信用证付款条件下，开证行对信用证负首要的即第一性的付款责任。按《UCP600》第7条规定，在规定的单据符合信用证条款的情况下，开证银行自己或授权另一银行向受益人或其指定人进行承付受益人开立的汇票，或授权另一银行议付。因而，信用证开证行的付款责任，不仅是首要的而且是独立的，即使进口人在开证后失去偿付能力，只要出口人提交的单据符合信用证条款，开证行也要负责承付。

2. 信用证是一种自足文件

信用证的开立是以买卖合同为依据，但信用证一经开出，就成为独立于买卖合同以外的另一种契约，不受合同的约束。《UCP600》第4条规定："就其性质而言，信用证与可能作为其开立基础的销售合同或其他合同是相互独立的交易。即使信用证中含有对此类合同的任何援引，银行也与该合同无关，且不受其约束。"该条又进一步指出："银行关于承付、议付或履行信用证下其他义务的承诺，不受申请人基于其与开证行或与受益人之间的关系而产生的任何请求或抗辩的影响。"《UCP600》第4条进一步指出："开证行应劝阻申请人试图将基础合同、形式发票等文件作为信用证组成部分的做法。"

3. 信用证是一种纯单据买卖

在信用证方式下，实行的是凭单付款的原则。《UCP600》规定："银行处理的是单据，而不是单据可能涉及的货物、服务或履约行为。"所以，信用证业务是一种纯粹的单据业务。在信用证业务中，只要受益人或其指定人提交的单据符合信用证规定，开证行就应当承担付款或承兑并支付的责任。反之，单据与信用证规定不符，银行有权拒绝付款。但应指出，按《UCP600》规定，银行虽有义务“合理小心地审核一切单据”，但这种审核，只是用以确定单据表面是否符合信用证条款，开证银行只根据表面上符合信用证条款的单据付款。因此，“银行对任何单据的形式、完整性、准确性、真实性以及伪造或法律效力，或单据上规定的或附加的一般和/或特殊条件，概不负责”。所以在信用证条件下，实行所谓“严格符合原则”。“严格符合原则”不仅要做到“单证一致”，即受益人提交的单据表面上与信用证规定的条款一致，还要做到“单单不得互不一致”，即受益人提交的各种单据之间表面上不得互不一致。《UCP600》即使在单据之间也不要求等同，而仅要求不得矛盾，从而体现了审单标准宽松化的倾向。

（二）信用证的作用

采用信用证支付方式，给进、出口双方以及银行都带来一定的好处。信用证在国际贸易结算中的作用，主要表现在以下几方面：

1. 对出口商的作用

（1）保证出口商凭单取得货款。信用证支付的原则是单证严格相符，出口商交货后提交的单据，只要做到与信用证规定相符，银行就保证支付货款。在信用证支付方式下，因为是银行承担付款责任，且银行信用比商业信用可靠，所以信用证支付为出口商收取货款提供了较为安全的保证。

（2）可以取得资金融通。出口商在交货前，可凭进口商开来的信用证作抵押，向出口地的银行借取打包贷款（Packing Credit），用以收购、加工、生产出口货物和打包装船；或出口商在收到信用证后，按规定办理货物出运，并提交汇票和信用证规定的各种单据，叙作押汇取得贷款。这是出口地银行对出口商提供的资金融通，从而有利于资金周转，扩大出口。

2. 对进口商的作用

（1）确保取得出口商履行买卖合同的证据。进口商填写开证申请书的任务，就是有效地将买卖合同条款转化为对出口商（受益人）提交单据的要求，因此，进口商申请开证时，可以通过控制信用证条款来约束出口商缴获的时间，交货的品质和数量等，以保证进口商按时、按质、按量收到货物。

（2）提供资金融通。对进口人来说，申请开证时只需交纳少量押金，有些国家的银行对信誉良好的开证人还可免收押金。大部分或全部货款，俟单据到达后再行支付，这就减少了资金占用。如为远期信用证，还可以开立信托收据凭以向开证行借单先行提货出售或使用，到期再向开证行付款，这样就为进口商提供了资金融通。

3. 对银行的作用

开证行接受进口商的开证申请，即承担开立信用证和付款的责任，它贷出的只是信用而不是资金。所以进口商在申请开证时要向银行提交一定的押金或担保品，为银行利用资金提供了便利。此外，在信用证业务中，银行每一项服务均可取得各种收益，如开证费、通知费、议付费、保兑费、修改费等各项费用。此外，通过信用证业务，还可以带动其他开户往来，保险仓储等业务，为银行增加收益。

六、信用证的种类

信用证可根据其性质、期限、流通方式等特点，分为以下几种：

（一）跟单信用证和光票信用证

以信用证项下的汇票是否附有货运单据划分，信用证可分为跟单信用证和光票信用证。

1. 跟单信用证（Documentary L/C）

跟单信用证是指凭跟单汇票或仅凭规定的单据付款的信用证。单据是指代表货物或证明货物已经交付的单据，即货运单据（Shipping Documents）。依照《UCP600》，跟单信用证的范围包括备用信用证，在备用信用证项下的“单据”泛指任何信用证规定所提供的用以记录或证明某一事实的书面文件。

2. 光票信用证（Clean Credit）

光票信用证是指开证行仅凭受益人开具的汇票或简单的收据而无需附带货运单据付款的信用证。

在国际贸易中，使用的信用证大部分是跟单信用证，在使用信用证方式预付货款时，通常是用光票信用证。

（二）不可撤销信用证

不可撤销信用证（Irrevocable L/C）是指信用证一经开出，在有效期内，未经受益人及有关当事人的同意，开证行不得片面修改和撤销的信用证。只要受益人提交的单据符合信用证的规定，开证行必须履行付款义务。这种信用证对受益人较有保障，在国际贸易中使用较为广泛。《UCP600》第 3 条规定：“信用证是不可撤销的，即使未如此表明”。在《UCP600》中没有可撤销信用证的概念。

（三）保兑信用证和不保兑信用证

按其是否有另一家银行负责保证兑付，可分为保兑信用证和不保兑信用证两种。

1. 保兑信用证（Confirmed L/C）

保兑信用证是指开证行开出的信用证，由另一家银行保证对符合信用证条款规定的单据履行付款义务。对信用证加保兑的银行叫作保兑行（Confirming Bank）。按《UCP600》规定，信用证一经保兑，即构成保兑行在开证行以外的一项确定承诺。保兑行与开证行一样承担付款责任，并对受益人以独立的“本人”身份对受益人独立负责，并对受益人负首先付款责任。保兑行对受益人或其他前手无追索权。

保兑信用证不仅有开证行不可撤销的付款保证，而且还有保兑行的兑付保证。两者的付款人都是负第一性的付款责任，所以这种有双重保证的信用证对出口人最有利。保兑行通常是通知行，有时也可以是出口地的其他银行或第三国银行。保兑的手续一般是由保兑行在信用证上加列保兑文句。如果开证行授权或要求一银行对信用证加具保兑，而其并不准备照办，则其必须毫不延误的通知开证行，并可通知此信用证而不加保兑。

2. 不保兑信用证（Unconfirmed L/C）

不保兑信用证是指开证行开出的信用证没有经另一家银行保兑。当开证行资信好和成交金额不大时，一般都使用这种不保兑的信用证。

（四）即期付款信用证、延期付款信用证、承兑及议付信用证

《UCP600》第 6 条 b 款规定：“信用证必须规定其是以即期付款、延期付款、承兑或议付的方式兑用。信用证必须规定可在其处兑用的银行，或是否可在任一银行兑用。规定在指定银行兑用的信用证也可以在开证行兑用。”（A credit must state whether it is available by sight payment, deferred payment, acceptance or negotiation. A credit must state the bank with which it is available or whether it is available with any bank. A credit available with a nominated bank is also available with the issuing bank.)

1. 即期付款信用证（Sight Payment L/C）

即期付款信用证是指开证行或付款行收到符合信用证条款的汇票和单据后，立即履行付款义务的信用证，也即兑现方式是即期付款方式的信用证。即期付款信用证一般不要求受益人开立汇票，以避免印花税。如开证行本身是付款行，开证行应保证履行即期付款的承诺；如由通知行或第三银行任付款行，开证行应保证该款的即期照付。付款行一经付款，对受益人均无追索权。

2. 延期付款信用证（Deferred Payment L/C）

延期付款信用证是远期信用证的一种，是指开证行在信用证上规定货物装船后若干天付款或受益人交单后若干天付款的信用证。这类信用证不要求受益人开具汇票，所以出口商不能利用贴现市场资金，只能自行垫款或向银行借款。

3. 承兑信用证（Acceptance L/C）

承兑信用证是指付款行在收到符合信用证规定的远期汇票和单据时，先在汇票上履行承兑手续，俟汇票到期日再行付款的信用证。按《UCP600》的规定，开立信用证时不应以申请人作为汇票的付款人，承兑信用证的汇票付款人可以是开证行或其他指定的银行，不论由谁承兑，开证行均负责该汇票的承兑及到期付款。这种信用证又称为银行承兑信用证（Banker's Acceptance L/C）。承兑信用证一般适用于远期付款的交易。

4. 议付信用证（Negotiation L/C）

议付是指议付行对汇票和（或）单据付出代价，只审单据不支付对价，不能构成议付。议付信用证按是否限定议付银行分为公开议付信用证和限制议付信用证。

（1）公开议付信用证（Open Negotiation L/C）。又称自由议付信用证（Freely Negotiation L/C），是开证行对愿意办理议付的任何银行作公开议付邀请和普遍的付款承诺的信用证。即任何银行均可按信用证条款自由议付的信用证。

（2）限制议付信用证（Restricted Negotiation L/C）。是指开证行指定某一银行或开证行本身自己进行议付的信用证。

议付和付款的主要区别是：议付银行在议付后如由于单据与信用证条款不符的原因而不能向开证行收回款项时，还可以向受益人追索；而付款银行（以及开证行、保兑银行）一经付款，即丧失对受益人的追索权。

（五）即期信用证和远期信用证

根据付款时间的不同，信用证又分为即期信用证和远期信用证。

1. 即期信用证（Sight L/C）

即期信用证是指开证行或付款行在收到符合信用证条款的跟单汇票或装运单据后，立即履行付款义务的信用证。这种信用证的特点是出口人收汇迅速、安全，有利于资金周转。在即期信用证中，有时还加列电汇索偿条款（T/T Reimbursement Clause）。这是开证行允许议付行用电报或电传通知开证行或指定银行，说明各种单据与信用证要求相符，开证行或指定付款银行接到电报或电传通知后，有义务立即用电汇将货款拨交议付行。付款后如发现收到的单据与信用证规定不符，开证行或付款行有对议付行行使追索的权利。这是因为此项付款是在未审单的情况下进行的。

2. 远期信用证（Usance L/C）

远期信用证是指开证行或付款行收到符合信用证条款的单据时，在规定期限内履行付款义务的信用证。远期信用证主要包括承兑信用证、延期付款信用证和远期议付信用证。其主要作用是便利进口人资金融通。

3. 假远期信用证（Usance L/C Payable at Sight）

假远期信用证的特点是：信用证规定受益人开立远期汇票，由付款行负责贴现，并规定一切利息和费用由进口人负担。由于这种信用证的贴现费用由进口人负担，因此，又称为"买方远期信用证"。

进口商开立假远期信用证的原因主要有：

（1）可以利用贴现市场或银行的资金，以较低的贴现息来融通资金，减轻费用负担，降低进口成本，以解决资金周转不足的问题。利用假远期信用证，可以套用付款行的资金。

（2）可以摆脱某些进口国外汇管制法令期内的限制。

（六）可转让信用证和不可转让信用证

根据受益人对信用证的权利可否转让，分为可转让信用证和不可转让信用证。

1. 可转让信用证（Transferable Credit）

可转让信用证是指受益人（第一受益人）有权将信用证的全部或部分金额转让给第三者，即第二受益人使用的信用证。按《UCP600》第38条规定，特别注明"可转让"的信用证方能转让。可转让信用证只能转让一次。但允许第二受益人将信用证重新转让给第一受益人。如果信用证不禁止分批装运，在总和不超过信用证金额的前提下，可分别按若干部分办理转让，该项转让的总和，将被认为只构成信用证的一次转让。信用证只能按原证规定条款办理转让，但信用证的金额、规定的任何单价、截止日、单期限或最迟发运日或发运期间等项可以减少或缩短。保险比例可以增加，以达到原证或本惯例规定的保险金额。信用证申请人可以变动。但是信用证的转让并不等于买卖合同的转让，如第二受益人不能按时交货或单据有问题，第一受益人仍要负买卖合同上卖方责任。

2. 不可转让信用证（Non-transferable Credit）

不可转让信用证是指受益人不能将信用证的权利转让给他人使用的信用证。凡信用证中未注明"可转让"者，就是不可转让信用证。

（七）背对背信用证（Back to Back Credit）

背对背信用证，又称为转开信用证、从属信用证或桥式信用证，是指原证的受益人要求原证的通知行或其他银行以原证为基础和担保，另开立的一张内容相似的新信用证。背对背信用证的受益人可以是国外的，也可以是国内的（当地信用证 Local Credit），背对背信用证的开证行只能根据不可撤销信用证来开立。

背对背信用证的开立通常是中间商转售他人货物，从中牟利，或两国不能直接办理进出口贸易时，通过第三者以此种方法来沟通贸易。背对背信用证的装运期、到期日、金额和单价等可较原证规定提前或减少，但是货物的质量、数量必须与原证一致。其与可转让信用证的比较见表7-2。

表 7－2　背对背信用证和可转让信用证比较

背对背信用证	可转让信用证
1. 背对背信用证的开立，并非原始信用证申请人和开证行的意旨，而是受益人的意旨，申请人和开证行与背对背信用证无关	1. 可转让信用证的开立是申请人的意旨，开证行同意，并在信用证加列“transferable”字样
2. 凭着原始信用证开立背对背信用证，两证同时存在	2. 可转让信用证的全部或部分权利转让出去，该证就失去那部分金额之存在
3. 背对背信用证的第二受益人得不到原始信用证的付款保证	3. 可转让信用证的第二受益人可以得到开证行的付款保证
4. 开立背对背信用证的银行就是该证的开证行	4. 转让行按照第一受益人的指示开立变更条款的新的可转让信用证，通知第二受益人，该转让行地位不变，仍然是转让行

（八）循环信用证（Revolving Credit）

循环信用证是指信用证被全部或部分使用后，其金额又恢复到原金额，可再次使用，直至达到规定的次数或规定的总金额为止。

循环信用证又分为按时间循环和按金额循环信用证。

1. 按时间循环信用证

按时间循环的信用证是受益人在一定时间内可以多次支取信用证规定的金额。

2. 按金额循环信用证

按金额循环的信用证是信用证金额议付后，仍恢复到原金额可再次使用，直至用完规定的总金额为止。

在按金额循环的信用证条件下，恢复到原金额的具体做法有三种。

（1）自动循环（Automatic Revolving）。即每期用完一定的金额，不需要等待开证行的通知，即可自动恢复到原金额。

（2）非自动循环（Non-automatic Revolving）。即每次用完一定的金额后，必须等待开证行的通知到达，信用证才恢复到原金额继续使用。

（3）半自动循环（Semi-automatic Revolving）。即每次支款后若干天内，开证行未提出停止循环使用的通知，自第×天起即可自动恢复到原金额。

此外，循环信用证还有可以累积使用和不可累计使用两种做法。前者允许受益人在其一批货物因故未交时，在下一批补交，并可连同下一批可交货物一起议付。后者是指信用证未明确允许可累积使用，即不能累积使用。

循环信用证的优点在于：进口方可以不必多次开证从而节省开证费用，同时也可以简化出口方的审证、改证等手续，有利于合同的履行。

（九）对开信用证（Reciprocal Credit）

对开信用证是指信用证的开证申请人可以对方为受益人而开立的信用证。对开信用证的特点是第一张信用证的受益人（出口人）和开证申请人（进口人）就是第二张信用证的开证申请人和受益人，第一张信用证的通知行通常就是第二张信用证的开证行。两张信用证的金额相等或大体相等，两证可同时互开，也可以先后开立。对开信用证多用于易货贸易或来料加工贸易业务，交易的双方都担心对方凭第一张信用证出口或进口后，另外一方不履行进口或出口的义务，于是采用这种相互联系、互为条件的开证办法，彼此加以约束。

（十）预支信用证（Anticipatory L/C）

预支信用证是指开证行授权代付行（通常是通知行）向受益人预付信用证金额的全部或一部分，由开证行保证偿还并支付利息。由于预支款是提供受益人收购及包装货物所用的，所以这种信用证又叫打包放款信用证（Packing L/C）。预支信用证可分为全部预支或部分预支。预支信用证凭出口人的光票付款，也有要求附一份负责补交信用证规定单据及声明书的。如出口人以后不交单，开证行和代付行不承担责任。当货运单据交到后，付款行在付给剩余货款时，将扣除预交货款的利息。为了引人注目，这种预支货款的条款，常用红字，故习称为“红条款信用证”（Red Clause L/C）。但现今信用证的预支条款并非都用红字表示，可是效力都是相同的。

七、有关信用证业务的国际惯例

（一）《跟单信用证统一惯例》（《UCP600》）

自19世纪末开始使用信用证以来，跟单信用证已经成为国际贸易结算中一种通行的支付方式。为了减少因对信用证各方当事人的权利、义务以及信用证条款、所用术语、定义等的不同理解而引起的争端，调和各有关当事人之间的矛盾，国际商会于1930年拟订了一套《商业跟单信用证统一惯例》（Uniform Customs and Practice for Commercial Documentary Credit)，并于1922年正式公布，建议各国银行使用。以后随着国际贸易变化，国际商会先后于1951年、1962年、1974年、1983、1993年对该惯例进行修改，颁布了不同的版本。随着银行、运输、保险各行业的发展，自1994年开始生效适用的，《UCP500》已经不能完全满足和使用实际业务的需要，国际商会（ICC）于2003年正式成立新惯例起草工作小组并逐步展开统一惯例条款的修订工作。在2006年10月的会议上，各国国际商会国家委员会代表通过了《跟单信用证统一惯例》（2006年修订本，国际商会第600号出版物），其英文全称为Uniform Customs and Practices for Documentary Credits, 2006 Revision, ICC Publication No. 600（简称《UCP600》）。

《跟单信用证统一惯例》不是一个国际性的法律规章，但它已为各国银行普遍接受，成为一个国际惯例。在我国对外出口业务中，如采用信用证支付方式，国外来证绝大多数均加注：“除另有规定外，本证根据国际商会《跟单信用证统一惯例》（1993年修订）即国际商会500号出版物办理（Except so far as otherwise expressly stated, this credit is subject to Uniform Customs and Practice for Documentary Credit（1993 Revision）International Chamber of Commerce Publication No. 500.）”。

UCP600与UCP500的区别：

最新版本与《UCP500》相比，《UCP600》作了一些比较重要的变动，简介如下：

1. 结构上的改变

《UCP600》在结构上有一个重要变化，即在第二、第三两个条款集中归结了概念和某些词语和本惯例下的特定解释。把原本散落在各个条款中的解释定义归集在一起使全文变得清晰。从各关系方的定义来看，其责任和义务没有实质变化，但相比《UCP500》，《UCP600》

在个别用词上更加清晰和简洁，并补充了一些《UCP500》中未加以明确的定义。

《UCP600》在全文结构上的另一个变化是按照业务环节对条款进行了归结。简而言之，就是把通知、修改、审单、偿付、拒付等环节涉及的条款在原来《UCP500》的基础上分别集中，使得对某一个问题的规定更加明确和系统化。

2. 重要的新的定义

在《UCP600》的条款中，出现了两个十分重要的新定义。

（1）Honour（兑付，承付）。这个词概括了开证行、保兑行、指定行在信用证下除议付以外的一切与支付相关的行为。

（2）Complying Presentation（相符的交单）。在《UCP600》的条款中，专门规定了何为“相符交单”，强调要与信用证条款、适用的惯例条款以及国际银行标准实务相符合。

3. 重大改变

（1）议付的定义。《UCP600》对于议付的定义有别于《UCP500》，也与ICC关于“议付”的专门意见书有所不同。在新定义中，明确了议付是对票据以及单据的一种买入行为，并且明确是对受益人的融资——预付或者承诺预付。

（2）新增的融资许可。除了在议付的定义中明确了其预付性质以外，《UCP600》还明确了开证行对指定银行进行承兑、作出延期付款承诺的授权，同时包括允许指定银行提前买入的授权。这项规定旨在保护指定行在信用证下对受益人进行融资的行为。

（3）拒付后对单据的处理。在《UCP600》的条款中，细化了拒付电中对单据的处理的几种选择，其中包括一直以来极具争议的条款：“拒付后，如果开证行收到申请人放弃不符点的通知，则可以释放单据。”如果出口商出于各种考虑不愿意给予对方这种权利，可以在交单时明确表示此笔交单按照惯例中另一个选项来处理，即拒付后“单据按照交单人事先指示处理”，或者干脆要求进口商委托开立信用证时直接安排这一选项。

（4）单据处理的天数。关于开证行、保兑行、指定行在收到单据后的处理时间，在《UCP500》中规定是“合理时间，不超过收单翌日起第7个工作日”，而在《UCP600》中改为“最多为收单翌日起第5个工作日”。

（5）转让信用证。转让信用证最大的变化在于《UCP600》中明确了第二受益人的交单必须经过转让行。此条款主要是为了避免第二受益人直接交单给开证行，损害第一受益人的利益。

此外，《UCP600》相比，《UCP500》还有一个重要的条款改变，旨在保护没有过错的第二受益人。鉴于围绕转让信用证的争议很多，国际商会发布过一份专门针对转让信用证的指南，其中包括这样的规定；当第二受益人提交的单据与转让后的信用证一致，而因第一受益人换单导致单据与原证出现不符时，或者简单说单据不符仅由第一受益人造成时，转让行有权直接提交第二受益人的单据给开证行。这项规定保护了正当发货的制单的第二受益人利益，剥夺了不当作为的第一受益人赚取差价的权利。

4. 指示方责任

《UCP600》增加了指示方的责任。譬如，发票、运单、保单以外的单据，如果并未规定出具人和单据的内容，那么提交看上去满足所要求单据功能的单据即可。因此，指示方在给予开证行开证指示时，一定要注意措辞清晰，至少要明确自己需要的是什么层次的单据。

5. 其他方面

诸如单据的出具人身份等，在《UCP600》中也有不同程度上的变化。

（二）《关于审核跟单信用证项下单据的国际标准银行实务》（《ISBP》）

《UCP500》的施行，为世界各国开展信用证业务提供了最主要的依据，一旦经当事人选择使用，《UCP500》就具有法律约束力。但是，由于各国对《UCP500》的理解及各国银行审单标准的不统一，近年来有60%～70%的信用证在第一次交单时被认为存在不符点而遭到拒付，这一情况严重影响了国际贸易的发展，并导致了大量争议乃至诉讼的出现。

为解决这一问题，国际商会在意大利罗马召开的2002秋季年会上通过了《关于审核跟单信用证项下单据的国际标准银行实务》（International Standard Banking Pranctice for the Examination of Documents under Documentary Credits，以下简称《ISBP》）。其大部分内容是《UCP500》没有直接规定的，是对《UCP500》的补充，而非对它的修订。这套文件对于各国从业人员正确理解和使用《UCP500》统一和规范信用证单据的审核实务、减少不必要的争议有着重要的意义。

（三）《跟单信用证统一惯例关于电子交单的附则》（版本1.1）（《eUCP》）

随着电子商务的迅猛发展，电子信用证业务也应运而生。继以电子方式开立、通知信用证之后，电子单据、电子交单等建立在国际互联网技术平台之上的新业务也在一些国家出现。为保证电子信用证业务健康、有序发展，国际商会银行技术与实务委员会成立专门工作小组，起草了电子信用证业务方面的统一惯例——《跟单信用证统一惯例关于电子交单的附则》（简称《eUCP》）。

《eUCP》涵盖电子信用证业务中的电子交单部分，共有12个条款，涉及电子信用证业务中惯例的适用、电子交单格式、有关定义、交单、审单、拒付通知、正副本、出单日期、运输单据及银行免责条款等方面内容。

《eUCP》的起草和制定是建立在《UCP600》的基础之上，它不是对《UCP600》的修订或取代，而是补充与完善，旨在适用以单独电子记录方式或以电子记录与纸制文件混合方式提交单据的信用证业务。遵循《eUCP》开立的信用证同时接受《UCP600》的约束，即使在该信用证条款中未作这样明示。但在电子交单业务方面，若两个规则条文发生冲突时，eUCP享有优先权。

《eUCP》的制定填补了电子商务市场的空白，便利了国际贸易在电子商务时代的操作，无疑会对国际贸易的发展起到促进作用。

八、合同中的信用证条款

如采用信用证方式结算，一般应在货物买卖合同中就开证时间、开证银行、信用证的受益人、种类、金额、装运期、到期日等作出明确规定。

（一）开证时间

在信用证支付条件下，按时开立信用证，以便卖方有充分时间做备货、装运、制单等履约工作，是买方在货物买卖合同中的主要义务。如果买方未能及时开立信用证，卖方的交货义务势必不能顺利履行。因此，应在买卖合同中规定信用证的开证时间，以合同条款约束买方的按时开证。

在合同中规定开证时间，一般有以下订法：

(1) 在装运月份前若干天开到卖方。

(2) 不迟于某月某日开到卖方。

(3) 接卖方货已备齐的通知后某某天开证。

有时，为进一步强调买方的开证责任，合同中还规定买方不按时开证的后果，例如："如买方未能按时开立信用证，因此不能装运，卖方不负责任，而且有权取消合同并向买方提出索赔。"

(二) 开证银行

在信用证业务中，开证行的资信决定着信用证所代表的银行信用的安全性、可靠性。因此，在买卖合同中，一般应对开证银行的资信地位作必要的规定。如：信用证应"通过为卖方所接受的银行开立"。

(三) 信用证的受益人

一般情况下，规定"以卖方为受益人"。

(四) 信用证的种类

合同中应明确规定信用证的类别，如不可撤销的、即期或远期、是否可转让、是否需保兑、付款或议付或承兑等。

(五) 信用证金额

信用证金额是开证行承担付款责任的最高金额，应在合同中作出明确规定。一般规定为合同金额，若合同中有溢短装条款，应对信用证金额作相应的增加或在信用证金额前注明"约"数。

(六) 信用证的到期日与到期地点

信用证的到期日（Expiry Date)，习惯上称为信用证的有效期，是指开证银行承担即期付款、延期付款、承兑或议付责任的期限。受益人必须在规定的到期日之前向相关银行提交信用证规定的单据及/或汇票，逾期银行即不予受理。信用证的到期日一般规定为装运后一段时间，以便受益人有充足的时间制作单据。

规定信用证到期日的同时，还应规定到期地点，即在什么地方到期。为了便于掌握时间及时结汇，我国出口合同一般要求规定信用证在我国到期。

例 1：买方应通过为卖方所接受的银行于装运月份前 45 天开立并送达卖方不可撤销即期信用证，有效至装运月份后第 15 天在中国议付。

The Buyers shall open through a bank acceptable to the Sellers an Irrevocable Sight Letter of Credit to reach the Sellers 45 days before the month of shipment, valid for negotiation in China until the 15th days after the month of shipment.

例 2：买方应通过卖方所接受的银行于装运月份前 45 天开立并送达卖方不可撤销见票后 30 天付款的信用证，有效至装运月份后第 15 天在上海议付。

The Buyers shall open through a bank acceptable to the Sellers an Irrevocable Letter of Credit at 30 days sight to reach the Sellers 45 days before the month of shipment, valid for negotiation in Shanghai until the 15th days after the month of shipment.

第五节 银行保证书和备用信用证

在国际经济贸易交往中，交易双方往往缺乏了解和信任，当一方担心对方不履行合同义务，需要银行出具保证文件而又不便使用信用证方式时，往往要求对方通过银行开具银行保证书（Banker's Letter of Guarantee）或备用信用证。

一、银行保证书或银行保函

（一）银行保证书的含义和性质

保证书，又称保函，是银行、保险公司、担保公司或个人应申请人的请求，向第三方（受益人）开立的书面信用担保凭证。保证在申请人未能按双方协议履行其责任或义务时，由担保人代其履行一定金额、一定期限范围内的某种支付责任或经济赔偿责任。

在保函项下，按受益人在什么条件下才能取得保证人的偿付，通常可分为两种：

1. 见索即付保函（Demand Guarantees）

国际商会《见索即付保函统一规则》第 2 条规定：见索即付保函“是指任何保证、担保或其他付款承诺，是由银行、保险公司或其他组织或个人出具的，以书面形式表示在往来符合保函条款的索赔书或保函中规定的其他文件（诸如：工艺师或工程师出具的证明书、法院判决书或仲裁裁定书）时，承担付款责任的承诺文件”。据此，见索即付保证书的担保人承担的是第一性的、直接的付款责任。所以，这种保函又称无条件保函（Unconditional L/G）。

银行保函（Banker's Letter of Guarantee）是由银行开立的承担付款责任的一种担保凭证。银行根据保函的规定承担绝对付款责任。所以，银行保函大多数属于见索即付保函。

2. 有条件保函（Conditional L/G）

有条件保函是指保证人向受益人付款是有条件的，只有在符合保函规定的条件下，保证人才予付款。有条件保函的担保人承担的是第二性、附属的付款责任。

（二）银行保证书的当事人

银行保证书的基本当事人有三个：

1. 委托人（Principal）

委托人即申请人，是要求银行开立保证书的一方。在投标保证业务中的投标人；在履约保证书项下，如为出口保证书，是货物或劳务的提供者，如为进口保证书，则是价款的支付人；在还款保证书项下，一般为预付款或借贷款的受款人。

2. 受益人（Beneficiary）

受益人是指收到保证书并凭以向银行索赔的一方。

3. 担保人（Guarantee）

担保人，又称保证人，即保函的开立人。担保人根据委托人的申请并在委托人提供一定担保的条件下向受益人开具保证书。担保人在保函项下的责任，是“自收到索赔书和保函中规定的其他文件后，认为这些文件表面上与保函条款一致时，支付保函中规定数额的款项”。

银行保证书除了以上三个基本当事人以外，有时还可以有转递行、保兑行和转开行等当事人。

（三）银行保证书的内容

根据国际商会1992年公布的《见索即付保函统一规则》即国际商会第458号出版物（Uniform Rules for Demand Guarantees ICC Publication No. 458. 1992 Edition，简称《UDG458》）第3条规定，保函内容应清楚、准确，避免列入过多细节。其主要内容有：

1. 有关当事人

保函中应详列主要当事人，即委托人、受益人、担保人的名称和地址。保函通常是受开立机构当地的法律约束，所以，保证人的地址尤为重要。

2. 开立保函的依据

保函开立的依据是基础合同，但保函与其依据的合同或投标条件是两笔不同的交易，担保人的付款责任是独立的，不受基础合同的约束。

3. 担保金额和金额递减条款

担保金额是保函的核心，每份保函都必须明确规定一个确定的担保金额。担保人仅依据保函规定的金额向受益人负责，而且所负责任不超过保函所规定的金额。

保函中可以规定金额递减条款，保函的担保金额可随担保人为满足索赔金额的支付而相应减少，保函规定的最大担保金额全部支付完毕或减完之后，该保函即告失效。

4. 要求付款的条件

担保人在收到索赔书和保函中规定的其他文件（如工艺师或工程师出具的证明书、法院裁决书或仲裁裁定书）后，认为这些文件表面上与保函条款一致时，支付保函中规定的款项。担保人应享有合理的时间谨慎地审核这些文件，以确定它们是否表面上符合保函条款的要求。如果提交的文件表面上不符合保函条款要求时，或文件之间表面上不一致时，担保人可以拒收这些文件。

5. 保函失效日期或失效事件

保函中规定提交索赔书的失效时间应是一个日历日期（失效日），或是把保函中规定的表示保函失效的文件（失效事件）交给担保人之时，如果保函中既规定了失效日期，又规定了失效事件，则保函将在失效日期和失效事件两者中最早出现的日期开始失效。

（四）银行保证书的种类

银行保证书在实际业务中的使用范围很广，它不仅适用于货物的买卖，而且广泛适用于其他经济合作领域。银行保证书按其用途可分为投标保证书、履约保证书和还款保证书。

1. 投标保证书（Tender Guarantee）

投标保证书是银行或其他金融机构（保证人）应投标人（委托人）的申请向招标人（受益人）发出的保证书。保证投标人在开标前不中途撤销投标或片面修改投标条件；中标后不拒绝交付履约保证金。否则，银行负责赔偿招标人一定金额的损失。

2. 履约保证书（Performance Guarantee）

履约保证书是指保证人承诺，如果担保申请人不履行他与受益人之间订立的合同时，应由担保人在约定的金额限度内向受益人付款。如表7－3所示。

用于国际货物买卖中的履约保证书，又可分为进口保证书和出口保证书两种。

（1）进口履约保证书（Import Letter of Guarantee）。进口履约保证书是指银行（担保人）应进口人的申请开给出口人（受益人）的保证书。保证书规定，如果出口人按合同交货后，进口人未能按期付款，由银行负责偿还。这种履约保证书对出口人来说，是一种简便、及时和确定的保障。

（2）出口履约保证书（Export Letter of Guarantee）。出口履约保证书是指保证人应出口人的申请开给进口人的保证书。保证书规定，如出口人按合同未能按期交货，银行负责赔偿进口人的损失。

表 7-3　　　　履约保证金保函

履约保证金保函 Performance Security Form

To:（Name of Purchaser）

致：（买方名称）

WHEREAS（Name of the supplier）, hereinafter called "the Supplier", has undertaken to supply（description of Goods）in pursuance of Contract No. ________ dated ________ 20 ________, hereinafter called "the Contract".

根据20 ________ 年 ________ 月 ________ 日签署的 ________ 号合同（以下简称合同），（供方名称）已承诺提供 ________（货物名称）。

And Whereas it has been stipulated by you in the Contract the Supplier shall furnish you with a Bank Guarantee by a recognized Bank for the sum specified therein as security for compliance with the Supplier's performance obligations in accordance with the Contract.

按照你们所签署合同的规定，供方将向你们提交一份由认可的银行按合同规定的金额所开具的履约保证金保函，以保证供方严格按照合同履行自己的责任。

And whereas we have agreed to give the Supplier a Guarantee; therefore we hereby affirm that we are Guarantors and responsible to you, on behalf of the Supplier, up to a total of（Amount of the Guarantee in Words and Figures）and we undertake to pay you, upon your first written demand argument, any sum or sums as specified by you, within the limit of（Amount of Guarantee）as aforesaid, without your needing to prove or to show grounds or reasons for your demand or the sum specified therein.

鉴于我行已同意给供方开具履约保函，我们谨在此确认我行为担保行，并代表供方负责提供最高额为（保函金额数）的保证金。我们保证，在第一次收到你方说明供方违约要求赔偿的通知后，我行将毫无争议地，在不超过保函最高金额的范围内，立即向你方支付要求赔偿金额，而不需要你方陈述任何理由或原因。

This guarantee is valid until ________ day of ________, 20 ________.

本保函有效期至20 ______ 年 ______ 月 ______ 日止。

____

NAME OF GUARANTOR

（担保方名称）

By ________________________

Authorized Representative

Date: ________

日期：________

Address: ________

地址：________

3. 还款保证书（Repayment Guarantee）

还款保证书是指银行、保险公司或其他当事人，应合同一方当事人的申请，向合同另一方当事人开立的保证书。保证书规定，如申请人不履行他与受益人订立的合同义务，不将受益人预付、支付的款项退还或还款给受益人，银行则向受益人退还或支付款项。

还款保证书除在国际工程承包项目中使用外，也适用于货物进出口、劳务合作和技术贸易等业务。

除上述几种保函外，还可以根据功能和应用的不同，分为其他种类，如补偿贸易保函、融资租赁保函、借款保函、贸易项下的延期付款保函，等等。

（五）有关银行保证书的国际惯例

国际商会于1992年4月专门制定并颁布了《见索即偿保证书统一规则》（Uniform Rules for Demand Guarantees），即国际商会第458号出版物，简称《URDG458》。

二、备用信用证

备用信用证（Standby Letter of Credit），又称商业票据信用证、担保信用证，是指开证行根据开证申请人的请求对受益人开立的承诺承担某项义务的凭证。即开证行保证在开证申请人未能履行其应履行的义务时，受益人只要凭备用信用证的规定向开证行开具汇票（或不开汇票），并提交开证申请人未能履行义务的声明或证明文件，即可取得开证行的偿付。

备用信用证属于银行信用，开证行保证在开证申请人未履行其义务时，即由开证银行付款。因此，备用信用证对受益人来说是备用于开证申请人发生毁约时，取得补偿的一种方式。备用信用证是具有信用证形式和内容的银行保证书。

备用信用证是在有的国家不允许银行开立保证书的情况下产生的，并逐渐在世界范围内得到推广，广泛适用于招标投标、还款或履约保证、预付货款和赊销等业务中，成为国际经济合作业务中重要的支付方式。

（一）备用信用证与跟单信用证的区别

（1）在跟单信用证下，受益人只要履行信用证规定的条件，即可向开证银行要求付款。在备用信用证下，受益人只有在开证申请人未履行义务时，才能行使信用证规定的权利。

（2）跟单信用证一般只适用于货物的买卖；而备用信用证可适用于货物以外的多方面的交易。

（3）跟单信用证一般以符合信用证规定的代表货物的货运单据为付款依据；而备用信用证一般只凭受益人出具的说明开证申请人未能履约的证明文件，开证银行即保证付款。

（4）一般跟单信用证的开证行，由于有押金或货运单据作抵押，承担的风险较小；而备用信用证的开证行开证的主要依据是申请人的信用与履约能力，因而风险较大。

（二）有关备用信用证的国际惯例

国际商会在《跟单信用证统一惯例》1983年修订本中，首次明确规定该惯例的条文适用于备用信用证，即将备用信用证列入了信用证的范围。之后，在1993年修订本即《UCP600》中再次明确指出："跟单信用证统一惯例适用于在信用证正文中表明使用本统一惯例的所有跟单信用证（包括在其使用范围内的备用信用证）。"

随着备用信用证的使用越来越广泛，有关备用信用证的专门的国际惯例应运而生。1998

年，国际商会在美国国际银行法律与惯例学会起草的备用证惯例的基础上，组织专门小组反复讨论定稿，于4月6日批准通过《国际备用证惯例1998》，并于1999年1月1日正式生效，称为《ISP98》(国际商会第590号出版物)。

《ISP98》是在参照《UCP600》和《URDG458》的基础上根据备用信用证的特点制定的，它对常用的备用信用证，如履约备用信用证、预付备用信用证、投标备用信用证、融资备用证、保险备用证、商业备用证、直接付款备用证等都下了明确的定义；对许多《UCP600》中未加阐述或阐述不清或不完善的事项，如有关电子提示、电子签名以及其他的一些术语也下了定义；对修改的生效、索偿书的替代、违约声明书等作了具体规定；对在实务中容易混淆的概念进行了明确解释。它的实施，统一了各国银行与相关企业对备用信用证的操作，对推动备用信用证的广泛应用和发展起到重大的作用。

与《UCP600》相同，要使所开立的备用信用证适用于《ISP98》，必须在信用证文本中表明该证受《ISP98》约束。

第六节　支付方式的选用

如前所述，各种不同的支付方式，对进出口双方有利有弊。在实际业务中，应针对不同国家、不同客户、不同交易等具体情况合理地选择适用的支付方式，做到既能达成交易，又能维护企业的利益。

选择支付方式，首先应考虑客户信用。依法订立的货物买卖合同能否顺利履行，关键取决于客户的信用。因此，客户的信用状况就成为选择支付方式时应考虑的首要因素。对经过长期业务往来证明资信良好的客户，可以采用手续简单、费用较少的汇付、托收等支付方式，以及远期收款的方式。对资信不是很好或并不了解的客户，应对收款风险有充分的估计，要选择有信用保障的跟单信用证方式或预付货款方式。对远期收款方式的采用，应考虑利息因素。此外，选择支付方式还应考虑企业的经营意图、采用的贸易术语、提交的运输单据等因素。

在实践中，为了促成交易，既能做到加快资金周转速度，又能确保收付的安全，在同一笔交易中使用两种以上的结算方式结合使用是比较有效的做法。目前，常见的将不同结算方式结合使用有以下几种方法：

一、信用证与汇付相结合

信用证与汇付相结合是指部分用信用证，余额货款用汇付方式结算。例如，散装货物，90%货款用信用证结算，其余10%等货物运抵目的港后，按照检验后的实到数量确定余数金额以汇付支付。或者是以汇付方式支付预付款，其余货款以信用证支付。

二、信用证与托收相结合

这种方式是指不可撤销信用证和跟单托收结合使用。一般做法是，信用证规定出口人开立两张汇票，属于信用证部分的货款凭光票付款，而全套单据附在托收部分汇票项下，按即期或远期付款交单方式托收。在信用证中必须定明“在发票金额全部付清后才可交单”的条款，以保证安全。例如，××% 发票金额凭即期光票支付，其余××% 即期付款交单。100% 发票金额的全套货运单据随附于托收项下，于申请人付清发票全部金额后交单。若进口人不付清全部金额，货运单据由开证银行掌握，凭出口人指示处理。

三、汇付、托收和信用证三者相结合

在成套设备、大型机械和大型交通工具的交易中，由于成交金额大，制造周期长，检验手段复杂，交货条件严格，一般采用按工程进度或交货进度分若干期付清货款，即分期付款和延期付款的方式。此种付款一般采用汇付、托收和信用证相结合的方式。

（一）分期付款（Pay by Installments）

分期付款是指买方预交部分定金，其余货款根据所订购商品的制造进度或交货进度分若干期支付，在货物交付完毕时付清或基本付清。在买方付出定金前，卖方应向买方提供出口许可证的副本和银行开具的保证书和备用信用证，若卖方不履约，由银行保证负责退还定金、已付款项加上自付款日到退款日止的利息。分期付款实际上是一种即期现金交易。

（二）延期付款（Deferred Payment）

延期付款是指买方在预付一部分定金后，大部分货款在交货后一段相当长的时间内分期摊付。其做法是：买卖双方签合同后，买方一般要预付一小部分货款作为定金，有的合同还规定按工程进度和交货进度分期支付部分货款，但大部分货款是在交货后若干年内分期摊付，即采用远期信用证支付。延期支付的那部分货款实际上是一种赊销，等于是卖方给买方提供的商业贷款，因此买方应承担延期付款的利息。在延期付款的条件下，货物的所有权一般在交货时转移。

采用延期付款时，做法虽然与分期付款类似，但两者有所不同，主要区别是：

1. 货款清偿程度不同

采用分期付款，其货款是在交货时付清或基本付清；而采用延期付款时，大部分货款是在交货后一段相当长的时间内分期摊付。

2. 所有权转移时间不同

采用分期付款时，只要付清最后一笔货款，货物所有权即行转移；而采用延期付款时，货物所有权一般在交货时转移。

3. 支付利息费用不同

采用分期付款，买方没有利用卖方的资金，因而不存在利息问题；而采用延期付款时，由于买方利用卖方的资金，所以买方需向卖方支付利息。

• 实务篇

一、对信用证修改通知有效性的不同理解纠纷案

【案情】2012 年 1 月 10 日，开证行芝加哥 F 银行向通知行 A 银行开立了一笔金额为 15 783 美元的即期不可撤销信用证。该证装船期和有效期分别为 2 月 25 日和 3 月 8 日，受益人为 B 市某外贸公司，货物名称为铁钉。2 月 12 日，A 银行收到该信用证项下第一次修改，要求将装船期分别提前至2月15日和2月24日，并修改货物描述等内容。A银行立即与受益人联系，请求答复。受益人于2月19日向A银行发出书面确认，拒绝修改，A银行即向F行发出同样内容的电报。3月3日受益人交单，A银行经审核无误后议付单据，并按开证行要求寄单索汇。3月13日，A银行收到F银行电报，称该单据迟装并超过有效期，以此拒付并准备退单。经查，此笔单据的装船日为2月25日，交单日为3月3日，完全符合修改前信用证的要求。据此，A银行据理力争，反驳F银行提出的不符点。

此后，F银行又多次来电坚持上述不符点，并两次将单据退回A银行，但A银行毫不退让，又两次将单据重寄开证行。由于A银行有理有力的反驳，F银行最终于4月25日付款。

【评析】本案争议产生的原因在于：开证行与议付行对已经开证行修改过，但未经受益人同意的信用证条款约束力的认识不同。开证行认为按照其修改过的信用证条款来审核单据，存在不符点，因此拒付；议付行则认为信用证条款虽经开证行修改，但因未获得受益人同意，因此修改过的信用证不能对受益人构成约束，仍只能依照修改前的信用证条款来审核单据。

那么开证申请人、开证行单方面修改信用证能否产生法律效力呢？回答是否定的。

一方面，从信用证的开立与基础交易的基本关系看，信用证的开立是服务于基础交易的，信用证作为一种支付条件，它应当符合基础交易合同中所反映的进出口商的一致意见，除非进出口商就修改基础交易合同的支付条件达成协议，否则不能修改信用证条款。单方面的修改信用证条款即同于违反了基础交易中约定的支付条件，对另一方来说是没有约束力的。

另一方面，信用证是开证行对受益人作出的一份付款保证。尤其对于不可撤销信用证，如果申请人或者开证行能够随意修改，其对于受益人而言，这份保证也就失去了其保障付款的意义。因此《UCP600》第10条规定，“……未经开证行、保兑行（如有的话）及受益人同意，信用证即不得修改，也不得撤销……在受益人告知通知修改的银行其接受该修改之前，原信用证的条款对受益人仍然有效”。根据《UCP600》的规定，很显然，如果受益人不表示接受修改的信用证条款，那么仍只能依据原信用证条款来审核单据。

本案中，开证行的做法是不当的。由于受益人并没有同意修改的信用证条款，因此，开证行不能强加于人要求适用修改后的信用证条款。

二、托收方式下，卖方凭假单据骗取货款案

【案情】我某公司进口马口铁皮一批，D/P即期付款，卖方通过银行将单据寄来我方银行托收，我公司即向银行办妥付款赎单。事隔一个月之后，货物未到，于是我公司连续向对方发电征询情况，对方均未作答。最后通过有关方面了解，方知卖方所提供之单据系利用一家刚刚倒闭的船公司冒名伪造而成，而卖方在取得货款后也不知去向。

请问：对于这一损失，银行是否应负责任？该案例给我们的启示是什么？

【评析】根据国际商会《托收统一规则》（《URC522》）第2条规定：“银行必须核实所收到的单据在表面上与托收指示书所列是否一致，如发现任何单据有遗漏，应立即通知发出托收指示书的一方，除此之外，银行没有检验单据的义务。”这说明，在托收方式下，不论是托收行还是代收行对收到的单据的真伪均不负责审核。本案例中我方虽是向银行付款后取

得单据，但是银行对单据的真伪不负责任，故而银行对此损失是不负责任的。

我们在使用托收支付方式时，经常会考虑到其商业信用的性质。而讲到托收的商业信用性质时，我们往往首先会考虑到这意味着对于卖方能否取得货款取决于买方的信誉，这对卖方构成了风险。但是实际上托收支付方式的商业信用性质也会影响到买方利益，这正是由于银行对于单据不负有审核责任所导致的，因此托收方式对于给买方所带来的风险也是不容忽视的。这就是该案例给我们的启示。

三、利用汇付的商业信用性质诈骗案

【案情】我国某公司 2012 年向美国 MAY WELL 公司出口工艺品，FOB 青岛成交。该公司以前曾多次与其交往关系不错，但没有成交。第一笔成交客户坚持要以 T/T 付款，称这样节约费用对双方有利。考虑双方长时间交往，相互还算了解，于是我公司就答应了客户的要求，在装完货收到 B/L 后即传真给客户。客人很快将货款 USD11 000 汇给我方。第一单非常顺利。一个月后客户返单，并再次要求 T/T 付款，我方同意，事后三个月内连续四次返单，总值 FOB 青岛 USD44 000，目的港为墨西哥。但由于我方疏忽在发货后既没有及时追要货款，更没有采取任何措施. 使客户在没有正本 B/L 的情况下从船公司轻松提货。待 4 票货全部出运后再向客户索款已为时过晚，客户均以各种理由拖延，一会儿说资金紧张；一会儿说负责人不在；一会儿说马上付款；半年后客户人去楼空，传真、E-MAIL 不通，4 万多美元如石沉大海，白白损失。

请问：该案例给我们的教训和启示有哪些?

【评析】汇付是属于商业信用的支付方式，卖方的货款能否实现支付，完全依靠买方企业的信誉，因此出口商在签订该类合同时，必须对客户有十分可靠的了解，在没有搞清楚客户全部情况前一般不能贸然接受该类付款方式。上述案例经事后调查发现该美国公司是中东阿拉伯国家不法商人在美国开办的公司，他们不讲商业道德，根本没有什么资金保障，打一枪换一个地方，专门从事欺诈。因此我们必须提高警惕，尤其是对非欧美国家在美国经商的第三世界商人更要格外小心，防止上当受骗。

如果不得已采用汇付等商业信用的支付方式，我们也应该采取一些收款的保障措施。例如不接受买方租船或者指定船公司的贸易方式，以防止买方与船公司勾结，无单放货；发货之后确认收到货款再寄正本提单，以控制督促对方及时付款。该案例中我方接受 FOB 贸易方式，而且未能及时督促对方付款，给了对方要求船公司无单放货的可能和借口。

该案例还告诉我们不要因为客户一两次的及时付款就放松了警惕，大量的事实告诉我们，诸多的诈骗案都是从一两次正常付款先让你放松警惕开始的，然后以较大的订单吸引出口方一步步走向深渊。这值得我们警惕。

阅读资料

国际保理与出口信用保险

在出口业务中采用赊销和托收方式结算货款时，出口人均需承担较大的风险，出口人为了减少收汇风险，可以使用国际保理或出口信用保险。

一、国际保理

（一）国际保理的含义

国际保理（Factoring）的全称是国际保付代理业务，简称保理或出口保理。在我国又称为承购应收账款业务。它是指保理商从客户手中，购进通常以发票表示的对债务人的硬手账款，并负责信用销售控制、销售分账户管理和债权回收业务。因此，它既是一种可供选择的国际结算方式，又是一种短期的贸易融资方式。其特点是：集结算、管理、担保和融资为一体的综合售后服务业务。

（二）国际保理的具体做法

1. 国际单保理的做法

按照国际惯例，国际单保理的做法是：买卖双方经过谈判，决定采用保付代理结算方式时，由卖方向进口国的保付代理商申请资信调查，签定保付代理协议，并提交需要确定信用额度的进口商名单。进口保理商对进口商进行资信调查，确定有关信用额度。出口商在信用额度内发货，将有关发票和货运单据直接寄交进口商，并将发票副本送交进口保付代理。进口保理商负责应收账款的管理和催收，并提供100%的买方信用风险担保。进口商于应收账款到期日对进口保理商付款，进口保理商按保付代理协议规定日期将全部款项扣除费用后，转入出口商银行账户。如果卖方有融资需求，进口保理商也可以于收到发票副本后以预付款方式提供不超过发票金额80%的无追索权的短期贸易融资，剩余20%的发票金额则在收到进口商付款之时，扣除有关费用及贴息后转入出口人的银行账户。

2. 国际双保理业务的具体做法

所谓国际双保理包括买卖双方所在地均有保付代理商的保付代理业务。欧洲各国一般采用双保理方式。具体做法如下：买卖双方谈判约定采用国际保理的结算方式；然后由卖方与本国的出口保理商签定保付代理协议；接着由出口保理商从进口国的保理商中选定进口保理商并与其签定协议；卖方将需要核定信用额度的进口商名单交给出口保理商，由其立即传送给进口保理商。进口保理商对各进口商进行资信调查，逐一核定相应的信用额度，并通过出口保理商通知出口商按照核定的信用额度发货或提供服务，出口商履行合同后，将发票和装运单据或其他有关单据直接寄交进口商，发票副本送交出口保理商，如有融资需求，出口保理商即以预付款方式向出口商提供不超过发票金额80%的无追索权的短期贸易融资，并向进口保理商定期提供应收账款清单，由其协助催收货款；到期后，进口商将全部货款付给进口保理商，进口保理商则立即将等值价款付给出口保理商；出口保理商扣除有关费用贴息后，将剩余20%的货款付给出口商。

保理商在履行协议规定义务后，视事物繁简及承担风险程度，向出口人收取总额1%～2%的手续费。如还提供资金融通，则还需增收融资利息，利率一般较通常利率高1.5%～2%。

（三）国际保理的优劣

对出口商的益处：可以扩大出口业务量，降低经营成本，规避收汇风险，增强现金流动性，改善资产/负比率，简化手续。

对进口商的益处：加速资金周转，降低进口成本；不须抵押即可扩大购买能力，以有限的资本购进更多的货物，扩大营业额。简化进口手续，提高了效率。

对银行的益处：拓展市场，增加收益。银行开办保理业务，不仅丰富了业务品种，拓宽了市场范围，而且可以从中获得更多利润；推进国际化建设。银行从事国际保理业务，加入国际保理商联合会（Factors Chain International），将与各国的银行、保理公司进行业务往来，积累国际业务经验，提高国际形象。

（四）保理业务在我国

各国保理机构建立了“国际保理联合会”（Factor Chain International，FCI），通过该组织，各国保理机构之间可互换进口商的资信情报，掌握进口商的付款能力，减少保理机构承担坏账的风险。保理这种结算方式适应了目前国际贸易中流行的非信用证结算的实际情况。世界上有多个国家和地区开展了这项业务。国际保理商联合会（FCI）是世界上最大的保理商组织，现有107家成员，机构遍布世界各地，大多数是世界著名大银行或其他金融机构的附属保理公司。据国际保理学会统计，1998年全球保理业务总额达到了5 000亿美元。而在整个保理业务量中，美国占21.1%，意大利占17.2%，英国占14.2%，法国为10.5%。

中国银行于1992年在国内率先推出国际保理业务，并于1993年加入FCI，成为FCI的正式成员。中国银行已与美国、德国、英国、法国等17个国家和地区的32家保理公司签署了国际保理协议，与其开展了广泛的国际保理业务合作。

1995年5月，中国银行也启用了EDIFACT系统与上述国家和地区的保理公司进行业务往来，在信息传递上更加及时、准确。但是保理业务在中国的发展是很不稳定的，按照FCI的统计，1994年中行、交行的保理业务额为4 000万美元，1996年下降到1 500万美元，1998年和1999年也分别为2 000万美元。这和1999年全球保理业务量的5 500亿美元是不能同日而语的。

二、出口信用保险

出口信用保险（Export Credit Insurance）是为因国外进口人的商业风险/或政治风险而给本国出口人所造成的收不到货款的损失提供保障的。

二战以后，国际上的发达国家和许多发展中国家先后以不同的模式纷纷建立了自己的出口信用保险体制。迄今为止，全世界已有六十多个国家和地区拥有专门的出口信用保险机构，这些机构为统一各国出口信用保险业务规范，交流业务经验，共享风险信息，研究风险控制技术，总结和研讨业务发展方向，促进出口信用保险的健康发展发挥了极大作用。世界出口信用保险机构于1934年成立了名为《国际出口信用保险和海外投资保险人联盟》的国际性组织，由于首次会议在瑞士的伯尔尼召开，故该机构的简称为“伯尔尼协会”。中国出口信用保险公司是伯尔尼协会的正式会员我国的出口信用保险是在20世纪80年代末发展起来的。1989年，国家责成中国人民保险公司负责办理出口信用保险业务，当时是以短期业务为主。1992年，人保公司开办了中长期业务。1994年，政策性银行成立，中国进出口银行也有了办理出口信用保险业务的权力。2001年12月，中国出口信用保险公司挂牌运营。

（一）出口信用保险的保障范围

（1）凡是由官方机构承办的出口信用保险，都是以鼓励本国产品出口为宗旨的，保险办法中均规定，只承保全部或大部分是本国制造或生产的出口产品。

（2）出口信用保险主要承保以商业信用方式出口的产品。

(3) 出口信用保险承保的风险，一般包括商业信用风险和政治风险两部分。前者是买方不守商业信用而造成出口人的损失，也称买方风险。

(二) 出口信用保险的种类

(1) 短期出口信用（特定方式）保险单：适用于信用期限不超过180天，最长不超过1年的出口合同。采取特定方式承保，即一笔合同一个保单，只承保机电产品出口。

(2) 短期出口信用（综合险）保险单：通常适用于信用期限不超过180天，最长不超过1年、以D/P、D/A和O/A方式结算的出口合同。采取“总括”方式进行承保，即被保险人必须将保单规定范围内的出口全部向保险人投保，不得有“逆选择”。

(3) 中长期出口信用（延付合同）保险单：通常适用于资本性货物出口，承保在延期付款条件下（信用期限超过1年）由于买方不能付款或不能按时付款而给出口企业造成的损失。采取特定式承保，即一份合同一张保单。

(4) 买方毁约保险单：主要承保出运前风险，即在产品发运前或发运中由于买方单方面终止合同而给出口方造成的损失。常用于出口船舶建造合同的承保。在该保单下出运后风险也可以负责。

(三) 承保出口信用保险的基本要求

(1) 出口信用保险承保前，通常要求出口企业提供一份真实反映其出口及收汇情况和投保要求的申请书，保险机构根据其申请书，结合通过调查掌握的出口企业经营情况，作为制定保险条款和费率的依据。

(2) 短期信用保险一般实行全部投保的原则，即出口企业必须将所有以商业信用方式的出口按销售额全部投保，不允许只选择风险大的国家和买方投保。

(3) 严格控制买方信用额度，是保险机构承保短期信用保险的一项重要手段，出口企业通常要事先向保险机构申请每一买方的信用额度，经批准后作为保险机构对该买方风险所致损失的最高赔偿限额。

(4) 对不同原因造成的损失，保单均规定一个不同的核定损失的期限，以便保险机构有时间调查损失情况，并在必要时采取挽救损失的措施。保险机构也只有在规定的核定损失期限届满时，方予以赔偿。

(5) 出口企业自己应承担一定比例的损失。一般规定保险机构仅赔付实际损失的90%，其余10%由出口企业自己承担。

(四) 我国的短期出口信用保险

1. 投保短期出口信用保险可采取的方式

可采用两种方式：“统保”或者“票保”。所谓“统保”是指将选定的范围内的所有出口都予以投保而获得的收汇风险保障。所谓“票保”是指从保险公司获得的对国外某个地区或者某个买家在一个合同或者多个合同项下货物出口的收汇风险保障。

2. 短期出口信用险承保的风险

保险公司对卖方在保险单有效期内从中国出口货物，并在按合同规定的条件下将货物交付承运人后，因下列原因引起的风险予以承保：

(1) 商业风险：买方无力偿还债务；买方拒收货物并拒付货款；买方拖欠货款，指买方收货后超过付款期限4个月以上仍未支付货款。

(2) 政治风险：买方国家禁止或限制汇兑；买方国家进口管制；买方国家撤销进口许

可证；买方所在国或货款须经过的第三国颁布延期付款令；买方所在国发生战争、敌对行动、内战、叛乱、革命、暴动或其他骚乱；买卖双方均无法控制的非常事件。

3. 短期出口信用保险费率的决定因素

这些因素主要有三个：买方所在国所属风险类别；支付方式的风险程度；放账期限长短。

作为我国惟一一家从事出口信用保险业务的政策性保险公司——中国出口信用保险公司自2001年12月挂牌运营以来，按照国务院有关“政策性公司、商业化运作”的定位，积极完善服务功能，扩大业务规模，2003年实现保险金额57.1亿美元，同比增长107.6%，为国家外交、外贸、产业、财政、金融等政策的实施发挥了积极作用。

第八章　合同中的预防及解决争议条款

• 基础篇

• 实务篇

• 基础篇

由于国际货物买卖履约时间长，涉及面广，业务环节多，买卖双方在合同履行过程中常常因种种原因发生争议，甚至导致索赔、仲裁或诉讼等情况发生。为了尽量减少争议或在争议发生时能妥善解决，在国际货物买卖合同中通常都要订立一些商检、索赔、仲裁和不可抗力条款，以求公平、公正、合理地划分责任归属，最大限度地保护有关当事人的合法权益。

第一节　商品检验检疫

一、商品检验检疫的含义及作用

（一）商品检验检疫的含义

商品检验（Commodity Inspection），又称货物的检验（Inspection of the Goods），是指在国际货物买卖中，对卖方所交付货物的质量、数（重）量和包装进行检验和鉴定，以确定其是否符合合同规定；有时还对装载技术条件、卫生、疫情、运输途中发生的残损、短损以及安全等方面进行检验和鉴定，以明确事故起因及责任归属；商检还包括根据一国的法律或行政法规对某些进出口货物进行质量、数量、包装、卫生、安全等方面的强制性检验或检疫。

（二）商品检验检疫的作用

国际贸易买卖双方分处两国，相距遥远，难以当面交接和验收货物，尤其在象征性交货的条件下，买卖双方对所交货物的品质、数量等问题更易产生争议；同时货物经过长途运输难免发生残损、短缺等情况，为了减少争议的发生，以及发生争议后便于分清责任，就需要一个有特定资格的、独立于买卖双方以外的公正的第三者，即专业的检验检疫机构对货物的质量、数量、包装进行检验，或对装运技术、货物残损短缺等情况进行检验或鉴定，并出具检验证明书，以此作为买卖双方最终交接货物、清算货款和进行索赔、理赔的依据和凭证，以维护买卖双方的正当权益，保障贸易活动的顺利进行。因此，进出口货物检验是买卖双方交接货物过程中必不可少的重要业务环节，它的重要作用体现在如下几个方面：

（1）商品检验检疫体现了国家对进出口商品实施的质量管制。

各国都设置了专门的商检机构并制定了大量的相关法律、法规和技术标准对进出口的商品进行检验。

资料卡：对商品检验检疫的法律规定

《中华人民共和国进出口商品检验法》规定：列入《商检机构实施检验的进出口商品种类表》的进出口商品（除非仅国家商检部门审查批准免于检验的），未经检验或检验不合格的，不准销售、使用；出口商品未经检验合格的，不准出口。英国《1893年货物买卖法》规定：凡是买方事先未经过检验的货物，都不能认为他已经接受了货物，因而他没有丧失拒收货物的权利，直至有合理的机会检验货物为止。《联合国国际货物销售合同公约》规定：买方必须在实际可行的最短时间内检验货物或由他人检验货物；如果合同涉及货物的运输，检验可推迟到货物到达目的地后进行。

（2）商品检验检疫能促进进出口商品质量的提高，增强企业在国际市场上的竞争力。

（3）商品检验检疫能严格把握住进口商品质量关，有效地维护国家和人民的利益。

（4）商品检验检疫为买卖双方交接货物、结算货款、通关记税和索赔理赔提供了依据。

物流部门可根据商检机构出具的商检证书办理进出口货物的交接；银行需要依据检验证明进行货款的结算和付款；船运及仓储部门要按照商检货载衡量中记载的货物重量和体积计算费用；海关需要依据商检出具的检验证书决定商品可否进口或出口放行，并依据商检出具的原产地证书确定征收关税的标准。在发生海难或货物发生残损时，保险公司要依据商检出具的验残结果进行理赔。

由此可见，商品检验检疫不仅能够促进国际贸易的正常发展，而且还关系到本国的国民经济能否顺利协调发展、生态环境能否保持平衡、人民的健康和动植物的生长能否得到保证，因此，很多国家的法律和国际公约都对商品检验作了明确规定。

二、商品检验检疫的机构

当前活跃在国际贸易领域中的各类商品检验机构、鉴定机构有一千多家，既有官方机构，也有民间和私人机构，既有综合性的，也有专业性的。

（一）重要的国外商品检验机构

目前，国际上比较著名的检验机构有：

（1）瑞士通用公证行（Societe Generale De Serveillance，SGS），是当今世界上最大的的检验鉴定公司；

（2）美国粮谷检验署（FGES）；

（3）美国食品药物管理局（Food and Drugs Administration，FDA）；

（4）法国国家实验室检测中心；

（5）日本海事鉴定协会（Nippon Kaiji Kentei Kyokai，NKKK），是日本最大的综合性商品检验鉴定机构；

（6）劳氏船级社（Lloyd's Register of Shipping），是世界上规模最大、历史最久的船舶入级和海事鉴定权威公证机构；

（7）英之杰检验集团（InchcapeInspection And Testing Service，IITS）；

（8）美国保险人实验室（Underwriters Laboratories，UL），是美国最权威、在全球范围内享有信誉最大的从事安全检验和鉴定的民间机构，也是一个独立的、非盈利的、为公共安全作试验的专业机构。

知识窗

瑞士通用公证行是目前世界上最大的专门从事国际商品检验、测试和认证的集团公司，是一个在国际贸易中有影响的民间独立检验机构。创建于1878年，其总部设在日内瓦，据1994年资料称，SGS在世界上142个国家设有274个分支机 构、1 150多个办事处及291个实验室，雇佣了近3万名员工，年商品检验业务量占世界贸易总量的5%。SGS是一个综合性的检验机构，可进行各种物理、化学和冶金分析，包括进行破坏性和非破坏性试验，向委托人提供一套完整的数量和质量检验以及有关的技术服务，提供装运前的检验服务，提供各种与国际贸易有关的诸如商品技术、运输、仓储等方面的服务，监督跟购销、贸易、原材料、工业设备、消费品迁移有关联的全部或任何一部分的商业贸易暨操作过程。在SGS内部，按照商品分类，设立了农业服务部，矿物化工和冶金服务部，非破坏性试验科，国家政府合同服务部，运输和仓库部，工业工程产品服务科，风险和保险服务部等部门。SGS在中国的业务由香港SGS中国事务部承担。SGS与我国国家技术监督局合资开办“通标检验公司”，取“通用公证行”和“标准计量局”首字之意。通标标准技术服务有限公司在1996年9月4日首批取得了中华人民共和国国家商检部门颁发的“外商投资检验鉴定公司资格证书”；2002年7月31日又得到了国家认监委的确认批准。

美国FDA即美国食品与药物管理局，是一个隶属于美国联邦公共卫生事务署的政府卫生管制和监控机构，主要致力于保护、促进和提高国民的健康，确保美国市场上销售的食品、药品、化妆品和医疗器具对人体的安全性、有效性。FDA由近万名医师、药学家、化学家、微生物学家、统计学家和律师组成，管理的产品规模高达1万多亿美元，约有40个实验室，分布在华盛顿特区和157个城市。FDA每年批准百余种新药上市，由其监控的企业有9万多家，其中每年有1.5万家被常规抽查，只要不符合法规的，都要被驱逐出市场。FDA的总部负责监督和执行由国会通过的各项有关法律，总部六大中心，包括药物评估和研究中心、生物制品评估和研究中心、食品安全和营养品中心、医疗用品和辐射健康中心、兽用医药中心和全国毒理学研究中心，具体执行FDA的各项法令，负责审批新药，观察、监督和抽查产品，以及从事科学研究，同时负责对要求进入美国市场的产品进行法律法规解释。

（二）我国的商检机构

1. 国家质检总局

中华人民共和国建国后，我国建立了独立自主的国家商品检验部门——中华人民共和国商品检验局，1982年改名为中华人民共和国进出口商品检验局（SACI）。1998年3月，国家进出口商品检验局与原农业部动植物检疫局、原卫生部卫生检疫局合并组建了中华人民共和国国家出入境检验检疫局。2001年4月10日，国务院宣布将国家质量技术监督局与国家出入境检验检疫局合并，成立了中华人民共和国质量监督检验检疫总局（State General Administration of the People's Republic of China for Quality Supervision and Inspection and Quarantine)，作为我国政府主管质量监督和检验工作的最高行政执法机关，统一监督管理全国进出口商品检验检疫工作。

根据我国《商检法》，国家质量监督检验检疫总局主管全国进出口商品检验工作，国家质量监督检验检疫总局设在各地的直属机构，即各地的出入境检验检疫局管理其所辖地区内的进出口商品检验工作。

根据我国《商检法》和《商检法实施条例》的规定，我国出入境检验检疫机构在进出口商品检验方面的基本任务有以下三项：

（1）实施法定检验。法定检验是指为了保证进出口商品、动植物（或产品）及其运输设备的安全、卫生符合国家有关法律法规规定和国际上的有关规定，出入境检验检疫部门对规定的进出口商品或有关的检验检疫事项实施强制性的检验检疫。属于法定检验的出口商品，未经检验的不准出口；属于法定检验的进口商品，未经检验的不准销售、使用。

资料卡：实施法定检验的范围

列入我国检验检疫商品目录中的商品《中华人民共和国食品卫生法》和《进出境动植物检疫法》规定的商品。

危险货物的包装容器、危险货物运输设备和工具的安全技术的性能鉴定和使用鉴定。

装运易腐烂变质食品、冷冻品的船舱、货舱和集装箱等运载工具的适载检验。

有关国际条约规定须经出入境检验检疫机构检验的进出境商品的检验检疫国家其他法律、法规规定需经出入境检验检疫机构检验的进出口商品、物品、动植物等的检验检疫。

（2）办理鉴定业务。鉴定业务是指接受对外贸易关系人以及国内外有关单位或者外国检验机构的委托，办理规定范围内的进出口商品鉴定业务，签发各种鉴定证书，作为办理进出口商品的交接、结算、计费、理算、通关记税、索赔、仲裁等有效凭证。其范围主要包括：进出口商品的质量、数量、重量、包装、海损鉴定，集装箱及集装箱货物鉴定，进口商品的残损鉴定，出口商品的装运技术条件鉴定，货载衡量、产地证明、价值证明以及其他业务。

鉴定业务与法定检验不同，它不是强制性的。

（3）对进出口商品的检验工作实施监督管理。监督管理是指商检机构通过行政管理手段，对本地区进出口商品的收货人、发货人及生产、经营、储运单位以及国家出入境检验检疫局或者地方机构指定或者认可的检验机构和认可的检验人员的检验工作进行监督管理。

商检机构是国务院设立的行政执法部门，除依法对规定的进出口商品实施检验外，还有权对规定以外的进出口商品进行抽查检验，必要时可派检验员参与检验。例如：向列入《种类表》的出口商品的生产企业派出检验人员，参与监督出口商品出口前的质量检验工作；进行进出口商品的质量认证工作；对重要的进出口商品及其生产企业实行质量认可制度；认可符合条件的国内外检验机构承担委托的进出口商品检验工作；对指定或认可的检验机构的进出口商品检验工作进行监督，抽查检验其已检验的商品，对经检查不符规定要求的检验机构取消其检验资格，等等。

2. 中国国家认证认可监督管理委员会

即中华人民共和国国家认证认可监督管理局，是国家质检总局管理的事业单位，其职责范围是接受国务院授权，统一管理、监督和综合协调全国认证认可工作。

3. 中国检验认证（集团）有限公司

1980 年，中国进出口商品检验总公司（China Import and Export Commodity Inspection Corporation，简称 CCIC）成立，与其在各省、自治区、直辖市的分公司代表国家商检机构从事进出口商品的检验或鉴定工作。后经国务院批准，改制重组成立中国检验认证（集团）有限公司（China Certification & Inspection（Group）Co.，Ltd.，缩写 CCIC），经国家质量监督检验检疫总局和国家认证认可监督管理委员会认可，成为一家以“检验、鉴定、认证、测试”为主业的跨国检验认证机构。

三、商品检验的时间和地点

尽管国际上一般都承认买方有权检验货物，但对于检验的时间和地点，各国法律并无统一规定。而确定检验的时间和地点，实际上就是确定买卖双方中的哪一方行使对货物的检验权，也就是确定检验结果以哪一方提供的检验证书为准。这直接关系到买卖双方的切身利益，因而是交易双方商定检验条款时的核心所在。

在国际货物买卖合同中，根据国际贸易习惯做法和我国的业务实践，有关检验的时间和地点的规定办法可归纳为以下三种：

（一）在出口国检验

这种做法可分为在产地（工厂）检验和装运前或装运时在装运地或装运港检验。

1. 产地（工厂）检验

产地（工厂）检验是指货物离开生产地点（如工厂、矿山等）之前由买卖合同中规定的检验机构对货物进行检验或验收，该机构出具的检验证书作为卖方交货的品质、数量或重量等项内容的最后依据。卖方只承担货物离开产地或工厂前的责任，对于货物在运输途中所发生的一切变化，卖方概不负责。

2. 装运港（地）检验

装运港（地）检验又称“离岸品质、离岸重量”（Shipping Quality and Weight），是指货物在装运港或装运地装运前或装运时由双方所约定的检验机构对货物进行检验，并由该机构出具检验证书作为卖方交货的品质、数量或重量等项内容的最后依据。货抵目的港或目的地后，买方如再对货物进行复验，即使发现问题，也无权再表示拒收或提出异议和索赔。

上述两种规定办法从根本上否定了买方的复验权，对买方极为不利。

（二）在进口国检验

这种做法可分为目的港（地）检验和买方营业处所（最终用户所在地）检验。

1. 目的港（地）检验

目的港（地）检验又称“到岸品质、到岸重量”（Landed Quality and Weight），是指货抵目的港或目的地时，由双方约定的检验机构在规定的时间内，就地对商品进行检验，该机构出具的检验证书作为卖方交货的品质、数量或重量等项内容的最后依据。如检验证书证明货物与合同规定不符，系属卖方责任，卖方应予负责。

2. 买方营业处所（最终用户所在地）检验

该做法是将检验延伸和推迟至货物运抵买方营业所或最终用户的所在地后的一定时间内进行，由双方约定的检验机构所出具的检验证书作为卖方交货的品质、数量或重量等项内容的最后依据。主要适用于马上需要安装调试进行检验的成套设备、机电仪表产品以及在口岸开件检验后难以恢复原包装的商品。

采用上述两种做法时，卖方须承担到岸货物的品质、数量或重量的责任，这对卖方极为不利。

（三）出口国检验、进口国复验

出口国检验、进口国复验是指货物须于装运前由双方约定的装运港或装运地的检验机构进行检验，其检验证书作为卖方要求买方支付货款或要求银行支付、承兑或议付时提交的单据之一；货抵目的港或目的地后的一定时间内，买方有权复验，以双方约定的目的港或目的地的检验机构出具的检验证书作为买方向有关当事人对货损、货差提出异议、索赔的依据。

由于这种做法对买卖双方来说都比较方便而且公平合理，因而在国际贸易中已为大多数当事人所接受，并已成为一条公认的原则：即除非合同另有规定，买方有权在货物到达目的港或目的地后复验，如复验证明在货物的风险转移到买方时已存在任何不符合同的情形，卖方应负责任。我国的进出口贸易基本上都采用这一做法。

此外，近年来随着国际贸易的不断发展，在检验的时间、地点和具体做法上，国际上也出现了一些新的变化。例如，在出口国装运前预检验，在进口国最终检验。即在买卖合同中规定货物在出口国装运前由买方派员自行或委托检验机构人员对货物进行预检验，货物运抵目的港（地）后，买方有最终检验和索赔权。对进口商品实施装运前预检验，是当前国际上一种较普遍采用的行之有效的质量保证措施。在我国进口交易中，对关系到国计民生、价值较高、技术又复杂的重要进口商品和大型成套设备，必要时也应采用这一做法，以保障我方的利益。

四、商品检验的内容

对进出口商品实施的检验检疫一般包括包装检验、品质检验、卫生检验和安全性能检验。

包装检验是根据进出口合同、标准和其他有关规定，对进出口商品的外包装和内包装以及包装标识进行检验。包装检验主要核对外包装上的商品包装标识（标记、号码等）是否与进出口贸易合同相符。

品质检验也称质量检验，是指运用各种检验手段，包括感官检验、化学检验、仪器分析、物理测试、微生物学检验等，对进出口商品的品质、规格、等级等进行检验，确定其是否符合外贸合同（包括成交样品）、标准等规定。

卫生检验主要是对进出口食品检验其是否符合人类食用卫生条件，以保障人民健康和维护国家信誉。我国规定，进口的食品、食品添加剂、食品容器、包装材料和食品用工具及设备，必须符合国家卫生标准和卫生管理办法的规定。进口单位在申报检验时，应当提供输出国（地区）所使用的农药、添加剂、熏蒸剂等有关资料和检验报告。海关凭国家卫生监督检验机构的证书放行。出口食品由国家进出口商品检验部门进行卫生监督、检验。海关凭国家进出口商品检验部门的证书放行。

安全性能检验是根据国家规定和进出口合同、标准以及进口国的法令要求，对进出口商品安全性能方面的项目进行的检验，如易燃、易爆、易触电、易受毒害、易受伤害等，以保证生产使用和生命财产的安全。

五、商检证书

检验检疫机构对进出口商品检验检疫或鉴定后，根据不同的检验结果或鉴定项目签发的各种检验证书、鉴定证书和其他证明书，统称为检验证书（Inspection Certificate）。国际贸易中，检验证书起着公证证明的作用，作为买卖双方交接货物、结算货款和进行索赔和理赔的依据之一，也是通关、征收关税和优惠减免关税、结算运费等的有效凭证。商检证书的种类多种多样，在实际业务中，买卖双方应根据成交货物的种类、性质、有关国家的法律和行政法规、政府的涉外经济贸易政策和贸易习惯等来确定卖方应提供何种检验证书，并在买卖合同中予以明确。

我国检验检疫机构签发的检验证书主要有：品质检验证书、重量或数量检验证书、包装检验证书、兽医检验证书、卫生检验证书、消毒检验证书、熏蒸证书、温度检验证书、残损检验证书、船舱检验证书、货载衡量检验证书、价值证明书等，以及普惠制原产地证书（G. S. P. Form A）。除上述证书外，商检机构还可以根据申请人的委托申请出具其他检验鉴定证书等。

六、合同中的检验条款

国际货物买卖合同中的货物检验条款一般包括检验权的规定；检验或复验的时间和地点；检验机构；检验项目和检验证书等，有时还须明确买方对不符货物向卖方索赔的具体期限。

合同中的检验条款举例如下：

双方同意货物在装运港装运前由中国出入境检验总局进行检验，签发的质量和重量（数量）检验证书作为 L/C 项下议付单据的一部分，货抵目的港后买方有权对货物进行复验。如发现货物的质量、数量、包装不符合合同规定时，买方有权向卖方索赔，并提供经卖方同意的公证机构出具的检验报告。索赔期限为货到目的港后 20 天内。

It is mutually agreed that the Certificate of Quality and Weight (Quantity) issued by the China Exit and Entry Inspection and Quarantine Bureau at the port of shipment shall be part of the documents to be presented for negotiation under the relevant L/C. The buyer shall have the right to reinspect the goods delivered at the port of destination. In case the quality, quantity and packaging of the goods are found not in accordance with those stipulated in the contract, the Buyer shall be entitled to lodge with the Seller a claim which should be supported by survey reports issued by a recognized surveyor approved by the Seller within 20 days after the arrival of the goods at the destination port.

第二节 索 赔

国际贸易涉及面广，业务环节多，履约过程中情况复杂多变，加上国际市场变幻莫测，常常发生一方当事人不履行合同或不完全履行合同而导致另一方当事人的权利受到损害的情况，从而导致索赔和理赔，甚至引起争议和诉讼。为了顺利处理好索赔与理赔工作，买卖双方应该在合同中订立索赔条款。

一、违约责任

国际货物买卖合同中的任何一方如不履行或不完全履行合同义务，这就在法律上构成违约，违约一方应承担继续履约、采取补救措施或者赔偿损失等违约责任。不同的国家对违约行为的性质划分及其应负责任的规定不太一致。

英国法律规定，当事人一方违反合同中带实质性的主要约定条件，如卖方交货的质量或数量不符合同规定，或不按期交货，均称为“违反要件”（Breach of Condition），受损害的一方除可要求损害赔偿外，还有权解除合同。如违反的是合同中的次要条件，称为“违反担保”（Breach of Warranty），则受损害一方不能解除合同，仍需继续履行所承担的合同义务，但有权请求违约的一方给予损害赔偿。

美国法律却以违约后果的轻重程度分为“重大违约”和“轻微违约”。重大违约中受损害的一方有权解除合同并要求损害赔偿，而轻微违约中受损害的一方只能要求损害赔偿，无权解除合同。

《联合国国际货物销售合同公约》规定，一方当事人违反合同的结果，如使另一方当事人蒙受损害，以至于实际上剥夺了他根据合同有权期待得到的东西，即为根本违反合同。受损害一方就可以宣布合同无效，同时有权向违约方提出损害赔偿的要求。

我国《合同法》规定，当事人一方不履行合同义务或者履行合同义务不符合约定的，应当承担继续履行、采取补救措施或者赔偿损失等违约责任。

因此，为维护我方的权益，根据我国法律和国际上有关的法律和惯例，订好国际货物买卖合同中的索赔条款并在合同的履行中加以正确运用是十分重要的。

二、买卖合同中的索赔条款

买卖双方为了正确处理好索赔与理赔工作，通常在合同中订立索赔条款。实际业务中主要采用“异议与索赔条款”和“罚金条款”两种。

（一）异议与索赔条款

异议与索赔条款（Discrepancyand Claim Clause）多是针对卖方交货质量、数量或包装不符合同规定而订立的，主要包括索赔依据、索赔期限。

一方当事人提出索赔时，必须要有充分的索赔依据。这包括法律依据和事实依据两个方面。前者是指买卖合同和使用的法律规定；后者是指对方违约的事实及其书面证明。如索赔时证据不全或出证机构不符合要求就可能遭对方拒赔。买卖合同中的索赔条款通常包括索赔依据，主要规定索赔时不须具备的证据，以及出具证明文件的机构。

索赔期限是指受损害一方有权向违约方提出索赔的期限。如超出索赔期限，违约方可不予理赔。索赔期限有约定的与法定的之分。约定索赔期限是指买卖双方在合同中明确规定的索赔期限，效力优于法定索赔期限；法定索赔期限是指有关法律法规规定的索赔期限，只有合同中未约定索赔期限时才起作用。法定索赔期限较长，如《联合国国际货物销售合同公约》和我国法律都规定，自卖方实际收到货物之日起两年之内。

合同中的异议与索赔条款举例：

买方对货物的任何异议必须于货到目的港后30天以内提出，并须提供经卖方同意的公证机构出具的检验报告。

Any claim by the Buyer regarding the goods shall be filed within 30 days after the arrival of the goods at the port of destination and supported by a survey report issued by a surveyor approved by the Seller.

（二）罚金或违约金条款

罚金条款（Penalty Clause），也称为违约金条款（Liquideted Damage Clause），是指合同当事人一方未履行合同义务而向对方支付一定金额的罚金，多用于卖方延期交货或买方延期提货或延期付款的情况。关于合同的罚金条款，各国的法律有不同的规定。如大陆法系国家（法、德等国）的法律承认并予以保护；而英美法系国家（英、美、澳、新等国）的法律则一般不承认罚金。

资料卡：我国《合同法》的规定

当事人可以约定一方违约时应当根据违约情况向对方支付一定数额的违约金，也可以约定因违约产生的损失赔偿额的计算方法。

约定的违约金过分高于或低于违反合同所造成的损失时，当事人可以请求仲裁机构或法院予以适当减少或增加；约定的违约金过分高于造成的损失的，当事人可以请求人民法院或者仲裁机构予以适当减少。

当事人就迟延履行约定违约金的，违约方支付违约金后，还应当履行债务。

罚金条款举例：

买方不能按合同规定的时间开立信用证，应向卖方支付罚金。罚金按迟开证每10天收取信用证金额的1%，但罚金不超过买方应开信用证金额的10%。

Should the Buyer fail to open the L/C on time stipulated in the contract, the Buyer shall pay a penalty to the Seller. The penalty shall be charged at the rate of 1% of the amount of the L/C, however, the penalty shall not exceed 10% of the total value of the L/C which the Buyer should have opened.

第三节 不可抗力

一、不可抗力的含义及范围

国际货物买卖合同成立后，有时客观情况会发生非当事人所能控制的根本变化，使其失去原有履行合同的基础，对此，法律可以免除其未履行或未完全履行合同一方对另一方的责任。即对不可抗力的法定免责。何谓不可抗力（Force Majeure）呢？我国《合同法》规定："本法所称不可抗力，是指不能预见、不能避免并不能克服的客观情况。"

一般认为构成不可抗力应具备以下三个条件：

(1) 事件是在有关合同成立以后发生的。

(2) 不是由于任何一方当事人的故意或过失所造成的。

(3) 事件的发生及其造成的后果是当事人无法预见、无法控制、无法避免和不可克服的。

英美法称其为"合同落空"，大陆法称其为"情势变迁"。

不可抗力的范围较广，通常可分为两类：一类是自然原因，如水灾、火灾、旱灾、大雪、台风、地震等人类无法控制的自然界力量引起的；另一类是社会原因，如战争、罢工、政府禁令等引起的。对不可抗力的认定必须慎重，并与诸如商品价格波动、汇率变化、班轮延期等正常的贸易风险严格区别开来。不可抗力事件目前国际上并无统一的明确的解释，哪些意外事故应视作不可抗力，可由买卖双方在合同的不可抗力条款中约定。

二、不可抗力的处理

不可抗力发生后，不能按规定履约的一方当事人要取得免责的权利，必须及时通知另一方，并提供必要的证明文件，而且在通知中应提出处理的意见。在实践中，为了防止争议，通常在不可抗力条款中明确规定具体的通知期限和出证机构。不可抗力的出具证明的机构，在我国，一般由中国国际贸易促进委员会（即中国国际商会）出具；如由对方提供，则大多由当地的商会或登记注册的公证行出具。一方接到对方关于不可抗力通知或证明后，无论同意与否都应及时答复，否则，按有些国家的法律，如美国《统一商法典》的规定，将被视作默认。

按照有关的法律原则和国际贸易惯例，对不可抗力事件的处理应视不可抗力对履行合同的影响程度分为解除合同和变更合同两种。如买卖合同中没有明确的规定，一般的解释是，如不可抗力的发生时合同履行成为不可能，则可解除合同，即免除遭受不可抗力一方当事人不履行合同的责任；如不可抗力只是部分地或暂时地阻碍了合同的履行，则发生事件的一方只能采用变更合同的方法，包括替代履行、减少履行或延期履行，以减少另一方的损失。根据我国法律，当事人迟延履行后发生不可抗力的，不能免除责任。

资料卡：我国《合同法》对不可抗力的规定

本法所称不可抗力，是指不能预见、不能避免并不能克服的客观情况。

因不可抗力不能履行合同的，根据不可抗力的影响，部分或者全部免除责任，但法律另有规定的除外。当事人迟延履行后发生不可抗力的，不能免除责任。

当事人一方因不可抗力不能履行合同的，应当及时通知对方，以减轻可能给对方造成的损失，并应当在合理期限内提供证明。

三、买卖合同中的不可抗力条款

国际货物买卖合同中的不可抗力条款主要规定不可抗力的范围、对不可抗力的处理原则和方法、不可抗力发生后通知对方的期限和方法，以及出具证明文件的机构等。我国进出口合同中的不可抗力条款主要有概括式、列举式和综合式三种规定方法，现以最为常见的综合式规定举例如下：

如由于战争、地震、水灾、暴风雨、雪灾或其他不可抗力的原因，致使卖方不能全部或部分装运或延迟装运合同货物，卖方对此不负有责任。但卖方须用电报或电传通知买方，并须在 30 天内以航空挂号信向买方提交由中国国际贸易促进委员会出具的证明此类事件的证明书。

If the shipment of the contracted goods is prevented or delayed in whole or in part by reason of war, earthquake, flood, fire, storm, heavy snow or other causes of Force Majeure, the Seller shall not be liable. However, the Seller shall notify the Buyer by cable or telex and furnish the latter within 30 days by registered airmail with a certificate issued by the China Council for the Promotion of International Trade attesting such event.

第四节　仲　　裁

在国际贸易中，买卖双方在合同履行过程中因种种原因发生争议是难以避免的。当争议发生时，一般均首先采用友好协商方式解决。如协商得不到解决，则视情况采取第三者调节（Conciliation）、提交仲裁（Arbitration）或进行司法诉讼（Litigation）等方式进行处理。

一、仲裁的含义及特点

仲裁是解决对外贸易争议的一种重要方式。它是指买卖双方达成协议，自愿将有关争议交给双方所同意的仲裁机构进行裁决，裁决是终局的，对双方都有约束力，双方必须遵照执行。

与诉讼相比，仲裁具有以下特点：

(1) 仲裁机构属于民间性质，而法院是国家机器，具有法定管辖权。

（2）仲裁须是双方同意的，而诉讼可以是一方提出，无须对方同意。

（3）仲裁比诉讼时间短，程序简便，费用低，争议双方关系较缓和。

（4）仲裁结果是终局的，而诉讼多是二审终审制，败诉方可上诉。

（5）仲裁机构不能强制执行裁决，而法院可强制执行法院判决。

二、仲裁协议

仲裁协议是指当事人在合同中订明的仲裁条款或者以其他方式达成的提交仲裁的书面协议。我国《仲裁法》规定，当事人采用仲裁方式解决纠纷，应当双方自愿，达成仲裁协议。没有仲裁协议，一方申请仲裁的，仲裁机构不予受理。

仲裁协议必须是书面的，它有两种形式：一种是合同中的仲裁条款；另一种是以其他方式达成的提交仲裁协议。两种形式的仲裁协议具有同等的法律效力。

按照我国和多数国家的仲裁法规定，仲裁协议的作用主要表现在以下三个方面：

（1）约束双方当事人只能以仲裁方式解决争议，不得向法院起诉。

（2）排除法院对有关案件的管辖权，大多数国家的法律都规定法院不受理争议双方定有仲裁协议的争议案件。

（3）使仲裁机构取得对争议案件的管辖权。任何仲裁机构都无权受理没有仲裁协议的案件。

三、合同中的仲裁条款

一般来说，买卖合同中的仲裁条款应具体包括仲裁地点、仲裁机构、仲裁程序规则、仲裁裁决的效力以及仲裁费的负担等内容。

（一）仲裁地点

由于仲裁地点不同，适用的法律可能不同，对买卖双方的权利、义务的解释就会有差别，其结果也会不同。因此，交易双方都力争在自己较了解和信任的地方，尤其力争在本国仲裁。不过采用在被告国仲裁较客观、公平。若采用在第三国仲裁，一定要选择在政治上对我友好的国家。

（二）仲裁机构

国际贸易中的仲裁，可由双方当事人约定在常设的仲裁机构进行，也可以由双方当事人共同指定仲裁员组成临时仲裁庭进行仲裁。近年来，国际商事仲裁绝大部分采用机构仲裁，因此，仲裁条款中应当明确在哪个仲裁机构进行仲裁。

目前，世界上很多国家、地区和一些国际性、区域性组织都设有从事国际商事仲裁的常设机构。如瑞典斯德哥尔摩仲裁院、瑞士苏黎世商会仲裁院、日本国际商事仲裁协会、英国伦敦国际仲裁院、美国仲裁协会以及设在巴黎的国际商会仲裁院等。国际商事仲裁机构一般是民间组织。

我国常设的涉外商事仲裁机构是中国国际经济贸易仲裁委员会，隶属于贸促会，北京、深圳和上海设有分会。此外，在中国的一些省市还相继设立了一些地方仲裁委员会。

（三）仲裁规则

各国的仲裁机构都有自己的仲裁规则，即进行仲裁的手续和做法。按国际仲裁的一般做法，原则上采用仲裁所在地的仲裁规则，但在法律上也允许根据双方的约定采用仲裁地点以外的其他国家仲裁机构的仲裁规则。因此，仲裁条款中应作出明确规定。

（四）仲裁裁决的效力

为了明确仲裁裁决的效力，以利于执行裁决，在订立仲裁条款时，通常都明确规定它的终局性及约束力。

（五）仲裁费用的负担

合同中应明确规定仲裁费用由谁负担。通常由败诉方承担，也可另作规定。仲裁的费用，一般按争议价值的0.1% ~1%收取。

国际货物买卖合同中的仲裁条款举例：

凡因执行本合同所发生的或与本合同有关的一切争议，双方应通过友好协商解决；如果协商不能解决，应提交仲裁。仲裁在被申请一方所在国进行。如在中国，则由中国国际经济贸易仲裁委员会根据该会仲裁规则进行仲裁。如在美国，则由纽约国际贸易促进委员会对外贸易仲裁委员会根据其仲裁规则进行仲裁。仲裁裁决是终局的，对双方都有约束力。

All disputes arising out of the performance of, or relating to this contract, shall be settled amicably through friendly negotiation. Incase no settlement can be reached through negotiation, the case shall then be submitted for arbitration. The location of arbitration shall be in the country of the domicile of the defendant. If in China, the arbitration shall be conducted by the China International Economic and Trade Arbitration Commission in accordance with its rules of arbitration. If in U. S. A. , the case shall be submitted to the Foreign Trade Arbitration Commission of Council for the Promotion of International Trade N. Y. according to its rules of arbitration. The arbitral award is final and binding upon both parties.

资料卡：仲裁裁决的承认与执行

裁决的承认是指法院根据当事人的申请，依法确认的仲裁裁决具有可予执行的法律效力；裁决的执行是指当事人自动履行裁决事项，或法院根据一方当事人的申请依法强制另一当事人执行裁决事项。为了解决在执行外国仲裁裁决问题上产生的矛盾，在联合国主持下，1958 年在纽约缔结了《承认和执行外国仲裁裁决公约》（简称《1958 年纽约公约》）。我国在1987 年1 月22 日加入此公约，并作了“互惠保留”和“商事保留”。该公约强调两点：一是承认双方当事人所签订的仲裁协议有效；二是根据仲裁协议所作出的仲裁裁决，缔约国应承认其效力，并有义务执行。

• 实务篇

一、检验索赔有效期规定不当的案例

【案情】2011 年11 月，某公司与香港一公司签订一个进口香烟生产线合同，设备是二

手货，共18套生产线，由A国某公司出售，总价值100多万美元。合同规定，出售商保证该设备在拆卸之前均在正常运转，虽然未经翻修，但能符合生产正常运转的要求，否则更换或者退货。合同同时规定，如果有部件损坏，货到目的港后14天内出具商检证明，办理更换或者退货。

货物于2012年3月5日运抵目的港后，经过一系列的报关程序，买方于3月9日派人到港口提货。货物运抵工厂之后，由于厂房的建设滞后拖期，直至3月24日该设备才进入安装阶段。在安装调试过程中，我公司发现其中一个关键部件存在一处不易发现的损坏，随后向香港公司提出退换要求。香港公司随后提出反驳，声称索赔期限已经过期，所以不能承担责任。我公司自知理亏，不得不自费向国外生产厂商采购一个新部件加以替换，共计额外付出费用近10万美元。

请问：我公司应该吸取的教训有哪些？

【评析】本案例的问题出在合同中的检验索赔的时间地点规定的不合理和买方的麻痹大意上。

合同的签订者把引进设备仅仅看作订立合同、交货、收货几个简单环节上，没有足够重视检验、索赔两个重要环节。特别是索赔的有效期问题，合同条款定的再好，索赔有效期定的不合理，质量条款就成为一句空话。实际业务操作中，外商在索赔期限上提出不合理的意见，往往其目的就是为了掩盖自己产品的缺陷。

本案例中，我公司一方面不应该接受卖方提出的以货到目的港作为计算提出商检证明的起算日期；另一方面即使接受前述起算日期，其规定的提出商检证明的期限也太过短暂。对于一些机械设备进口的有效期，一般应该分为数量和质量两部分，其中数量问题，索赔的有效期限可以定为货物到达目的港（或者最终用户所在地）后60天左右；而对于质量问题则一般是需要在安装完成之后，才能够发现，所以索赔的期限应规定为自货物到达最终用户所在地，甚至是安装之后的一段较长的时间，例如一年甚至一年以上。

我公司在接受了对方的索赔检验期限之后，已经处于比较被动的地位。但是其仍然没有觉察，所以其准备工作才严重不足，以至使设备3月24日才进入安装阶段，实质上使自己仅有的几天索赔检验期完全丧失，最终造成巨大损失，其教训是深刻的。

二、由不可抗力引发的争议案

【案情】某年我国某公司与英国某公司成交某食品1 500公吨，每公吨348英镑CFR××港，总金额52 200英镑，交货期为当年8~12月。当时由于我方公司缺货，只交付了500公吨，其余的1 000公吨经双方协商同意延长到下一年度交货，次年，我国发生自然灾害。于是，我方公司以不可抗力为理由，要求免除交货责任。但是对方回电拒绝，并称该商品的市场价格上涨，由于我方公司未交货已经使其损失15万英镑，要求我方公司无偿提供其他品种的同类食品抵偿其损失。我方公司对此项要求不同意。该外国公司根据仲裁条款规定向中国仲裁机构提出仲裁，仲裁申请中强调我方公司所称不可抗力理由不充分，并提出我方公司如不愿意以商品抵偿其损失，就坚持索赔15万英镑。在仲裁机构的调解下，双方经过多次协商，我方公司以对外赔偿41 820英镑结案。

【评析】关于不可抗力的范围，根据国际贸易实践和一些国家的法律解释，包括两种：一种是由于“自然力量”引起的自然灾害；另一种是由于“社会力量”引起的，如政府禁令、战争和罢工等。本案涉及的是自然灾害问题，我方提出，由于自然灾害致使其不能取得货源如期履约，因此应免除履约责任。根据各国法律和国际惯例，由于自然灾害致使农副产品全部毁灭或减产，使合同全部或部分不能履行，有关当事人可以根据不可抗力条款的规定提出证明，是可以免除责任的。但应当指出，这种自然灾害造成的阻碍履行合同的不可抗力，其影响程度必须是根本性的或是全局性的，因而无法取得货源。例如，某种农产品被自然灾害所破坏，或特定产区的产品遭受灾害，当遭受某种自然灾害，如果由于科学技术的发展，人们有可能克服时仍不能构成不可抗力。因此，当事人如果以自然灾害作为不可抗力来免除自己的责任，不仅须对事实提出证明，还必须对无法克服和无法预防所出现的自然灾害提出证明。我方公司所销售的商品确因当时遭受自然灾害受到一定的影响，但尚未影响到根本取不到货源。当时交不上货主要是由于供应货的加工厂停止生产这种产品，我方也无法提出上述两项证明，仅凭口头说明是不能援引不可抗力条款而免除交货责任的。

阅读资料

中国国际贸易促进委员会（中国国际商会）

中国国际贸易促进委员会是由中国经济贸易界有代表性的人士、企业和团体组成的全国民间对外经贸组织，成立于1952年5月。简称中国贸促会；英文名称为：China Council for the Promotion of International Trade，英文缩写为 CCPIT。

中国贸促会的宗旨是：遵循中华人民共和国的法律和政府的政策，开展促进对外贸易、利用外资、引进外国先进技术及各种形式的中外经济技术合作等活动，促进中国同世界各国、各地区之间的贸易和经济关系的发展，增进中国同世界各国人民以及经贸界之间的了解与友谊。

中国贸促会主要职责与任务：

（1）开展同世界各国、各地区经济贸易界、商协会和其他经贸团体以及有关国际组织的联络工作，邀请和接待外国经济贸易界人士和代表团组来访，组织中国经济贸易、技术代表团、企业家代表团出国访问和考察，参加有关国际组织和它们的活动；负责与外国对口组织在华设立的代表机构以及外国在华成立的商会进行联络；向国外派遣常驻代表或设立代表处；组织、参加或与外国相应机构联合召开有关经济贸易技术合作和法律方面的国际会议。

（2）代表国家参加国际展览会的活动，主办、参加世界博览会，赴国外主办中国贸易展览会和参加国际贸易博览会；负责全国赴国外举办经济贸易展览会或参加国际博览会的归口协调及相关的管理、监督工作。

（3）安排和接待国外来华举办的经济贸易或技术展览会，主办国际专业性或综合性展览会，组织并主办国际博览会；协调国内有关方面接待外国来华经济贸易与技术展览会。

（4）办理国际经济贸易和海事仲裁事务；出具中国出口商品原产地证明书；受理共同海损和单独海损理算案件；出具人力不可抗拒证明；签发和认证对外贸易和海上货运业务的文件和单证；为到国外从事临时出口活动的公司、企业或个人出具有关单证册，并对其提供担保。

（5）代理中国企业在国外或外国公司和个人在中国的商标注册和专利申请，办理有关工业产权和知识产权的咨询、争议及技术贸易等业务。

(6) 开展国内外经济调查研究和经济贸易信息的搜集、整理、传递和发布工作，向国内外有关企业和机构提供经济技术合作和贸易方面的信息和咨询服务及国内外公司、企业的资信调查服务；联系、组织中外经贸界的技术交流活动；编辑出版发行对外经济贸易报刊以及其他出版物；组织对外经济贸易洽谈；承办中外经济技术合作项目的评估和可行性研究以及法律咨询、法律顾问工作。

(7) 指导、协调中国贸促会各地方分会、行业分会、支会和各级国际商会的工作；负责对各分支机构及会员的服务及培训工作。

(8) 负责国际商会中国国家委员会的日常工作，协调国际商会的对华业务和国际商会中国国家委员会会员与国际商会交往的有关事宜。

(9) 办理其他促进对外经济贸易活动的有关事宜。

经中国政府批准，中国贸促会1988年6月组建了中国国际商会。各地方分会、支会也相继组建了“中国国际商会”，面向会员，为企业会员、团体会员和个人会员以及各有关方面提供信息服务、咨询服务、法律服务，加强了涉外专利代理、涉外商标代理、技术转让、涉外经贸和海事仲裁等项工作，发挥连接政府与企业之间的纽带作用，把自身业务的拓展与为会员和其他经济实体提供服务结合起来。

1994年，中国全国人民代表大会先后颁布了《对外贸易法》和《仲裁法》，在《对外贸易法》中，明确了中国贸促会作为贸易促进组织所应具备的职能和承担的任务；在《仲裁法》中，明确了中国的涉外仲裁机构由中国国际商会设立，从而确立了中国国际商会涉外仲裁机构的法律地位。

1986年，中国国际贸易促进委员会以国家委员会名义申请加入国际商会，经过8年多的谈判和努力，1994年11月，国际商会第168次理事会正式通过决议，同意中国加入国际商会并组建国际商会中国国家委员会。1995年1月1日国际商会中国国家委员会在北京正式成立，包括中国国际商会在内的171家工商组织、经贸团体及企业作为创始会员，中国国际商会作为主席单位。该委员会秘书处设在中国国际商会，负责处理日常工作。

目前，中国贸促会、中国国际商会已同世界上200多个国家和地区的工商企业界建立了广泛的经贸联系，与160多个对口组织签订了合作协议，并同一些国家的商会建立了联合商会；同时，中国贸促会还在15个国家和地区设有驻外代表处。在国内，中国贸促会、中国国际商会在各省、自治区、直辖市建立了49个地方分会、600多个支会和县级国际商会，还在机械、电子、轻工、纺织、农业、汽车、石化、商业、冶金、航空、航天、化工、建材、通用产业、供销合作、建设、粮食、外企等部门建立了18个行业分会，全国会员企业近7万家。

我国关于进出口商品报验的一些规定

为了加强进出口商品报验管理工作，根据《中华人民共和国进出口商品检验法》的有关条款，1989年8月21日国家商检局针对进出口商品报验发布以下规定：

(一) 报验单位

(1) 有进出口经营权的国内企业；

(2) 进口商品收货人或其代理人；
(3) 出口商品生产企业；
(4) 对外贸易关系人；
(5) 中外合资、中外合作和外商独资企业；
(6) 国外企业、商社常驻中国代表机构等。

(二) 报验范围

(1)《种类表》内的进出口商品；
(2) 出口食品卫生检验和检疫，以及出口动物产品的检疫；
(3) 出口危险品包装容器的性能鉴定和使用鉴定；
(4) 装运出口易腐烂变质食品的船舱、集装箱等；
(5) 其他法律或者行政法规规定必须经商检机构检验的进出口商品；
(6) 我国与进口国主管部门协定必须凭我国商检机构证书方准进口的商品；
(7) 对外贸易合同、信用证规定由商检机构检验出证的商品；
(8) 对外贸易关系人申请的鉴定业务；
(9) 委托检验业务。

(三) 报验时必须提供的单证

(1) 进口商品报验时，报验人应提供外贸合同、国外发票、提单、装箱单和进口货物到货通知单等有关单证；申请进口商品品质检验的还应提供国外品质证书，使用说明及有关标准和技术资料，凭样成交的，须加附成交样品；申请残损鉴定的还应提供理货残损单、铁路商务记录、空运事故记录或海事报告等证明货损情况的有关单证；申请重（数）量鉴定的还应提供重量明细单，理货清单等。

(2) 出口商品报验时，报验人应提供外贸合同（确认书），信用证以及有关单证函电等。凭样成交的应提供买卖双方确认的样品。申请预验的商品，应提供必要的检验依据；经本地区预验的商品需在本地区换证出口时，应加附由该局签发的预验结果单；经其他商检机构检验的商品，必须加附发运地商检机构签发的“出口商品检验换证凭单”正本。凡必须向商检机构办理卫生注册及出口质量许可证的商品，必须交附商检机构签发的卫生注册证书、厂检合格单或出口质量许可证。冷冻、水产、畜产品和罐头食品等须办理卫生证时，必须交附商检机构签发的卫生注册证书及厂检合格单。

(四) 商品检验的工作程序

我国进出口商品检验工作，主要有四个环节：接受报验、抽样、检验和签发证书。

(1) 接受报验。报验是指对外贸易关系人向商检机构报请检验。报验时需填写“报验申请单”，填明申请检验、鉴定工作项目和要求，同时提交对外所签买卖合同，成交小样及其他必要的资料。

(2) 抽样。商检机构接受报验之后，及时派员赴货物堆存地点进行现场检验、鉴定。抽样时，要按照规定的方法和一定的比例，在货物的不同部位抽取一定数量的、能代表全批货物质量的样品（标本）供检验之用。

(3) 检验。商检机构接受报验之后，认真研究申报的检验项目，确定检验内容，仔细审核合同（信用证）对品质、规格、包装的规定，弄清检验的依据，确定检验标准、方法，然后抽样检验，仪器分析检验；物理检验；感官检验；微生物检验等。

(4) 签发证书。在出口方面，凡列入《种类表》内的出口商，经商检验合格后签发放行单（或在“出口货物报关单”上加盖放行章，以代替放行单）。凡合同、信用证规定由商检部门检验出证的，或国外要求签检证书的，根据规定签发所需证书；不向国外提供证书的，只发放行单。《种类表》以外的出口商品，应由商检机构检验的，经检验合格发给证书或放行单后，方可出运。在进口方面，进口商品经检验后，分别签发“检验情况通知单”或“检验证书”，供对外结算或索赔用。

(五) 出运限期

经商检机构检验合格发给检验证书或者放行单的出口商品，一般应在证单签发之日起两个月内装运出口，鲜活类出口商品应当在两周内装运出口。超过上述期限的应向商检机构重新报验，并交回原签发的所有检验证书和放行单。

第四篇　履行进出口合同

买卖合同的签订，确定了双方当事人的法律关系，而要将所约定的内容变为现实，还有待于经历履行合同这一实际行动的过程。根据《联合国国际货物销售合同公约》的规定，合同履行中卖方的基本义务是：按照合同的规定交付货物，移交一切与货物有关的单据和转移货物的所有权；买方的基本义务是：按照合同的规定支付货款和收取货物。

无论是卖方还是买方，履行合同应以“重合同，守信用”为原则。

第九章　进出口合同的履行

• 基础篇

• 实务篇

• 基础篇

我国对外的出口合同大多按 CIF 条件签订，并采用信用证支付方式收取货款。履行这类出口合同，一般包括货、证、运、款四项主要工作，具体分为备货、催证、审证、改证、租船订舱、报验、报关、投保、装船和制单结汇等环节。

第一节　出口合同的履行

一、备货与报验

（一）备货

备货是进出口公司根据合同和信用证规定，向生产加工及仓储部门下达工作联系单，要求有关部门按联系单的要求，对货物进行清点、核对、加工整理、刷唛等项工作。在备货工作中，应注意以下问题：

（1）货物的品质、规格应符合合同的规定。

（2）商品的数量应符合合同的规定。

在国际货物买卖中，卖方所交商品的数量应与合同完全一致。但在信用证支付方式下，按《UCP600》的规定："信用证未以包装单位件数或货物自身件数的方式规定货物数量时，货物数量允许有 5% 的增减幅度，只要总支取金额不超过信用证金额。"据此，对于散装货物，只要信用证没有规定所交商品的数量不得增减并且交货金额没有超过信用证总金额，就可有 5% 的增减幅度。若交货数量前有"约"字，应按双方约定的惯例处理，按《UCP600》的解释，约或大约用于信用证规定的数量时，应解释为允许有关数量有不超过 10% 的增减幅度。凡按重量计量而在合同中未规定按毛重还是净重计量者，按《公约》规定以净重计。凡按重量计量而在合同中未规定按毛重还是净重计量者，按《公约》规定以净重计。

（3）货物的包装和唛头应符合合同规定。

（4）备货的时间安排应便于合同的履行。

（5）凡合同规定收到买方信用证后若干天内交付货物的，为保证按时履约，防止被动，应催促买方按合同规定的期限开来信用证。我方收到信用证后应及时审核，审核无误后及时安排生产或加工。

（6）卖方应保证自己出售的货物符合《公约》要求的品质担保和权利担保。

（二）报验

根据我国《商检法》的有关规定，凡需法定检验的出口货物，出口商应填制"出口报验申请单"，向商检局办理申请报验手续。商检机构对已报验的出口商品，应当在不延误装运期限内检验完毕，检验合格的，按照规定签发检验证书、放行单或者在报关单上加盖印章。

商检机构检验合格的出口商品，出口商应当在检验证书或者放行单签发之日起 60 天内报运出口，鲜活类出口商品应当在规定的期限内报运出口。逾期报验出口的，发货人必须重新报验，合格后方能出口。

二、催证、审证和改证

（一）催开信用证

催开信用证是指通过信件、电报或其他电讯工具催促对方及时办理开立信用证手续并将信用证送达我方，以便我方及时装运货物出口，履行合同义务。催开信用证不是履行每一个出口合同都必须做的工作，通常在下列情况下才有必要进行：

（1）如出口合同规定的装运期限较长（例如3个月或6个月），而买方应在我方装运期前的一定时日（例如30天）开立信用证者，则我方应在通知对方预计装运日期的同时，催请对方开证。

（2）如果我方根据备货和承运船舶的情况，可以提前装运时，则可商请对方提前开证。

（3）即使开证限期未到，但发现客户资信不好，或者市场情况有变，也可催促对方开证。

（4）进口商经常迟开证。

（二）审证

出口方收到的信用证可能有三个来源，分别是通知行、开证行和开证申请人，值得注意的是，只有通知行送来的信用证可以使用，因为通知行的惟一责任就是审核信用证的真伪，并盖章后将其通知给收益人，开证行和开征申请人送来的信用证由于收益人没有能力审核其真伪，因此不能使用。

出口方收到通知行送来的进口方开立的信用证之后，应当先对信用证的内容进行全面的审核，而不是急于去联系出运货物。因为进口商开来的信用证不一定完全符合出口合同的要求或出口安全收汇的要求。

1. 审证的依据

信用证审核的依据是货物买卖合同、《UCP600》的规定以及信用证中有关要求的可实现性。一张信用证能否接受，或是否需修改，主要取决于四个条件：

（1）证内有无政治上对我歧视或我国不能接受的条款，开证行资信是否可靠。

（2）对安全、迅速收汇是否有影响。

（3）对同我国签有贸易、支付协定的国家的来证，其内容是否与协定的精神有矛盾。

（4）证内所要求的各项条件和对单证的要求等，是否与销售合同一致，以及我们在实际执行中有无困难。

2. 银行对信用证的审核

在实际业务中，通知银行和出口公司共同审核信用证，其中通知银行除了必须审核信用证的真伪以外，还着重审核开证行的政治背景、资信能力、付款责任和索汇路线等方面的内容。具体包括：

（1）来证是否符合我国的对外政策。

（2）开证行的资信。包括资金储备情况，支付能力及商业信誉等。如系支付能力差或商业信誉不好的开证行，建议受益人（即出口方）向进口方要求，信用证由资信情况好的银行进行保兑。

（3）索汇路线是否可靠。审核开证银行与通知银行之间是否有代理或其他业务往来关系，信用证的付款责任是否明确，索汇路线是否安全可靠。

3. 出口企业的审证

如果银行审查没有发现问题，便可在信用证正本上加盖证实书戳印后交出口公司进行审核。出口公司着重审核信用证内容与买卖合同是否一致等。具体包括：

（1）信用证的性质和种类是否与合同规定相符。不接受可撤销信用证，对证内有限制性条款如“接到我方通知后生效”或“领取进口许可证后生效”、“承运船只由买方指定，船名后告”、“货物样品径寄开证申请人认可，认可电传作为单据之一”、“单据中包括经开证人代表会签的检验证书”等限制性条款和/或单据条款，或如“信用证下的付款要在货物清关后才支付”、“开证行须在货物到达时没有接到海关禁止进口的通知才承兑汇票”、“在货物到达时没有接到配额已满的通知才付款”、“货物在到达目的地并经主管当局检验合格方可支付”等限制性规定，原则上也不能予以接受。

（2）开证申请人和受益人名称、地址是否与合同相符。

（3）信用证中的商品名称、规格、数量、包装是否与合同中的规定相一致。

（4）价格部分。总金额、货币种类是否与合同规定的相符；总金额是否与单价、数量的乘积相等；金额的大小写是否一致；有没有考虑溢短装的情况；在货币种类不一致时，是否规定有合理的折算方法，我方能否接受等。

（5）到期日、到期地点、交单期和最迟装运日期。有效期一般比装运期晚一段时间（一般为 15 天左右），以便出口方能在装运货物后有足够的办理单证时间，又不至于耽误进口方及时提取货物。信用证的到期地点一般应在我国境内。未规定到期日的信用证是无效信用证，不能使用。凡晚于到期日提交的单据，银行有权拒收。

资料卡：《UCP600》对截止日、交单地点和截止日、最迟发运日的规定

第六条 d. i：信用证必须规定一个交单的截止日。规定的承付或议付的截止日将被视为交单的截止日。

ii：可在其处兑用信用证的银行所在地即为交单地点。可在任一银行兑用的信用证其交单地点为任一银行所在地。除规定的交单地点外，开证行所在地也是交单地点。

e：除非信用证的如第二十九条 a 款规定的情形，否则受益人或者代表受益人的交单应在截止日当天或之前完成。

第十四条 c：如果单据中包含一份或多份受第十九、第二十、第二十一、第二十二、第二十三、第二十四或第二十五条规制的正本运输单据，则须由受益人或其代表在不迟于本惯例所指的发运日之后的二十一个日历日内交单，但是在任何情况下都不得迟于信用证的截止日。

（6）信用证中的转船与分批条款、保险条款以及选港费、港口拥挤费等费用的支出，是否与合同规定的相一致；如果不一致，我方能否接受。信用证如未规定“不准分批装运”和“不准转运”，可以视为“允许分批装运”和“允许转运”。如果信用证规定在指定时期内分批定量装运，则其中任何一期未按规定装运，信用证对该期和以后各期均告失效。

（7）信用证所列的单据与出票条款。来证中要求提供的单据种类、份数及内容，我方能否办理或能否接受。如转口贸易时信用证要求原产地证，卖方不可能办到，对此，出口方应要求改证。

（8）信用证责任条款及其他特殊条款。审查有无开证行保证付款的声明。如出现指定船公司、指定船籍、船龄等，或不准在某个港口转船等，实施中不易办到的，一般不应轻易接受。

（9）信用证中要求了一些条件，但是没有要求在送银行结汇时必须提供与之相应的单据，据《UCP600》的规定，这些要求没有实际的意义，在具体操作时对这些要求可以不予理会。

表 9－1 **SALES CONTRACT**

BUYER：ABC COMPANY NO. ST12－016
203 West 38th Street，New York DATE：MAY. 28，2012
N. Y. 10018 U. S. A.

SELLER：QINGDAO GOLDEN BRIDGE IMP&EXP CO.，LTD
NO. 62，JIANGXI ROAD，
QINGDAO，CHINA

This contract is made by the Seller，whereby the Buyers agree to buy and the Seller agrees to sell the under—mentioned commodity according to the terms and conditions stipulated below：

COMMODITY AND SPECIFICATION	QUANTITY	UNIT PRICE	AMOUNT
		FOBQINGDAO	
HBC12606 LADY'S DOWN JACKETS	15 000PCS	USD3. 50	USD52 500. 00
			USD52 500. 00

TOTAL VALUE：USD52 500. 00（SAY U. S. DOLLARS FIFTY TWO THOUSAND AND FIVE HUNDRED ONLY . ＊＊＊10% MORE OR LESS ALLOWED）

1. PACKIING：To be packed in poly bag one pc each，60pcs in one carton.
2. SHIPPING MARK：The Seller shall mark each package with fadeless paint the package number，gross weight measurement and the shipping mark：ST12－016
   NEWYORK U. S. A.
3. TIME OF SHIPMENT：BEFORE JULY 31，2012
4. PORT OF SHIPMENT：QINGDAO，CHINA
5. PORT OF DESTINATION：NEW YORK U. S. A.
6. INSURANCE：To be covered by the Buyer after shipment（FOB TERMS）
7. TERMS OF PAYMENT：by 100% irrevocable L/C available by sight draft，remaining valid for negotiation in China for further 15 days after the time of shipment.
8. DOCUMENT：

+ Signed invoice indicating L/C No. and Contract No.

+ Full set (3/3) of clean on board ocean Bill of Lading marked "Freight collect" made out to order blank endorsed notifying the applicant.

+ Packing List /Weight List indicating quantity /gross and net weight.

+ Certificate of Origin

9. OTHER CONDITIONS REQD IN L/C:

+ All banking charges outside the opening bank are for beneficiary's a/c

+ Do not mention any shipping marks in your L/C.

+ partial and transshipment allowed.

10. REMARKS: The latest date of L/C opening : 15 Jun, 2012

ABC COMPANY　　　　QINGDAO GOLDEN BRIDGE IMP & EXP CO. LTD

John Smith　　　　张德忠

APPLICATION HERADER 0 700 1417 979214FKBKJPJTAXXX 1343 337998 97021 1317

* NATIONAL WESTMINSTER BANK
* NEW YORK

SEQUENCE OF TOTAL	*27 : 1/1
FORM OF DOC CREDIT	*40A: IRREVOCABLE
DOC CREDIT NUMBER	*20 : S100 - 108085
DATE OF ISSUE	*31C: 120720
EXPIRY	*31D: DATE 120815 PLACE APPLICANT'S COUNTRY
APPLICANT	*50 : ABC COMPANY 203 West 38 th Street, New York N. Y. 10018 U. S. A.
BENIFICIARY	*59: QINGDAO GOLD BRIDGE IMP&EXP CO. LTD NO. 62, JIANGXI ROAD, QINGDAO, CHINA
AMOUNT	*32B: CURRENCY HKD AMOUNT 52 500. 00
AVAILABLE WITH/BY	*41D: ANY BANK IN CHINA BY NEGOTIATION
DRAFTS AT	*42C: DRAFT AT 90 DAYS AFTER SIGHT FOR FULL INVOICE COST
DRAWEE	*42A: NATIONAL WESTMINSTER BANK
PARTIAL SHIPMENT	*43P: NOT ALLOWED
TRANSSHIPMENT	*43T: NOT ALLOWED
LOADING IN CHARGE	*44A: QINGDAO CHINA
FOR TRANSPORTATION TO	*44B: MAIN PORTS OF U. S. A.
LATEST DATE OF SHIPMENT	*44C: 120815
DESCRIPT OF GOODSB /SERVICES	*45A:

COMMODITY: HBC12606 LADY'S DOWN JACKETS

U/P: HKD3. 50/PC

TOTAL：15 000PCS

PRICE TERMS：CFR NEW YORK

COUNTRY OF ORIGIN：P. R. CHINA

PACKING：STANDARD EXPORT PACKING

SHIPPING MARK：ST12 - 016

NEWYORK U. S. A

DOCUMENTS REQURED 46A：

1. COMMERCIAL INVOICE IN 3 COPIES INDICATING L/C NO. & CONTRACT NO. ST12 - 018

2. FULL SET OF CLEAN ON BOARD OCEAN BILL OF LADING，MADE OUT TO ORDER AND BLANK ENDORSED，MARKED FREIGHT TO COLLECT，NOTIFY THE APPLICANT.

3. PACKING LIST/WEIGHT LIST IN 3 COPIES INDICATING QUANTITY/GROSS AND NET WEIGHTS

4. CERTIFICATE OF ORIGIN IN 3 COPIES

ADDUTIONAL CONDITIONS ：47B：ALL DOCUMENTS ARE TO BE PRESENTED TO US IN ONE LOT BY COURIER/SPEED POST.

DETAILS OF CHARGES ：71B：ALL BANKING CHARGES OURSIDE OPENING BANK ARE FOR BENEFICIARY ACCOUNT

PRESENTATIONS PERIOD ：48：DOCUMENTS TO BE PRESENTED WITHIN 21DAYS AFTER THE DATE OF SHIPMENT BUT WITHIN THE VALIDITY OF HIS CREDIT.

CONFIRMATION ：49：WITHOUT

INSTRUCTION ：78：

. + WE HEREBY UNDERTAKE THAT DRAFTS DRAWN UNDER AND IN COMPLY WITH THE TERMS AND CONDITIONS OF THIS CREDIT WILL BE PAID MATURITY

SEND. TO REC. INFO. 72. / SUBJECT U. C. P. 2007 ICCPUBLICATION 600

信用证要求修改函

Smith 先生：

你好。十分感谢贵公司于 2012 年 7 月 20 日通过 NATIONAL WESTMINSTER BANK NEW YORK 开出的号码为 S100 - 108085 的信用证。

通过与销售确认书 ST12 - 016 核对后发现有如下的不同，请按照要求进行修改。

1. 开证日期为 7 月 20 日，晚于合同规定的 6 月 15 日。

2. 信用证的有效期与装运期为同一天，是双到期。应将装运期延展至 8 月 31 日，有效期延展至 9 月 15 日。

3. 到期地点应该在中国，而不是在开证申请人当地到期。

4. 受益人的名称应为 QINGDAO GOLDEN BRIDGE IMP&EXP CO. LTD 而不是 QINGDAO GOLD BRIDGE IMP&EXP CO. LTD，有拼写错误 。

5. 目的港为纽约而不是美国主要港口。

6. 单位价格和总金额中的货币应为美元而不是港币。

7. 贸易术语应为 FOBQINGDAO 而不是 CFRNEWYORK。

8. 在信用证中体现了唛头，应删去。

9. 合同号码应为 ST12 - 016 而不是 ST12 - 018。

10. 分批和转运应改为允许。

请尽快联系开证行将有关的内容进行相应的修改，以免耽误发货。

谢谢合作!

青岛金桥进出口公司
张德忠

资料卡：《UCP600》的规定

第 14 条 g：提交的非信用证所要求的单据将被不予理会，并可退还给交单人。

h：如果信用证含有一项条件，但未规定用以表明该条件得到满足的单据，银行将视为未作规定并不予理会。

（三）改证

改证的程序是：

（1）受益人向开证申请人提出，或开证申请人主动提出。

（2）开证行将改证通知传递到通知行，转告受益人。

（3）受益人认可修改意见。

根据《UCP600》第 10 条 c 款规定：在受益人告知通知修改的银行其接受该修改之前，原信用证（或含有先前被接受的修改的信用证）的条款对受益人仍然有效。受益人应提供接受或拒绝修改的通知，如果受益人未能给予通知，但交单与信用证以及尚未表示接受的修改的要求一致时，及时为受益人已作出接受修改的通知并且从此时起，该信用证被修改。但是受益人对于修改的内容不允许部分接受，因为根据《UCP600》第 10 条 e 款规定：对同一修改的内容不允许部分接受，部分接受将被视为拒绝修改的通知。

受益人应对接受或拒绝修改书作出表示，既可在收到修改书后立即作出，也可以延至交单时作出，如果受益人没有作出书面的接受或拒绝修改的通知，则在交单议付时，如果单据是根据原证制作的就是对修改书的拒绝，如果单据是根据修改书制作的就是对修改书的接受。

对于保兑信用证，保兑行是否对信用证修改加具保兑，《UCP600》第 10 条 b 款规定：保兑行可将其保兑扩展至修改，并自通知该修改之时，即不可撤销的受其约束。但是，保兑行可以选择将修改通知受益人而不对其加具保兑。若然如此，其必须毫不延误地将此告知开证行，并在其给受益人的通知中告知受益人。

三、托运

在货、证备齐以后，出口企业应即向外运机构办理托运手续。所谓托运，是指出口企业委托外运机构向实际履行运输的企业即轮船公司、铁路局、航空公司等或其代理办理海、陆、空等出口货物的运输业务。

在海运出口业务中，我出口企业向外运机构办理托运的工作步骤如下：

（一）查看船期表，填写出口货物托运单

班轮公司或外运机构通常定期编印船期表分发各外贸企业。船期表中列有航线、船名及航次、船舶抵港及离港日期、截止收单期（即接受运输委托的最后日期）、沿途停靠港口等内容。出口企业在备妥货物后，妥善填制海运出口托运单，在截止收单期前送交外运机构，委托其代为订舱。海运出口托运单，又称订舱委托书（Shipping Note），是外贸企业向外运机构所提供的托运货物的必要文件，亦是外运机构向船公司订舱配载的依据。该托运单通常一式数份，分别用于外轮代理公司留存、运费通知、装货单、收货单、外运机构留底、配舱回单、缴纳出口货物港务费申请书等。

倘若采用海运集装箱班轮运输，其订舱手续与一般杂货班轮运输类似。外贸企业或外运机构应缮制集装箱货物托运单，其内容、份数与通常的海运出口托运单略有不同。

（二）船公司或其代理人签发装货单

外运机构在收到海运出口托运单后，即以外贸企业的代理身份向轮船公司或其代理办理订舱手续，并会同轮船公司或其代理，根据配载原则，结合货运重量、尺码、装运港、目的港等情况，安排船只和舱位；然后由轮船公司或其代理据以签发装货单。装货单（Shipping Order），又称关单，俗称下货纸，是船公司或其代理签发给货物托运人的一种通知船方装货的凭证。在法律上，船公司或其代理签发装货单是接受（承诺）出口企业或其代理向其提出订舱要求（要约）的意思表示，所以出口企业或外运机构收到装货单时就意味着运输合同已经订立。

四、投保

在配载就绪，确定船名后，外贸企业应于货物运离仓库或其他储存处所前，按照买卖合同和信用证的规定向保险公司办理投保手续，以取得约定的保险单据。在办理投保手续时，通常填写国外运输险投保单（Application for Foreign Transportation Insurance），列明投保人名称、货物的名称、唛头、运输路线、船名或装运工具、开航日期、航程、投保险别、保险金额、投保日期、赔款地点等。保险公司据此考虑接受承保并缮制保险单据。

五、报关

《中华人民共和国海关法》规定：凡是进出国境的货物，必须经由设有海关的港口、车站、国际航空站进出，并由货物的所有人向海关申报，经过海关查验放行后，货物方可提取或装运出口。进出口货物的收、发货人向海关申报，请求海关查验放行进出口货物的行为称为报关。出口报关是指出口人向海关如实申报出口，交验有关单据和证件，接受海关对货物

的查验。在出口货物的发货人缴清税款或提供担保后，经海关签印放行称为清关或称通关，它通常要经过申报、征税、查验、放行四个环节。

（一）出口申报

出口报关时出口货物的发货人（通常为出口人）或其代理人应向海关申报交验有关单据、证件，申请验关并办理货物通关出境的手续。

1. 报关期限和地点

出口货物的发货人，除海关特准者外，应当在货物运抵海关监管区后，装货的 24 小时以前向海关申报。一般而言，出口货物应由发货人在货物的出境地海关办理报关手续。

2. 报关单证

办理出口报关手续时，发货人或其代理人通常应向海关提交下列单证：

（1）出口货物报关单。出口货物报关单是海关凭以进行监管、查验、征税、统计的基本单据。报关单上的项目，申报人必须如实正确无讹地填写清楚，并在报关单上签字盖章。

（2）对外贸易管理部门签发的出口许可证和国家规定的其他批准文件。

（3）装货单（非海运货物则为运单）。装货单或运单经海关查验放行后加盖放行章退还报关人凭以装运货物出口。

（4）发票一份。

（5）装箱单一份，散装货物或单一品种且包装内容一致的件装货物可免交。

（6）减税、免税或免验的证明文件。

（7）对应实施商品检验、文物鉴定、濒危物种出口管理或受其他管制的出口货物，还应交验有关主管部门签发的证明文件。

（二）出口查验

出口查验是指海关以出口报关单为依据，在海关监管区域内对出口货物进行实际的检查和核对。

在查验过程中，海关检查出口货物的名称、品质规格、包装状况、数量重量、标记唛码、生产或贸易国别等事项是否与出口报关单和其他证件相符，以防止非法出口、走私及偷漏关税等。

海关查验货物，一般在海关监督场所，如码头、车站、机场、邮局等地仓库或货场，或者是装卸现场。在特定情况下，可经海关同意派员去发货人仓库查验。

海关查验货物时，报关单位应派员到场提供协助，并应海关要求，随时提供有关单证、文件及必要的资料。

（三）缴纳出口税

准许出口、按规定应当缴纳出口税的货物，由海关根据我国《关税条例》和《海关税则》规定的税率，征收出口税。出口货物经海关查验情况正常，在缴清税款或提供担保后，海关方可签章放行。

（四）出口放行

出口放行是海关对出口货物进行现场监管的最后一项业务程序。出口货物在申报人按照海关规定办妥申报手续，经海关审核单证和查验有关货物、办理纳税手续后，海关解除货物监管准予出境。在放行前，海关派专人负责审查该批货物的全部报关单证及查验货物记录，并签署认可，然后在装货单或运单上盖放行章交货主签收，货方方可把货物装运出境。

六、装运

承运船舶抵港前，外贸企业或外运机构根据港区所作的货物进栈计划，将经出口清关的货物存放于港区指定仓库或货场。轮船抵港后，由港区向托运人签收出口货物港杂费申请书后办理提货、装船。装船完毕，即由船长或大副根据装货实际情况签发大副收据（Mate's Receipt）。大副收据，又称收货单，是船方签发给托运人的，表明货物已装妥的临时收据，载明收到货物的详细情况。外贸企业或外运机构可凭此单据向船公司或其代理换取海运提单。

七、发装运通知

货物装船后，外贸企业应及时向国外买方发出"装运通知"（Shipping Advice）以便对方准备付款、赎单，办理进口报关及接货手续。

装运通知的内容一般有订单或合同号、信用证号、货物名称、数量、总值、唛头、装运口岸、装运日期、船名及预计开航日期等。在实际业务中，应根据信用证的要求和对客户的习惯做法，将上述项目适当地列明在电文中。

八、制单结汇

出口货物装出之后，出口公司即应按照信用证的规定，正确缮制各种单据。在信用证规定的交单有效期内，递交银行办理议付结汇手续。

（一）我国出口结汇的做法

在我国的出口业务中，使用信用证支付方式收款，其结汇的做法主要有买单结汇、收妥结汇和定期结汇。

1. 买单结汇

买单结汇，又称出口押汇，是指议付行在审单无误情况下，按信用证条款贴现受益人的汇票或者以一定的折扣买入信用证项下的货运单据，从票面金额中扣除从支付日到估计收到票款之日的利息，将余款按议付日外汇牌价折成人民币，拨给出口商。银行之所以作出口押汇，是为了给出口商提供资金融通的便利，加速出口商资金周转。

2. 收妥结汇

收妥结汇又称收妥付款，是指议付行收到外贸公司的出口单据后，经审查无误，将单据寄交国外付款行索取货款，待收到付款行将货款拨入议付行账户的贷记通知书（Credit Note）时，即按当日外汇牌价，折成人民币记入受益人账户。

3. 定期结汇

定期结汇是指议付行根据向国外付款行索偿所需时间，预先确定一个固定的结汇期限，到期后主动将票款金额折成人民币拨交外贸公司。

（二）对出口单据的要求

《UCP600》规定：按指定行事的指定银行、保兑行（如果有的话）及开证行需审核交单，并仅基于单据本身确定其是否在表面上构成相符交单。如确定交单不符时，指定行事的指定银行、保兑行（如果有的话）及开证行可以拒绝承付或议付。因此在出口业务中做好单据对及时安全收汇有特别重要的意义。对出口单据的要求是：正确、完整、及时、简明、整洁。

1. 汇票

出口贸易中通常使用的是跟单汇票，缮制时应注意以下问题：

（1）出票条款。出票条款，又称出票根据即汇票的对价条款，在信用证业务中，如果信用证中有规定则按照规定填写；如没有规定，一般包含三个内容：开证行名称、信用证号码和开证日期。采用托收方式时，一般填写的是有关销售合同的号码、签约地点和签约时间。

（2）汇票金额和币别。第一，小写金额要保留至小数点后两位，币别必须与信用证规定的发票所使用的货币一致。除非信用证另有规定，汇票金额应与发票金额一致。第二，当发票金额含佣金时，信用证表明发票含佣，议付时佣金须在汇票中予以扣除，如信用证规定：Invoice Showing CIF value including 5% commission, at the time of negotiation, 5% commission must be deducted from drawings under this credit. 此时发票是含佣金的 CIF 价，而汇票则是不含佣金的 CIF 价。第三，汇票上的金额大、小写必须一致，汇票金额不得涂改。

（3）付款人名称。在信用证方式下，应按照信用证的规定，以开证行或其指定的付款行为付款人。倘若信用证中未指定付款人，应填写开证行。按《UCP500》的规定：信用证不应凭以申请人为付款人的汇票支付。如信用证要求以申请人为付款人的汇票，应要求对方改证，否则，按规定出具的汇票只能作为一种额外的单据。在托收方式时，汇票的付款人一般为国外进口商。

（4）汇票的受款人。汇票的受款人应为银行。在信用证方式下，汇票的受款人通常为议付行或出口商的往来银行，在托收方式下，汇票的受款人应为托收行。在我国出口业务中，无论以信用证还是以托收方式结算，对外签发的汇票均应作成指示式抬头，例如“付中国银行或其指定人”（pay to the order of Bank of China）。

（5）汇票的出票人。汇票的出票人通常为信用证的受益人，在可转让信用证情况下，也有可能为信用证的第二受益人。在托收方式下，一般为买卖合同的出口人。出票人应署企业全称和负责人的签字或盖章。

2. 商业发票

商业发票，简称发票，它是出口人对进口人开立的发货价目清单，是装运货物的总说明。它的主要作用是供进口人凭此收货、支付货款和作为进出口人记账、报关、纳税的依据，在即期信用证或即期托收业务中不要求提供汇票的情况下，常以发票替代汇票作为付款的依据。发票全面反映了交付货物的状况，是各种单据的中心单据，是出口人必须提供的主要单据之一。

发票并无统一格式，但其内容大致相同。主要包括出具人名称、发票字样、抬头人名称、发票号码、合同号码、信用证号码、开票日期、装运地点、目的港（地）、唛头、货物的名称、规格、数量、包装方法、单价、总值等。有的在发票下端还印有“有错当查”（E. & O. E.）的字句。这是为了一旦发生错误或遗漏时可以进行更正或更换，但这并非必要项目。

发票内容必须符合买卖合同规定。在采用信用证支付方式时，还应与信用证的规定严格相符，不能有丝毫差异。在缮制发票时，一般应注意如下各项：

（1）出具人名称。发票出具人一般为出口人。在发票的顶端，通常印有出口人的名称及详细地址。在信用证方式下，上述出口人的名称及地址必须与信用证所规定的受益人的名称与地址相一致。按《UCP600》规定，除可转让信用证外，发票必须看似由受益人出具。

（2）发票抬头人名称。在信用证方式下，商业发票的抬头必须作成开证申请人（可转让信用证除外）。在托收方式下，商业发票的抬头一般为国外进口商。

（3）发票号码、合同号码、信用证号码及开票日期。发票号码由出口商统一编制，一般采用顺序号，以便查对；合同号码应如实填列；信用证号码依照信用证中列明的填制。发票的开立日期不要与运输单据的日期相距过远，且必须在信用证的交单有效期内，也不应晚于交单日。

（4）装运港（地）和目的港（地）。在符合信用证规定的前提下，应明确具体，不能含糊笼统。如遇在世界上有重名的港口或城市，应加列国名或地区名称。

（5）运输标志。凡是信用证有指定唛头的，必须依照规定制唛。如未指定，出口人可自行设计。发票的唛头及件号应与运输单据和其他单据所表示的相一致。

（6）货物的名称、规格、数量与包装方法。发票上的货物名称、规格、数量与包装方法等有关货物的描述，必须与信用证要求完全相符，不能有任何差异。

（7）单价与总值。单价和总值是发票的重要项目，必须准确计算，正确缮打，并应做到单价、数量、总值三者之间不能相互矛盾。

资料卡：《UCP600》对单据中的货物、服务或履约行为的描述规定

第十八条 c：商业发票上的货物、服务或履约行为的描述应该与信用证中的描述一致。

第十四条 e：除商业发票外，其他单据中的货物、服务或履约行为的描述，如果有的话，可使用与信用证中的描述不矛盾的概括性用语。

（8）各种说明。国外开来的信用证，有时要求在发票上加注特定费用金额等说明、有关文件号码与证明文句等。在缮制发票时，可将上述内容打在发票的商品描述栏内。在实际业务中，常见的要求有：分别列明货物的 FOB 金额、运费及保险费；进口许可证号、协调制度税则号码等有关号码；注明货物的原产地是中国等。若要求在发票上加注“证明所列内容真实无误”或类似文句，即要求出具“证实发票”或“签证发票”（Certified Invoice），则需将发票下端的“E. & O. E.”字样删去。

（9）签发人的签字或盖章。商业发票习惯上均有发货人的正式签字。但依照《UCP500》规定，除非信用证另有规定，商业发票“无需签署”。

发票的份数较多。一般正本不少于 4 份，其中两份随同提单等其他单据交银行议付或托收，另外两份则连同提单副本径寄进口商，以便对方做好付款赎单和收货准备。此外，还需准备副本多份，除供出口企业本身留底备查，以及在出口地报关时使用外，进口商或中间商也常要求增加提供份数，以供其记账、存查等所需。

3. 运输单据

运输单据随不同的运输方式而各异。在我国，海运提单可以由出口企业或委托运输代理制作，在货物装船后由船公司签署后交出口企业。海运提单缮制时应注意的事项如下：

（1）海运提单的名称。依照《UCP600》的有关规定，银行可接受海运提单，而不论其名称如何。例如，来证中规定为“Ocean B/L”，但提交银行的为“Marine B/L”，甚至是“Combined Transport B/L”，只要其内容符合信用证的要求，银行也予以接受。

（2）托运人（Shipper）。托运人一般为信用证的受益人。除非信用证另有规定，银行亦接受以信用证受益人以外的一方为托运人的海运提单，此种提单称之为第三者提单（Third Party B/L）。

（3）收货人（Consignee）。提单中收货人栏目的缮制方法应严格依照信用证的规定。在实际业务中，提单大都依照信用证的规定作成“凭指定”（to order）或“凭托运人指定”（to order of shipper）抬头。这种提单必须经托运人背书，才可流通转让。有时信用证中规定提单应作成“凭××银行指定”（to order of ××Bank），例如凭开证行指定。这种提单须经该银行背书后方可转让或提货。

（4）被通知人（Notify Party）。提单上列被通知人的目的，是便于船公司在船货抵港前能及时通知实际购货人做好提货准备。所以提单中的被通知人通常是货物的进口人或其代理。信用证有具体规定时，应按信用证规定填制。被通知人的名称、地址必须详细，有的还要加上邮政信箱号。如是记名提单，则被通知人一栏可以不填。

（5）提单号码（B/L No.）。为便于查核和工作联系，提单号码通常按船公司签发的装货单所用号码填制，并与大副收据或场站收据号码相一致。

（6）船名及航次（Name of Vessel）。应填列货物实际所装船舶的船名及航次。

（7）装货港、卸货港（Port of Loading，Port of Discharge）。装货港和卸货港必须具体填制，如“装货港：上海；卸货港：伦敦”，而不能把装货港笼统地写成“中国港口”，把卸货港写成“欧洲港口”。如需转船，且由第一程船公司出具转运提单，则卸货港填最后目的港，提单上列明第一程和第二程的船名。如第二程船名尚未确定，但转船港已确定，则卸货港填最后目的港，同时注明“在××港转船”（with transhipment at ××）。如集装箱运输使用多式运输单据（Multimodal Transport Document）时，提单上除列明装货港、卸货港外，还需列明“交货地”（Place of Delivery）和“收货地”（Place of Receipt）以及“第一程运输工具”（Pre-carriage by）、“海运船名和航次”（Ocean Vessel Voy. No.）。如果目的港为选择港时，应在所列的选择港前或后加注“选择”（Optional）字样。如卸货港有同名港时，则须加注国名或地区名称。

（8）唛头（Shipping Marks）。按实际使用填列。信用证有规定的，应按信用证的规定，并与发票上所列相一致。

（9）包装件数、种类与货物的描述。包装件数、种类应按实际情况填列，托盘及集装箱也可作为包装填列，裸装货应注明××捆（... bundle）或××件（... pieces），散装货可注明“散装”（In Bulk）字样。货物的名称，可用货物的统称，但不得与信用证中货物名称有抵触。如系危险品必须写明化学名称，注明国际海上危险品运输规则号码（IMCO Code Page）、联合国危险品规则号码（UN Code No.）与危险品等级（Class No.）。冷藏货物则需注明所要求的温度。

(10) 毛重和尺码（Gross Weight & Measurement）。一般以公斤作为重量单位，以立方米作为体积单位，小数要保留三位。信用证另有规定的，按信用证规定。

(11) 运费和费用（Freight & Charges）。运费和费用一栏一般只填运费的支付情况，按CFR或CIF条件达成的交易，应填运费已预付（Freight Prepaid），若以FOB术语成交的出口交易，除非发货人代为支付运费，应填运费到付（Freight to Collect；Freight Payable at Destination）。在程租船项下的提单，一般只列明“按商定”（as Arranged）。

(12) 正本提单份数。按信用证中规定填制，并用大写数字，如“一份”，“两份”，“三份”。如信用证中仅规定“全套”（Full Set），可按习惯填制为一式两份或三份，即请船公司或其代理人签发一式两份或三份正本提单。按《UCP500》规定，全套提单是指承运人在签发的提单上所注明的全部正本份数，包括单份正本提单。

(13) 提单日期及签发地点。已装船提单的签发日期，为装船完毕日期，由船公司按实际装运日期填列。提单日期应不迟于信用证规定的最迟装运日。提单的签发地点应按装运地点填列。

(14) 签署。按《UCP600》规定，提单无论名称如何，必须看似表明承运人名称，并由下列人员签署：承运人或其具名代理人或者船长或其具名代理人。承运人、船长或代理人的人和签字必须标明其身份。代理人的任何签字必须标明其系代表承运人还是船长签字。

除以上主要内容外，按照信用证规定，提单有时还需加列进口许可证号、信用证号、目的港船公司代理的名称和地址等内容。

4. 保险单据

在CIF或CIP合同中，出口人在向银行或进口人收款时，提交符合买卖合同及/或信用证规定的保险单据是其重要义务。

当出口人办妥投保手续后，保险公司即根据投保人提供的投保单缮制保险单。保险单主要有以下内容：

(1) 保险公司名称。

(2) 单据名称。

(3) 编号。

(4) 被保险人名称。通常是信用证的受益人，并加空白背书，便于办理保险单转让。

(5) 唛头。保险公司在本栏日常采取仅打上“同××号发票”（as per invoice No. ××）方式，这是因为发生保险索赔时，索赔方必须提供发票，便于两种单据互相参照。

(6) 包装及数量。由保险公司按投保单填列。按惯例，保险单据的货物包装和数量应与发票内容相一致。

(7) 保险货物名称。可使用货物的统称，但须与提单等单据相一致，并不得与信用证中货物的描述相抵触。

(8) 保险金额。《UCP600》规定，保险单据必须表明投保金额并以与信用证相同的货币表示。信用证对于投保金额为货物价值、发票金额或类似金额的某一比例的要求，将被视为对最低保额的要求。如果信用证对投保金额未规定，投保金额需至少为货物的CIF或CIP价格的110%。如果从单据中不能确定CIF或CIP价格，投保金额必须给予要求承付或议付的金额，或者基于发票上显示的货物总值来计算，两者之中取金额较高者。

(9) 保费及费率。除非信用证另有规定，一般采用“按商定”方式填制。

（10）装载运输工具。参照提单，注上承运货物的船舶名称与航次。如投保时已明确要在中途转船，须在第一程船名后加注第二程船名，如第二程船名未能预知，则在第一程船名后加注“and/or steamers”。

（11）开航日期。海运时，缮打“见提单”（as per B/L）即可，其他运输方式类同。

（12）运输起讫地点。参照提单。如中途须转船，应列明“转运”（with transhipment）字样。

（13）承保险别。按照投保单填制，并应与信用证规定相一致。

（14）保险公司在目的地或就近地区的代理人。这是为了便于收货人在货物出险后与其联系办理保险索赔。因此，应有详细地址。

（15）赔款偿付地点。一般为保险公司在目的地或就近地区的代理人所在地。

（16）保险单出单日期与地点（Date and Place of Issue）。按《UCP600》规定，保险单据日期不得晚于发运日期，除非保险单据表明保险责任不迟于发运日生效。保险公司通常以投保单日期作为保险单的出单日期。

（17）保险公司签章。按《UCP600》规定，保险单据例如保险单或预约保险项下的保险证明书或者声明书，必须看似由保险公司或承保人或其代理人或代表出具并签署。代理人或代表的签字必须表明其系代表保险公司或承保人签字。

5. 包装单据

包装单据是指一切记载或描述商品包装情况的单据，也是商业发票的补充单据。在向银行交单要求付款、承兑或议付时，除散装货外，一般均要求提供包装单据。

不同商品，有不同的包装单据，常用的有装箱单、重量单和尺码单、磅码单等。

装箱单（Packing List；Packing Slip），又称包装单，是表明出口货物的包装形式、包装内容、数量、重量、体积或件数的单据。其主要用途是作为海关验货、公证行核对和进口商提货点数的凭据。装箱单还可作为商业发票的补充文件，用以补充说明各种不同规格货物所装之箱号及各箱的重量、体积、尺寸等内容。装箱单并无固定的格式和内容，只能由出口人根据货物的种类和进口商的要求而仿照商业发票的大体格式来制作，但在一般情况下，装箱单除有合同编号、发票号码外，还应包括：商品名称；唛头；装箱编号；包装类型；颜色与尺寸搭配；货物数量；包装数量；重量；体积等。若要求提供详细包装单，则必须提供尽可能详细的装箱内容，描述每件包装的细节，包括商品的货号、色号、尺寸搭配、毛净重及包装尺码等。

重量单（Weight List；Weight Note），又称磅码单（Weight Memo）、码单，是用于以重量计量、计价的商品清单。一般列明每件包装商品的毛重和净重、整批货物的总毛重和总净重；有的还须增列皮重；按公量计量、计价的商品，则须列明公量及计算公量的有关数据。凡是提供重量单的商品，一般不需提供其他包装单据。

尺码单（Measurement List），又称体积单，是着重记载货物包装件的长、宽、高及总体积的清单，供买方及承运人了解货物的尺码，以便合理运输、储存及计算运费。

6. 产地证明书（Certificate of Origin）

产地证明书是一种证明货物原产地或制造地的文件，也是进口国海关核定进口货物应征税率的依据。

产地证一般分为普通产地证和普惠制产地证以及政府间协议规定的特殊原产地证等。上述产地证虽然都用于证明货物的产地，但使用范围和格式不同。

（1）普通产地证。普通产地证，又称原产地证，在我国出口业务中使用的原产地证系指中华人民共和国出口货物原产地证明书（Certificate of Origin of the People's Republic of China），它是证明中国出口货物符合《中华人民共和国出口货物原产地规则》，确系中华人民共和国原产地的证明文件。这种文件是进口国海关对该进口货物按何种税率征收进口税的依据。

依照签发者的不同，原产地证可分为：出口商自己出具的产地证、生产厂商出具的产地证、出入境检验检疫局签发的产地证明书和中国国际贸易促进委员会签发的产地证明书。在实际业务中，应根据买卖合同或信用证规定，提交相应的产地证。一般情况下，以使用检验检疫局或贸促会签发的产地证居多。在缮制原产地证书时，应按《中华人民共和国出口货物原产地规则》及其他有关规定办理。

（2）普惠制产地证（Generalised System of Preference Certificate of Origin）。普惠制产地证是普惠制的主要单据。凡是对给予我国以普惠制关税优惠待遇的国家出口的受惠商品均须提供这种产地证，并以此作为进口国海关减免关税的依据。其书面格式名称为“格式 A”（Form A）。但对新西兰除使用格式 A 外，还须提供格式 59A 证书（Form 59A），对澳大利亚不用任何格式，只须在商业发票上加注有关声明文句即可。在我国，普惠制产地证书由出口人填制后连同普惠制产地证申请书和商业发票一份，送交出入境检验检疫局签发。

（3）纺织品产地证（Certificate of Origin Textile Products）。对欧盟国家出口纺织品时，信用证一般都规定需要提供特定的产地证，即纺织品产地证。此种产地证在我国是由出口地的外经贸委（厅）签发的。

7. 检验证书（Inspection Certificate）

检验证书是检验检疫机构对出口商品实施检验或检疫后，根据检验检疫结果，结合出口合同和信用证要求，对外签发的证书。检验证书是检验检疫机构作为官方机构对外签发的具有法律效力的凭证。是出口商凭以向银行或进口人收取货款的一种单据。检验证书一般由国家检验检疫部门指定的检验检疫机构如设在各省、市、自治区的出入境检验检疫局出具，也可以根据不同情况和不同要求，由外贸企业或生产企业出具。检验检疫证书应在规定的有效期内，如果超过规定期限，应当重新报验。

8. 海关发票（Customs Invoice）

海关发票是非洲、美洲和大洋洲等某些国家海关规定的格式，由出口商填制，供进口商凭以向进口国海关报关时用的一种特别的发票。各国海关发票各有专用的固定格式，不能相互替代。其主要作用是作为海关估价定税，征收差别关税或反倾销税的依据，也供编制统计资料使用。

填制海关发票应注意下列事项：

（1）海关发票须注明商品成分，以便进口国海关分类征税。

（2）海关发票与商业发票中的同一项目，如唛头、品名、数量、金额等的内容必须相符。

（3）海关发票的抬头人一般应填写目的港的收货人。

（4）海关发票中“出口国国内价格”一栏，应以出口国的货币填写，且不能高于 FOB 价值，否则可能成为进口国海关征收反倾销税的依据。

（5）如成交价格为 CIF 条件，应分别列明 FOB 价、运费、保险费，三者之和应与 CIF 价相等。

（6）海关发票上的签字，必须以个人名义手签。如要求另加证明文句，证明人的签字式样不得与发票、汇票或其他单据的签字相同。

9. 其他单证

其他单证是根据信用证条款规定而提供的。这些单证，有的是出口人自己制作的，有的是其他单位应出口人要求而出具的。其内容及签发的人均应符合信用证规定。常见的有：

（1）寄单证明（Beneficiary's Certificate for Despatch of Documents）。

（2）寄船样证明（Beneficiary's Certificate for Despatch of Shipment Samples）。

（3）装运通知副本（Copy of Shipping Advice）。

以上三种单据，均由出口人自己缮制，并无固定格式。

（4）邮局收据（Post Receipt）或快递收据（Courier Receipt）。该单据须由受益人在以邮寄或快递方式对外寄出样品或单据时，向邮局或快递机构索取。

（5）有关运输方面的证明，如船籍或航程证明、船龄证明、船级证明等，受益人应向船公司或其代理索取。

（三）结汇时应注意的事项

1. 银行对不符单据的通知

《UCP600》规定：当按照指定行事的指定银行、保兑行（如果有的话）或开证行确定交单不符时，决定拒绝承付或议付必须给予交单人一份单独的拒付通知。该通知必须以电讯方式，如不可能则以其他快捷方式，在不迟于自交单之翌日起第五个银行工作日结束前发出。

2. 单证不符

交单后如果议付行发现单证不符，受益人应及时修改。如果开证行发现单证不符，开证行可以自行决定联系开证申请人放弃不符点。受益人也可以要求开证申请人放弃该不符点，使付款行按单证相符付款。如果开证申请人不放弃该不符点，受益人只有将信用证改托收。

3. 出单日期

《UCP600》规定：单据日期可以早于信用证的开立日期，但不得晚于交单日期。

4. 截止日

《UCP600》规定：如果信用证的截止日或最迟交单日适逢接受交单的银行非因不可抗力原因而歇业，则截止日或最迟交单日，视何者适用，将顺延至其重新开业的第一个银行工作日。如果在顺延后的第一个银行工作日交单，指定银行必须在其致开证行或保兑行的面函中声明交单是在根据第二十九条 a 款顺延的期限内提交的。最迟发运日不因第二十九条 a 款规定原因而顺延。

5. 有关时间的解释

《UCP600》规定："在或大概在（on or about）"或类似用语将被视为规定时间发生在指定日期的前后五个日历日之间，起讫日期计算在内。"至（to）"、"直至（until，till）"、"从……开始（from）"及"在……之间（between）"等词用于确定发运日期是包含提及的日期，使用"在……之前（before）"及"在……之后（after）"时则不包含提及的日期。

6. 单据正副本

《UCP600》对正本单据及副本的规定：信用证规定的每一种单据至少提交一份正本。银行应将任何带有看似出单人的原始签名、标记、印戳或标签的单据视为正本单据，除非单据本身表明其非正本。如果信用证要求提交单据的副本，提交正本或副本均可。如果信用证使用诸如“一式两份（in duplicate）”、“两份（in two fold）”、“两套（in two copies）”等用语要求提交多份单据，则提交至少一份正本，其余使用副本即可满足要求，除非单据本身另有说明。

以上均是《跟单信用证统一惯例》的规定。在实际信用证业务中，出口方应严格遵循信用证与《跟单信用证统一惯例》的规定，才能做到单证相符，实现安全收汇。

第二节　进口合同的履行

目前，我国商品进口主要使用信用证方式支付货款，以海洋运输方式运送货物，并以象征性交货的贸易术语 FOB、CFR、CIF 为条件。如按 FOB 贸易术语和即期信用证支付方式进口的合同，其履行步骤中包括的环节有：开立信用证、租船订舱、装运、办理保险、审单付款、报关接货、检验、拨交及索赔等。一般将其归纳为“证、船、单、货”四个部分。

一、开立信用证

（一）开证的申请、步骤和时间

1. 开证申请书的内容

开证申请书是在申请开证中必须填制的文件。它包括两部分内容：一部分是开证申请人的承诺和付款保证，包括信用证的种类、开证方式、付款条件及保证，银行的权利和责任等，一般写在申请书的正面；另一部分是开证内容，即银行凭以开证的依据，包括信用证的号码、有效期、到期地点、种类、有关当事人、单据要求、与合同相一致的具体条款、以及特殊声明与要求等，一般写在申请书的背面。

2. 开证的步骤

开证申请人填制好“开证申请书”后，附进口合同副本送交当地有关银行，正式要求银行按照“开证申请书”和进口合同的内容规定对外开证。银行在收到申请后，经审核进口的有效凭证（如进口合同、许可证、配额等）、开证申请人的资信程度、经营能力与经营状况、外汇使用等方面情况认为无疑问后，收取一定比例的押金或其他担保品，缮制信用证，对外寄发。

3. 开证时间

信用证的开证时间，应按合同规定办理，一般应在合同规定的装运期前将信用证开到对方。如合同规定了信用证最迟开到期限，应计算信用证在正常传递过程中所需要的天数、其间的休假天数，加上适当的提前量，在合同规定的最迟开到期限前若干天对外开证。如合同规定在出口方确定交货期后开证，进口方则在接到上述通知后开证。如合同规定在出口方领到出口许可证或支付履约保证金后开证，进口方则应在收到对方已领到许可证的通知

（或对方寄来出口许可证的影印本）、或收到保证金后开证。如果合同规定须凭出口方银行保函开证或预付货款后开证，应在收到银行保函或支付合同规定的预付款项后，才申请开证。

（二）信用证的传递和修改

1. 信用证的传递

信用证的传递方式分信开与电开两种。信开是指将信用证以信件传递方式递送到国外通知行，转交受益人的方式。它的特点是开证费用低，内容详细，但传递速度较慢。电开是指将信用证的内容以电报或电传方式拍发国外通知行，以此转告受益人的方式。它的开证费用相对比较高，但传递速度较快，适用于开证时间急迫的交易。

电开中有简电开证的方式，是指开证行将信用证的要点如信用证号码、受益人、品名、合同号、装运期、有效期等内容，以电报或电传方式拍发国外通知行，具体内容则以航空邮件的形式寄出。这样可使出口方提早得到信用证已经开列的通知，以便及时备货、准备发运，同时又相对节省费用。

2. 修改信用证

出口方收到开出的信用证后，可能会发现有不当之处，于是向进口方提出修改信用证的要求。有时则并非由于开证的失误，而是由于出口方在交货方面有难处，故要求延展装运期、信用证有效期或变更装运口岸、增减货物数量或金额，修改出口商名称、地址，等等。对此种修改要求，如果开证申请人同意修改，可向银行办理改证手续。在办理修改信用证手续的同时，一般还要求填写“合同变更单”，以维持合同的正确性，避免与有关部门的工作相脱节。如经我方研究审核后，认为对方改证要求不合理，则可以拒绝改证。

二、安排运输和保险

（一）安排运输

按 FOB 贸易术语成交的进口合同，货物采用海洋运输的方式，应由进口方负责租船或订舱工作。租船订舱事宜可委托进出口贸易运输公司办理，也可直接向远洋运输公司或其他运输机构办理。租船订舱工作应按合同规定及时办理，大宗货物一般应在交货期前 45 天向运输机构提出，零星货物应在交货期前 30 天提出，以便运输机构有足够时间落实舱位。如有的合同规定，出口方在交货前一定时期内，应将预计装运日期通知进口方，进口方应在接到上述通知后，再及时向运输机构办理租船订舱手续。

在办妥租船订舱手续后，应按规定的期限将船名、船期及时通知对方，以便对方备货装船。派船通知中一般包括船名、船籍、船舶吃水深度、装载重量、到达港口、预计到达日期以及其他需要说明的问题。这些信息对于出口方及时做好交付准备是很有帮助的。

进口方应随时了解对方的备货及装船前各项准备工作的进程，注意催促对方按时装运。对数量大或重要物资、设备的进口，如有必要可委托有关驻外商务机构就地了解情况，督促对方按时履行交货义务，或派员前往出口地点监督装运。

（二）保险

按 FOB 术语签订的进口合同，货物运输保险是由进口方办理的。从事进口业务的企业，通过与中国人民保险公司签订“海运进口货物运输预约保险合同”的方式，办理“预约保险”的手续。

1. 预约保险

预约保险的具体做法是：进口公司作为被保险人与保险公司签订海运、空运和邮运货物等的预约保险合同，简称“预保合同”（Open Policy），作为办理预约保险的依据。在预约保险合同中，各公司经营的进口商品应保什么险别已作了具体的规定。只要属于承保范围内的商品，一经起运，保险公司即自动承保。但是，被保险人应按规定根据出口方发来的装运通知，编制“进口货物装船通知”，将每批起运货物的品名、价值、包装、数量，起讫港口、运输工具、起运日期等情况，提供给保险公司，作为投保的凭证。

2. 逐笔投保

没有签订预约保险合同的公司，如果自办货物的运输保险手续，只能采用逐笔投保的方法。进口公司应在接到出口方的发货通知后，尽快填写《进口货物国际运输预约保险起运通知书》，交保险公司，经保险公司在此通知书上签章后完成投保手续。保险险别应根据商品特性、航程情况、季节变化以及其他因素加以选择。

3. 保险金额

进口货物的保险金额，原则上按 CIF 或 CIP 货值计算。但在实际业务中，我国进口合同大多采用 FOB 条件，为便于计算，在各进口公司与保险公司签订的预约保险合同中，共同议定按平均保险费率和平均运费率，即按估算的 CIF（或 CIP）价计算，并不另加减。但如投保人要求在 CIF（或 CIP）价基础上加减投保，保险公司也可接受。

4. 保险费率

进口货物保险费率的制定，分进口货物保险费率和特约费率两种。特约费率主要适用于预约保险合同项下进口货物的优惠费率。

三、审单和付汇

在进口业务中，如采用托收或汇付方式，由进口公司负责对货物单据进行全面审核；如采用信用证的支付方式，则由开证银行和进口公司共同对货物单据进行审核。通常由开证银行对单据进行初审，进口公司进行复审。在单据符合信用证及合同规定的条件下，开证银行履行付款责任。

开证银行或进口公司审核国外单据，如发现单、证不符或单单不符，应由开证银行立即向国外银行提出，并根据具体情况作出必要的处理。如银行决定拒绝接受单据，按照《UCP600》规定：拒付通知必须以电讯方式，如不可能则以其他快捷方式，在不迟于自交单之翌日起第五个银行工作日结束前发出。如开证行一时不能确定“不符点”的处理方案，可与进口公司联系，征求其意见，看进口公司是否同意接受这些单据表面不符合信用证条款的内容，或作出其他的变通处理。

（一）拒付银行对不符单据采取四种处理方法

（1）银行保留单据听候交单者的进一步指示。

（2）开证行保留单据直至从申请人处接到放弃不符点的通知并同意接受该放弃，或在开证行同意接受对不符点的放弃之前收到交单者的进一步指示。

（3）银行退回单据。

（4）银行按照交单者先前的指示处理。

开证行发出拒付通知后，若开证申请人接受不符点且开证行也同意接受，便可放单给开证申请人。

(二) 受益人对单据不符的处理方法

(1) 请审单银行将单据退受益人更改，以便在信用证交单期内改妥再交单。

(2) 受益人授权寄单行电告开证行不符点，请开证行接受，并授权付款、承兑或议付。

(3) 受益人同意办理“保留索偿”的付款、承兑或议付。

(4) 在受益人或另一家银行担保方式下予以付款、承兑或议付。

(5) 改为寄单托收。

四、报关、验收和提交货物

(一) 报关

进口报关是指进口人按国家海关法令规定，向海关申报进口货物验收的行为，也称进口通关。

1. 报关的程序

货物一旦进入关卡，直到办理通关手续之前的整个期间，都处在海关监管之下。海关规定，凡载有进口货物的进境运输工具进入一国通商口岸后，必须经海关批准才能卸货。货物中除性质特殊的如危险品、易腐品、活牲畜以及大宗货物可先缴纳关税及国内税，或提交担保在船边放行之外，必须卸入海关核准的海关监管仓库或集装箱集散站。进口公司应在此阶段填写进口货物报关单，随附提货单据、进口许可证、发票、装箱单、进口合同、产地证明及其他所需证件，向海关报关。海关对报关单进行编号登记，批注申报日期，同时审核报关单证是否齐全、有效，内容是否清楚、正确，然后根据报关单进行审价，如分类估价、核算到岸价格、根据税率计算应征关税及减免部分等。报关人员应在此阶段随时答复海关分类估价人员所提出的问题，提供所需文件。海关核价完毕后，开出银行缴款书，报关人凭此证书到指定银行缴纳税款。

报关人缴纳税款后，将银行缴款书的回执交海关，海关凭以验货。报关人应随同验货员同验货物，负责搬移、开箱，验毕封好，并随时提供海关需要的单证。如果是船边直提货物，海关应先验后税，即监卸放行，后再补税。

经海关审核，认为报关人已缴纳关税及规费、应附单证已核销、各项通关程序全部完成，即在报关单及提单上加盖放行章，随附应发还的单证，交还报关人。报关人便可到海关监管仓库或堆场提货。

2. 报关的期限

进口货物的报关期限，自运输工具申报进境之日起 14 日内，超过这个期限报关的，由海关征收滞报金。

3. 预申报的应用

在公路等陆运货物进口时，为适应此种运输方式货物批次多、进出频繁、时间紧迫、流量大等特点，我国实行了境外预申报办法，即在货物出口时便提前在境外加以通关审核，货主及其代理人在经我国海关指定的机构办理预申报手续，然后由此机构对货物进行进口合法性的初步审核。初审机构通过电脑联网，向口岸海关传递预申报的数据和信息，口岸海关确定重点，在货物实际进口时进行查验。这种方式可使海关尽早掌握了解收货人、发货人、承运人和货物的情况，做好查验准备，提高管理效能，有利于缩短海关信道验放时间，加快通关速度。

（二）报验

1. 报验的意义

根据我国商检法规定，凡属于法定检验的进口货物，必须在合同规定的期限内，由商检机构或指定的检验机构检验，未经检验的货物不准投产、销售和使用，法定检验的进口货物运达后，必须向卸货口岸或到达的商检机构办理登记。这种进口报验，主要是判明进口商品的品质、数量、技术性能等是否符合我国进口商品的有关规定，是否符合进口合同中对商品具体规定的要求。

不属于法定检验的进口货物，进口方为了有合理的机会对货物进行检验以确定己方是否接受，也应在合适的时间，按买卖合同的约定，向有关商品检验机构办理报验事项。进口货物运达口岸卸货时，有关运输部门要进行卸货核对。如发现短缺，应及时填制“短卸报告”，交由船方签认，并根据短缺情况向船方提出保留索赔权的书面声明。卸货时如发现残损，货物应存放于海关指定仓库，待保险公司会同商检局进行检验，明确残损程度和原因，并由商检机构出证，以便向责任方索赔。如运输部门未办理上述手续，进口方发现所卸货物中有残损短缺或其他异状，可出面请商检机构检验，并凭商检局出具的证书对外索赔。上述种种报验可称为索赔报验。

2. 报验的时间

由于各种需要，商品检验已成为进口合同履行中的重要环节之一，一定要及时报验。报验的时间一般在海关放行提货前后。

3. 报验的地点

进口报验地点一般应为检验地点。凡属于法定检验范围的商品、货物卸离运输工具时已发现残损或有异状的商品、大宗散装、易腐烂变质商品及合同规定在卸货地（港）检验的商品，应在卸货口岸申请检验。属于机械、仪器、成套设备以及金属材料类商品，一般可在使用地点结合安装使用进行检验。采用集装箱运输情况下，要求在拆箱地点进行检验。

4. 报验程序

对列入《种类表》以及其他法律、法规规定必须经商检机构检验的进口商品到货后，进口公司或代理托运部门应凭“进口货物通知书”或其他有关证件，向卸货口岸或到达站的商检机构办理进口商品登记，经商检机构审核、登记后，在“进口货物报关单”上加盖“已接受登记”印章，交申请人凭此向海关办理报关手续，海关据以审核放行。

办理进口商品登记后，收货单位应尽快向商检机构正式办理进口商品报验手续。申请报验时，首先填写“进口商品检验申请单”，每份申请单只限填报一批商品，一般以同一买卖合同、同一国外发票或同一装运提单填写一份申请单。报验人除提供买卖合同、国外发票、收货清单、提单及进口物资通知书外，还须提供品质检验（加附国外品质证书、使用说明书及有关标准、技术资料等，有时还要提交成交样品）、残损鉴定（须附理货签证、残损或溢缺单、或铁路商务记录、或空运事故记录等单证）、数（重）量鉴定（须附重量明细录、装箱单、实货清单）等有关资料；申请进口商品鉴定业务时，报验人必须填写“进出口商品检验/鉴定申请单”，并根据鉴定工作需要，提交相关证明材料。申请报验时应按规定缴纳检验费。

商检机构接受报验后，根据有关检验标准，对进口商品进行检验，报验人应提供进行抽样和检验、鉴定等必要的工作条件。对于自行开箱检验的进口商品，应在索赔有效期内将检验结果报商检机构。如检验中发现有与合同不符的情况，应保持原状，及时与商检机构联系，一同进行复核。情况属实者，由商检机构出证后向外索赔。

（三）办理拨交货物

进口货物经报关、报验后，进口人即可按约定拨交货物。如用货单位在卸货地区，则就近转交货物；如用货单位不在卸货港（地）所在地，则可委托外运公司代为安排进口货物的国内运输，转交给用货单位。一切有关的费用，由进口公司与外运公司结算后，再由进口公司向订货人最后结算。

五、进口索赔

进口索赔一般是指货物自出口方交到进口方的过程中，由于人为、天灾或其他种种原因，使进口方收到的货物不符合合同规定或货物有其他损害，进口方依责任归属，向有关方面提出赔偿要求，以弥补其所受的损失。

（一）索赔对象

1. 卖方

（1）货物的品质、规格等不符合合同规定。

（2）交货数量不足，重量短少。

（3）掺杂使假，以次充好，以旧顶新。

（4）包装不良或不符合合同要求造成货物残损。

（5）凭样成交的商品，所交商品与成交样品不符。

（6）未按合同规定的交货期限交货或不交货等。

2. 承运人

（1）因短卸、误卸造成货物短少。

（2）托运货物在运输途中遗失。

（3）托运货物由于承运人配载不当、积载不良或装卸作业粗疏造成货物损毁。

（4）船舶不具适航条件，设备不良造成所装货物损毁等。发生上述情况时，进口方应毫不迟延地将损害事实用书面通知承运人，让承运人了解货物灭失或残损、短缺的实际状况，以便确定其赔偿责任。

3. 保险公司

货运途中发生保险范围内的风险导致的损失。

（二）进口索赔应注意的问题

1. 准确判定货损原因和索赔对象

2. 注意收集与保留旁证材料

商检机构对进口商品进行检验、鉴定时，应严格遵守合同契约和标准的规定，严格按照操作规程、检验方法、事实状态认真检验、鉴定。在索赔案件未结案前，应保留足够的、具有代表性的受验样品，保护好看货现场。

3. 提供有效的证明文件

首先，应制备索赔清单，随附商检局签发的检验证书、装箱单、提单副本。其次，对不同的索赔对象，还要另附有关证件。如向出口方索赔时，应在索赔证件中提出确切的根据和理由。如系 FOB、CFR 或 FCA、CPT 合同，还要随附保险单一份。向轮船公司索赔时，须另附由船长及港口理货员签证的理货报告及船长签证的短卸或残损证明。向保险公司索赔时，须另附保险公司与进口方联合出具的检验报告等。

4. 合理计算索赔金额

合同双方当事人之间确定索赔金额，应与因违约造成的实际损失相等，所以具体金额除受损商品的价款和利润外，还应包括其他有关费用，如商品检验费、装卸费、银行手续费、仓租费、利息等。

5. 严格把握索赔期限

进口索赔要在合同规定的有效期内提出，过期无效。如因商检工作需时过长，则可要求对方延长索赔期限。如已发现货损，但又因故来不及在索赔期限内完成有关工作，可先行电告对方声明保留索赔权。向保险公司索赔的期限为：被保险货物在卸货港（地）全部卸离海轮（车辆、飞机）起算，最多不超过两年。向承运人索赔期限为：货物到达目的地（港）交货后一年之内为有效。向出口方提出索赔的期限，通常根据商品的特性而在合同中加以规定，索赔期限又往往与商品的复验期联系在一起。进口方一般应在合同规定的复验期内检验商品，并在索赔期内提出索赔要求才是有效的。如买卖合同中没有明确规定索赔期限，而货到达目的地复验中又不易发现货物的缺陷，按照国际惯例，一般商品应在半年或一年内通知出口方，复杂的大型设备，因检验安装、试运转费时，可延长在两年内通知出口方。按《联合国国际货物销售合同公约》规定，两年是在合同未明确索赔期限情况下，最长的、不得超过的期限。

• 实务篇

出口业务流程：

出口外贸公司：南京思科纺织服装有限公司（简称思科）

NANJING SICO TEXTILE GARMENT CO. , LTD.

HUARONG MANSION RM2901 NO. 85 GUANJIAQIAO, NANJING 210005, CHINA

TEL: 0086 - 25 - 35784312 FAX: 0086 - 25 - 35784513

国外客户：

FASHION FORCE CO. , LTD（简称 FF）

P. O. BOX 8935 NEW TERMINAL, ALTA, VISTA OTTAWA, CANADA

TEL: 001 - 613 - 4563508 FAX: 001 - 613 - 4562421

交易商品：COTTON BLAZER 全棉运动上衣

成交方式：CIF

付款方式：即期信用证（L/C AT SIGHT）

通知行：中国银行江苏省分行

出口口岸：上海

服装加工厂：无锡季节制衣有限公司

面、辅料工厂：无锡百合纺织有限公司

货运代理公司：上海凯通国际货运代理有限公司

承运船公司：中国远洋集装箱运输有限公司

备注说明：

本案例涉及思科公司的三个部门：业务部、单证储运部、财务部。其中，业务部负责接洽业务，单证储运部负责出运安排、制单、核销，财务部门负责应收、应付账款。

这是一笔南京思科纺织服装公司和加拿大客户就女式全棉上衣交易的贸易实务案例。

出口到加拿大的纺织品有配额限制，在准备单证时需注意及时申请“输加拿大纺织品出口许可证”，另需注意缮制“加拿大海关发票”等单证，及时寄出给客户用于进口清关。

本案例涉及贸易公司业务部、单证储运部、财务部三个部门，以及工厂、货运代理公司等。在实际业务中，租船订舱、报验、申领核销单、申请配额等工作往往是贸易公司的各个部门在同时进行的，次序不分先后。

从本案例中，学生可以了解到贸易公司各部门以及货运代理公司等工作过程。对学生今后在贸易公司相关部门以及货运代理公司的工作有实务性的认识。

一、交易磋商

南京思科纺织服装有限公司（NANJING SICO TEXTILE GARMENT CO.，LTD，以下简称思科公司）成立于1992年，是经国家原外经贸部批准的具有进出口经营权的贸易公司，从事纺织服装等产品进出口业务。公司拥有多家下属工厂，产品主要销往欧洲、美加地区及日本等国家和地区。

加拿大客户FASHION FORCE CO.，LTD（以下简称F. F. 公司）与思科公司是合作多年的业务伙伴。2011年12月2日，F. F. 公司传真一份制作女式全棉上衣的指示书，并邮寄面料、色样及一件成衣样品给思科公司，要求思科公司2012年3月25日前交货，并回寄面料、色样及两件不同型号的成衣样品确认。

2011年12月8日上午，思科公司收到该样件后，立即联络无锡百合纺织有限公司（面、辅料工厂，以下简称百合纺织），根据F. F. 公司提供的样件打品质样和色卡，然后用DHL邮寄给F. F. 公司确认。

2011年12月12日，F. F. 公司收到思科公司寄去的样件，回复确认合格，要求思科公司再寄两件不同型号的成衣样品供其确认。接此通知，思科公司立即联络无锡季节制衣有限公司（服装加工厂，以下简称季节制衣）赶制成衣样品。12月17日下午，服装加工厂将两件不同型号的成衣样品送到思科公司。当天，思科公司又将该成衣样品用DHL邮寄给F. F. 公司确认。

12月22日，F. F. 公司收到思科公司寄去的成衣样品，确认合格，要求思科公司报价。当天，思科公司根据指示书要求，以面辅料工厂和服装厂的报价、公司利润等为基础向F. F. 公司报价。

经过多次磋商，12月26日，双方最终确定以每件USD12. 80的报价成交。F. F. 公司要求思科公司根据该份报价单制作合同传真其会签，同时传真形式发票供其开具信用证。

合同签订后，双方就成衣细节进行修改和最终确认。

（指示书　报价单　外销合同　形式发票）

二、落实信用证

2012 年 1 月 31 日，中国银行江苏省分行通知思科公司收到 F. F. 公司通过 BNP PARIBAS（CANADA）MONTREAL 银行开来的编号为 63211020049 的信用证电开本。

其中与缮制单据有关的条款如下：

1. 开证行：BNP PARIBAS（CANADA）MONTREAL

2. 通知行：中国银行江苏省分行

3. 不可撤销信用证号：63211020049，开证日期：2012 年 1 月 29 日

4. 信用证有效期及地点：2012 年 4 月 10 日，中国

5. 申请人：

FASHION FORCE CO., LTD

P. O. BOX 8935 NEW TERMINAL, ALTA, VISTA OTTAWA, CANADA

6. 受益人：

NANJING SICO TEXTILE GARMENT CO., LTD.

HUARONG MANSION RM2901 NO. 85 GUANJIAQIAO, NANJING, 210005, CHINA

7. 信用证金额：USD32 640.00

8. 商品描述：

SALES CONDITIONS: CIF MONTREAL/CANADA

SALES CONTRACT NO. F01LCB05127

LADIES COTTON BLAZER（100% COTTON, 40S × 20/140 × 60）

STYLE NO. PO NO. QTY/PCS USD/PC

46 – 301A 10337 2550 12.80

9. 分批装运及转船运输：不允许分批装运，允许转运，从中国运至加拿大蒙特利尔港口

10. 最后装船期：2012 年 3 月 25 日

11. 议付单据要求：

（1）商业发票 6 份，受益人代表签名。

（2）加拿大海关发票 4 份。

（3）3/3 全套正本已装船的清洁海运提单，抬头人为“TO THE ORDER OF BNP PARIBAS（CANADA）”，显示运费预付，通知人为开证人的名称和地址。

（4）明细装箱单 3 份。

（5）普惠制产地证 1 份副本（FORM A）。

（6）输加拿大纺织品出口许可证 1 份副本。

（7）受益人证明：证明装运后 5 天内，将普惠制产地证正本、输加拿大纺织出口许可证正本、商业发票副本、明细装箱单副本、正本提单的复印件已经由快递方式直接寄送给开证人，并附快件回执。

（8）提供开证人的传真确认函，确认货物在装运前生产的样品由开证人认可。

（9）印有承运人抬头的证明，显示承运公司的名称和地址、海运提单号、集装箱号，以及本次承运人的集装箱内不含有任何原生木料制成的支撑物或托盘，以及其他任何原生木

制包装材料。

(10) 客检证正本 1 份：要求出运前 15 天用 DHL 寄 4 件不同型号的成衣样品，经检验合格后由 F. F. 公司出具客检证。

(11) 中国人民保险公司出具的保险单 1 份正本 1 份副本。

12. 附加条款：

(1) 如果提供的单据不符合信用证条款的规定，每个不符点 55 美金。

(2) 一切结算费用由受益人支付。

(3) 本信用证的数量和金额有 3% 的溢短。

(4) 所有的单据、证明、申明必须签字及标明日期。

(5) 如下内容仅作参考：

请注意，从 1999 年 1 月 4 日开始，所有从中国运往加拿大的货物，如果包装物中含有木制成分，将被加拿大海关禁止。因为，原生木质中含有一种亚洲长角甲虫（LONG HORNED)。

(6) 加拿大政府现在坚持所有进行加拿大的货物必须提供上述所有文件。

(7) 海运提单和商业发票必须证明如下内容：

集装箱内不含有任何原生木料制成的支撑物或托盘，以及其他任何原生木制包装材料。

(8) 受益人的银行账号为 0777103281054。

注意事项：

议付单据中有关客检证条款项，对我方公司极为不利。如果客户信誉良好，多会在样品检验合格后及时签发客检证明。但有些客户会故意拖延签发客检证的时间，导致我方不能及时交单议付。因此，遇到有此项条款的信用证，我方公司需特别注意及时寄样和催客户及时签发客检证。

(信用证通知书　信用证)

三、出口备货

收到信用证后，2012 年 2 月 1 日，思科公司立即与早已联络好的服装加工厂签订订购合同，指定服装厂使用百合纺织的面辅料。2 月 5 日，服装厂正式投产。

根据信用证规定，3 月 2 日，思科公司寄出 4 件不同型号的成衣样品给 F. F. 公司检验。3 月 6 日，F. F. 公司收到后，经检验合格，签发客检证正本 1 份并用 DHL 寄回给思科公司。

注意事项：

关于品质检验和客检证的签发，视客户检验的具体状况而定。一般不外乎有以下两种方式：

其一，客户派员亲自来厂检验，检验合格后当场签发客检证，或该员将检验结果向客户汇报后，由客户将客检证寄给我方。在此种方式下，客户一般是在出运前 4 ~ 5 天来厂检验，此时工厂的加工、包装已基本结束。验货通过后即可安排出运。

其二，将样品寄给客户检验，检验合格后，客户签发客检证并寄给我方。在此种方式下，一般客户会要求我方在出货前 10 ~ 15 天寄样品供其检验。

(服装订购合同　客检证)

四、租船订舱

本批出口商品系采用集装箱班轮运输，故在落实信用证及备货时，思科公司即向上海各家货运代理公司询价，最终确定委托上海凯通国际货运代理有限公司（以下简称上海凯通）代为订舱，以便及时履行合同及信用证项下的交货和交单的义务。

2012 年 3 月 9 日，服装全部生产、包装完毕，工厂制作装箱单传真给思科公司。思科公司根据工厂报来的装箱单，结合合同及信用证货物明细描述，开列出仓通知单，单证储运部门根据出仓通知单、工厂制的装箱单、信用证统一缮制全套的出运单据。出运单据包括出口货物明细单、出口货物报关单、商业发票、装箱单。

单证储运部门先将出口货物明细单传真上海凯通配船订舱，确认配船和费用后，准备全套报关单据（出口货物明细单、报关委托书、出口货物报关单、商业发票、装箱单、出口收汇核销单、输加拿大纺织品出口许可证（海关联））寄到上海凯通用于报关、出运。同时，准备普惠制产地证用于出运后寄客户作进口清关。

上海凯通在确认配船和费用后，传真送货通知给思科公司，要求思科公司 3 月 16 日中午前将货物运至指定仓库。

注意事项：

在 FOB 条件下，运输公司大多由客户指定。

五、出口报验

由于思科公司出口的全棉女式上衣属于法定检验的商品范围（属于《种类表》商品范畴），在商品报关时，报关单上必须有商检机构的检验放行章方可报关。因此，2012 年 3 月 9 日，思科公司寄出商业发票、装箱单、报检委托书，委托服装加工厂向无锡市商检局申请出口检验。

申请出口商品检验时，工厂必须填写出口商品检验申请单，并随附报检委托书、外销合同、信用证复印件、商业发票、装箱单、纸箱证等单据。

3 月 13 日，此批货物经检验合格，无锡商检局出具换证凭单给工厂。当天，工厂将换证凭单寄给思科公司指定的上海凯通用于报关。

（出口商品检验申请单　报检委托书　外销合同　信用证　商业发票　装箱单　换证凭单）

六、申领核销单

由于思科公司有计划内的核销单，2012 年 3 月 9 日，单证员凭出口货物明细单在本公司申领核销单。

注意事项：

如果核销单已用完，需到外汇局申领出口收汇核销单。具体操作如下：

（1）在到外汇局申领核销单前，先上网向外汇局申请所需领用核销单份数。

（2）外汇局确认思科公司已上网申领核销单后，凭思科公司核销员所持本人操作员 IC 卡、核销员证向该核销员发放核销单。

（3）外汇局根据思科公司网上申领的核销单份数和外汇局本地核销系统确认的出口企业可领单数两者中的较小数，向思科公司发放核销单。

（出口货物明细单　核销单）

七、申请配额

2012年3月9日，思科公司向外经贸委申领纺织品配额。3月13日，拿到已签发的输加拿大纺织品出口许可证。

注意事项：

对没有配额的公司而言，必须要申领到配额后方能出口。申领纺织品配额一般有以下几种方式：

(1) 外经贸部、地方的外经贸厅每年下发给外贸公司的配额。

(2) 外贸公司加入纺织品商会，通过商会每年举办的配额招标投标获取配额。

(3) 找有配额的公司调剂：一种是纺织商会组织的公开的调剂；一种是私下的不规范的转卖。

(输加拿大纺织品出口许可证)

八、出口报关

单证部门拿到核销单和输加拿大纺织品出口许可证后，2012年3月13日，将上海凯通报关所需的报关委托书、出口货物报关单、出口收汇核销单、商业发票、装箱单、外销合同、输加拿大纺织品出口许可证用快件寄出。

3月14日，上海凯通收到思科公司寄来的上述单据。

3月15日上午，上海凯通收到工厂寄来的商检换证凭单，当天下午即凭此单到上海出入境检验检疫局换取出境货物通关单。

3月16日上午，思科公司根据上海凯通的送货通知按时将货物送到上海凯通指定的仓库。

根据新的海关报关规定要求：货物的出口报关必须在货物进入港口仓库或集装箱整箱进入堆场后才能进行。由于17、18号是周六、周日，故3月16日下午，上海凯通即向上海海关报关，以免耽误3月20日的船期。

上海凯通在报关前，先上网向上海海关进行核销单的口岸备案，并如实向海关申报成交方式（CIF)，按成交方式申报成交总价、运费等，以后外汇局即根据实际成交方式及成交总价办理收汇核销手续。

报关时需填写中华人民共和国海关出口货物报关单（白色的报关联和黄色的出口退税联)，并随附报关委托书、商业发票、装箱单、出口收汇核销单、出境货物通关单、输加拿大纺织品出口许可证等单证向海关报关，海关依此份报关单验货，并退回已盖章的核销单和两份报关单。报关通过后，上海凯通安排集装箱拖货至船公司指定的码头。

注意事项：

(1) 未进行口岸备案的核销单不能用于出口报关，对已备案成功的核销单，还可变更备案。

(2) 报关时必须要“出口收汇核销单”，否则海关不予受理。货物出境后，海关在核销单上加盖“放行章”或“验讫章”，并随同加盖海关“验讫章”的一份带有海关编号的白色报关单、一份黄色的报关单出口退税联一同返还口岸代理上海凯通（从上海海关退回一般需1个月左右)，最后口岸代理上海凯通寄给思科公司用于向外汇管理部门核销。

(3) 纺织品出口许可证是政府机关批准配额纺织品出口的证明文件，其作用是出口商凭此办理出口报关和进口商凭此申领进口许可证并办理进口报关手续。因此，出口加拿大的纺织品在报关时必须要附加拿大纺织品出口许可证，否则海关不予受理。

（报关委托书　出口货物报关单　出口收汇核销单　商业发票　装箱单　外销合同　输加拿大纺织品出口许可证　商检换证凭单　出境货物通关单　送货通知）

九、出口保险

由于是按 CIF 条件成交，保险由思科公司办理。因此，2012 年 3 月 16 日，思科公司按约定的保险险别和保险金额，向保险公司投保。

投保时应填制投保单和支付保险费（保险费 = 保险金额 × 保险费率），并随附商业发票，保险公司凭以出具保险单。

注意事项：

实际业务中，一些和外贸公司长期合作的保险公司，有时只需外贸公司提供商业发票，甚至可以不填制投保单，直接凭商业发票出具保险单。

（出口货物运输保险投保单　商业发票　货物运输保险单）

十、装船出运

上海凯通接受思科公司的订舱委托后，2012 年 3 月 12 日，根据思科公司提供的出口货物明细单缮制集装箱货物托运单，这是外运机构向船公司订舱配载的依据。该托运单一式数联，分别用于货主留底、船代留底、运费通知、装货单、缴纳出口货物港务费申请书、场站收据、货代留底、配舱回单、场站收据副本（大副联）等。其中比较重要的单据有：装货单（Shipping Order：S/O）和场站收据副本（Mate's Receipt；M/R）。

3 月 19 日，货物离港前，上海凯通传真海运提单给思科公司确认。

3 月 20 日，在确定货物安全离港后，思科公司传真装运通知给 F. F. 公司。

3 月 22 日，思科公司将海运提单复印件、输加拿大纺织品出口许可证（正本）、商业发票、装箱单、加拿大海关发票、普惠制产地证用 DHL 寄给 F. F. 公司供其作进口清关用，同时将 DHL 回执留存准备缮制议付单据。

注意事项：

将来船公司签发的提单上相应栏目的填写也会参照订舱委托书的写法，因此，托运人、收货人、通知人这三栏的填写应该严格按照信用证提单条款的相应规定填写。

（出口货物明细单　装货单　场站收据副本　装运通知　海运提单　输加拿大纺织品出口许可证（正本）　商业发票　装箱单　加拿大海关发票　普惠制产地证　DHL 回执）

十一、制单结汇

在办理货物出运工作的同时，思科公司也开始了议付单据的制作。2012 年 3 月 20 日，上海凯通国际货运代理有限公司作为承运人中国远洋运输（公司）公司下属的中远集装箱运输有限公司的代理，签发了 COS6314623142 号提单。根据信用证的规定，思科公司备齐了全套议付单据（3/3 海运提单正本、商业发票、装箱单、普惠制产地证、受益人证明、客检证、货物运输保险单），于 4 月 2 日向议付银行——中国银行江苏省分行交单议付。

（海运提单（3/3）　商业发票　装箱单　普惠制产地证　受益人证明　客检证　货物

运输保险单）

十二、财务付款

3 月 22 日，思科公司的财务人员收到上海凯通寄来的海运费发票和港杂费发票。

3 月 27 日，收到服装厂寄来的增值税发票和出口专用缴款书。

议付单据交单后，3 月 30 日，财务人员向服装厂支付货款，并和上海凯通结清海运费、港杂费等费用，同时催上海凯通退核销单。

（海运费发票　港杂费发票　增值税发票　出口专用缴款书）

十三、收汇核销

4 月 20 日，思科公司收到上海凯通寄来的上海海关退回的出口收汇核销单和报关单。当天，核销员在网上将此核销单向外汇局交单，并在进行网上交单时，对核销单、报关单的电子底账数据进行了认真的核对。

2012 年 4 月 23 日，思科公司收到银行的收汇水单，开证行已如数付款。至此，该笔交易已安全收汇。

网上交单成功之后，4 月 24 日，核销员持纸质的收汇水单（即出口收汇核销专用联，经银行盖有“出口收汇核销专用章”）、出口收汇核销单（已经出口海关盖章，第三联）、报关单（白色报关联，海关已盖章）、商业发票及自制的核销单送审登记表（外汇局留存联）到外汇局办理核销手续。核销完毕后，外管局当场将加盖“已核销章”的核销单（出口退税联）退回给思科公司。

核销完成后，核销员将上述单据转交财务办税人员办理退税事宜。

（出口收汇核销单　报关单　收汇水单　商业发票　核销单送审登记表）

十四、出口退税

2012 年 4 月 25 日，思科公司的财务办税人员将公司需要办理认证的增值税发票整理后一并申报国税局进行发票认证。当天，拿到国税局认证结果通知书和认证清单。

4 月 26 日，财务办税人员将退税要用的单据收集齐全无误后装订成册。其中，核销单（外管退回的出口退税专用联）、报关单（黄色出口退税联）、商业发票为一册，增值税发票（抵扣联）、出口专用缴款书、认证结果通知书、认证清单为一册，并在退税申报软件中逐条录入进货明细及申报退税明细。录入完毕，核对无误后打印并生成退税处所需要的表格及软盘，连同“外贸企业出口货物退税汇总申报审批表”送交外经委稽核处加盖稽核章。

2012 年 5 月 7 日，财务办税人员将上述资料送交国税局稽核部门待批。5 月 28 日，接到国税局通知，于 5 月 7 日申报的资料已通过。5 月 29 日，财务人员到银行查询，查到申报退税额已足额退回。

（认证结果通知书　认证清单　核销单　报关单（退税联）　商业发票　增值税发票（抵扣联）　出口专用缴款书　外贸企业出口货物退税汇总申报审批表）

至此，该笔业务顺利完成。

阅读资料

国际货运代理

国际货运代理（International Freight Forwarder）的主要工作是接受委托人的委托或授权，代办各种国际贸易、货物运输所需要的业务。

按国际货运代理协会联合会（FIATA）的资料介绍，国际货运代理的作用在于：

运用专门知识，以最安全、最迅速、最经济的方式组织运输；在世界各贸易中心建立客户网和自己的分支机构，以控制全部运输过程；在运费、包装、单证、结关、领事要求及金融等方面向企业提供咨询；把小批量的货物集中为成组货物，使客户从中受益。

国际货运代理具体的业务范围包括：

(1) 出口业务：

①选择运输路线、方式和适当的承运人。

②为货主和选定的承运人之间安排揽货、订舱。

③包装、计量和储存货物。

④办理保险。

⑤收取货物并签发有关单据。

⑥办理出口结关手续并将货物交付承运人。

⑦支付运费，收取正本提单并交给发货人。

⑧安排货物转运。

⑨通知收货人。

⑩记录货物灭失情况，协助收货人向有关责任方索赔。

(2) 进口业务：

①报告货物动态。

②接收和审核货运单据，支付运费并提货。

③进口报关，支付有关捐税和费用。

④安排运输过程中的存仓。

⑤向收货人交付已结关的货物。

⑥协助收货人储存或分拨货物。

(3) 国际货运代理公司也可作为无船承运人（NVOCC）承办多式联运业务，即作为合同当事人签发多式联运单据，将各段运输委托实际承运人执行。

出口收汇核销和出口退税

一、出口收汇核销

出口收汇核销制度，是国家加强出口收汇管理，确保国家外汇收入，防止外汇流失的一项重要措施。其主要内容是：除少数几种方式的出口（如捐赠、暂时出口等）外，其他一切贸易方式项下的出口，出口单位都必须事先从外汇管理部门领取有顺序编号的核销单，并如实填写。

在出口报关时，海关将逐票核对报关单和出口收汇核销单的内容是否一致，报关单上的核销单编号与所附核销单编号是否一致，出口货物经审核验放无误后，海关在专为出口收汇核销用的报关单和核销单上盖“验讫章”。若为信用证、托收项下出口，出口单位在向银行交单时，需在所提交的汇票及/或发票上注明核销单编号；若为汇付方式出口，出口单位应事先向国外进口商说明该批出口货物的核销单编号。当货款汇交至出口地外汇指定银行以后，该银行向出口单位出具结汇水单或收账通知时，将提供出口收汇核销专用联，在办理结汇或收账时，必须在结汇水单或收账通知上填写有关核销单编号。对一票出口多笔收汇者或多票出口一笔收汇者，应将对应的核销单编号全部填上。出口单位即凭出口收汇核销单和出口收汇核销专用联的结汇水单或收账通知及其他规定的单据，到国家外汇管理部门办理核销手续。国家外汇管理部门按规定办理核销后，将在核销单上加盖“已核销”章，并将其中的出口退税专用联退出口单位。

外汇管理部门在办理核销时，将主要审核以下几点：(1) 该核销单项下的应收外汇是否已全额收汇；(2) 核销单项下的收汇是否为正点收汇，是否正点核销；(3) 该笔收汇是否按规定收汇；(4) 是否按规定支付有关费用；(5) 收汇差额是否合理等。

实行出口收汇核销制度，不仅可提高出口收汇率，加快结汇速度，而且严格结汇制度，有利地配合有关主管部门对出口贸易的管理。

二、出口退税

为鼓励出口单位自主经营、自负盈亏，并增强我国出口产品的竞争力，根据国际惯例，我国自1991年起对出口产品实行退税制度。

我国实行的出口退税政策所要退的税，是出口商品出口前在国内已交纳的增值税和消费税。出口企业申请出口退税必须具备相应的条件，目前我国有权申请出口退税的范围包括：

(1) 由出口经营权承担出口创汇人物的企业出口的货物。

(2) 工业企业委托由出口经营权的企业出口自产的产品。

下列情况均不能申请出口退税：

(1) 来料加工、来件装配复出口的产品。

(2) 保税工厂开展的加工装配业务复出口的产品。

(3) 保税仓库储存的复出口的货物。

(4) 捐赠出口货物。

(5) 暂准出口货物。

(6) 不结汇的援外物资。

(7) 出口企业报关出口，但实际不出境的货物。

(8) 没有出口经营权的企业出口的货物。

我国实行出口退税与出口收汇核销挂钩的政策，即出口单位申请出口退税时，应向国家税务机关提交出口货物报关单、出口销售发票、出口购货发票、银行出具的结汇水单以及出口收汇核销单（出口退税专用联），经国家税务机关审核无误后才予办理，即凭“三单两票”办理出口退税。

第五篇　国际贸易的方式

随着国际经济关系的日益密切和国际贸易的不断发展，商人们不再满足于单纯的货物进出口，尝试着将货物进出口与技术、劳务、资本移动等结合起来，使国际贸易方式、渠道日益多样化和综合化。目前的国际贸易中，除传统的单边进出口贸易方式外，新型的国际贸易方式有：包销、代理、寄售、展卖、商品期货贸易、招标投标、拍卖、对销贸易、加工贸易等。灵活合理地运用适当的贸易方式，对进出口业务的拓展有重要的意义。

第十章 国际贸易方式

• 基础篇

• 实务篇

· 基础篇

第一节 经销与代理

一、经销

经销（Distribution）是指进口商（即经销商）与国外出口商（即供货商）达成书面协议，承担在规定期限和地域内购销指定商品的义务。在我国，出口企业通过与国外经销商订立经销协议，就可以凭借双方的密切合作，达到推销约定商品的目的。

经销是一种售定的交易方式，供货人和经销人之间是买卖关系。但与逐笔售定的一般买卖不同，当事人双方除签有买卖合同外，还需签订经销协议，确定对等的权利和义务。因此从法律上讲，供货人与经销人是本人与本人的关系，经销商以自己的名义购进货物，也以自己的名义进行转售并自己承担货价涨落的经营风险。

（一）经销的分类

经销有一般经销和独家经销之分。

1. 一般经销

供货商根据经销协议向国外经销商提供在一定地区、一定时期内经营某项（或几项）商品的销售权。经销商有义务维护出口商的利益，并应在必要时对经销商品组织技术服务，进行宣传推广。但经销商没有专营权利，供货商可以在同一地区指定几个经销商。

2. 独家经销（Sole Distribution，Exclusive Sales）

经销商在指定的期限和地域内，对指定的商品享有独家专营权。独家经销又称为包销。出口企业与国外进口商签订独家经销协议后，就不得再与该地区的其他进口商签订经销协议。见表 10－1。

（二）经销协议

经销协议是供货人和经销人订立的确立双方法律关系的契约，其内容的繁简可根据商品的特点、经销地区的情况以及双方当事人的意图加以确定。其主要内容包括：

1. 经销商品的范围

一般情况下，经销商品的范围不宜太大，通常规定方法有：一类商品或几类商品；同类商品的几个品种或几个型号。

2. 经销地区

3. 经销数量或金额

经销商必须在一定期限内按规定数量或金额向出口企业订购商品，而出口企业也必须保证按质、按时地向独家经销商提供这一数量或金额的商品。

4. 作价方法

有两种作价方法：一种是在规定的期限内一次作价；一种为分批作价，因较能适应国际市场的价格变化而被较多采用。

5. 经销商的其他义务

经销商有义务负责出口商品的商标注册与保护、广告宣传和市场报道。

6. 经销期限

经销期限一般规定为 1 年，这样即有利于出口企业稳定经销商的经营信心，更好地发挥其推销作用，又可避免在多元化经营和市场竞争日趋激烈的情况下，给出口企业带来难以预测的损失。

经销方式是出口业务中常见的方式之一，如果运用得当，对于出口商拓展国外市场、扩大出口销售，会产生良好的作用，但应慎重选择经销商并注意订好经销协议。

表 10－1　　　　独家经销协议

经双方友好协商，甲方愿意委任__________作为在__________销售其产品的独家经销商。为了明确双方的权利和义务，特订立本协议。

甲方：　　　　　　　　　　公司（以下简称甲方）

地址：

电话：　　　传真：　　　Email：

乙方：

地址：

电话：　　　传真：　　　Email：

第一条　双方关系：在本协议的有效期内，甲方和__________公司的关系纯属卖方和买方的关系。本协议不产生代理权，任何一方不能向第三者代表另一方，若由此而致使另一方受损，则越权的一方须承担赔偿责任和法律责任。

第二条　产品：本协议所称的产品，系指甲方所制造的产品。

第三条　经销权：甲方给予__________公司在__的范围内以独家进口并销售其产品的权利。

第四条　专营权：除__________公司外，甲方不得再委任范围内的其他公司为其经销商和代理商。

第五条　价格：甲方必须向乙方提供最优惠的价格。最优惠的价格即必须低于正常贸易的价格。

第六条　交易方式：发生在双方间的每一笔交易都必须订立合同，双方均须受到每一个合同的约束。

第七条　卖方责任：

1. 自费向乙方提供新产品的样品，每个样品为 1～2 个。

2. 同意乙方在进行业务推广时向客户介绍甲方的网站，并表明其独家经销的身份。

3. 在协议的有效期限内：甲方如获得专利产品的注册、或商标、或其他商业标志，均须立即向乙方提供。

4. 甲方必须将希望与其建立商业关系的境内新客户转给乙方。

5. 不断提供有助于推销产品的意见和资料。

第八条 经销商责任：

1. 自费维持一个有经营能力的机构，切实地为甲方推销产品。

2. 自费参加一些交易会或制作为了推销甲方产品的网站、目录等广告物。

3. 在本协议的有效时限内，第一年的每个月的交易额必须达到__万元，以后每年递增20%。

4. 向甲方提供一个由甲方认可的银行为结算银行。

5. 不得购买和销售其他公司的同类产品。

6. 不断地向甲方提供国内相关的商业情报。

第九条 有效时限：本协议自______生效，有效期为____年。期满前3个月内，双方如未能在续签本协议上达成一致，则本协议在期满时自动失效，双方再不受其约束。

第十条 违约：本协议的任何一方发生了违约行为，另一方得以书面的形式通知其纠正。如若违约一方在3个月内仍未纠正其违约行为，则另一方有权中止本协议。

第十一条 一般条款

1. 不可抗力：本协议的任何一方如遭遇到力不能及的事由，以致全部或部份无法履行本协议，则可在下列范围内免除其责任。如：火灾、水灾、海啸、地震、雷击、台风、旋风、疫病、爆炸、机械事故、战争、暴乱、制裁、劳工纠纷或政府的政策性行为，或其他的确实非人力所能抗拒的原因。但一方必须将得到政府或有关机构证明的不可抗力原因的书面通知，以最快的速度送达另一方并直到另一方确认收到该通知时为止。

2. 转让：本协议任何一方在未征得另一方以书面的方式明确表示同意之前，任何涉及本协议所规定的权利和义务的转让均属无效。

3. 商业机密：本协议的任何一方均不得在有效期内及期满的一年内向第三者泄漏双方之间的商业秘密，若由此而造成另一方的利益损失，则另一方有追索泄漏商业秘密一方的经济责任的权利。

4. 仲裁：凡因本协议或其相关的事情而导致争执时，双方应当友好协商解决，解决不成，应提请中国贸易促进委员会进行仲裁，该仲裁是终局的，双方由于进行仲裁而发生的合理费用均由败诉方负担。

5. 协议文本：本协议以英文和中文两种文字书就，如若两种文字在字义上产生抵触时，必须按照两种文字的意义作出折中判断。本协议一式两份，双方各执一份。本协议经双方签字后将于所约定的时间生效。

签订地点

甲方 **乙方**

二、代理

代理（Agency）是指代理人（Agent）按照本人的授权，代表本人与第三人订立合同或实施其他法律行为，而由本人直接享有由此产生的权利与承担相应的义务。国际贸易中的代理业务是以委托人为一方，独立的代理人为另一方，在约定的时间和地区内，以委托人的名义与资金从事业务。代理人在代理业务中，只是代表委托人行为，双方之间是委托代理关系，而不同于经销中的买卖关系。

（一）代理的种类

国际货物买卖中的代理按委托人授权的大小可分为：

1. 总代理（General Agency）

总代理是委托人在指定地区的全权代表，有权代表委托人从事一般商务活动和某些非商务性的事务。

2. 独家代理（Sole Agency，Exclusive Agency）

独家代理是在指定地区和期限内单独代表委托人行事，从事代理协议中规定的有关业务的代理人。委托人在该地区内，不得再委托其他代理人。在出口业务中采用独家代理的方式，委托人许给与代理人在特定地区和一定期限内代销指定商品的独家专营权。在我国出口业务中，采用独家代理方式时，一般都参照国际贸易习惯做法，给与代理人上述权利。其协议可参见表 10－2。

3. 一般代理（Agency）

一般代理又称佣金代理（Commission Agency），是指在同一地区和期限内委托人可同时委托几个代理人代表委托人行为，代理人不享有独家专营权。佣金代理完成授权范围内的事务后按协议规定的办法向委托人计收佣金。我国的出口业务大多采用此种方式。

（二）销售代理协议

代理协议是明确委托人与代理人之间权利与义务的法律文件，由当事人根据双方的合意加以规定。其主要内容有：

1. 代理商品和地区

明确规定代理商品的品名、规格及代理权行使的地理范围。

2. 代理人的权利和义务

这是代理协议的核心内容，包括：

（1）明确代理人的权利范围（是否有权代表委托人订立合同或从事其他事务，是否有专营权）；

（2）规定代理人在一定时期内应推销商品的最低销售额；

（3）规定代理人应在代理权行使的范围内，保护委托人的合法权益；

（4）规定代理人应承担市场调研和广告宣传的义务。

3. 委托人的权利和义务

委托人有权接受客户的订单，也有权拒绝。但对代理人在授权范围按委托人规定的条件与客户订立的合同，委托人应保证执行。委托人有义务维护代理人的合法权益，保证按协议规定的条件向代理人支付佣金。

4. 佣金的支付

佣金是代理人为委托人提供服务所获得的报酬。代理协议主要规定代理人获得佣金的条件、佣金率、佣金的计算基础、佣金的支付时间和方法等。

除上述内容外，关于不可抗力和仲裁等条款的规定，与经销协议和一般买卖合同的做法大致相同。

表 10－2 **独家代理协议**

本协议于2012年4月20日在中国青岛由有关双方在平等互利基础上达成，按双方同意的下列条件发展业务关系：

This agreement is made and entered into by and between the parties concerned on April 20, 2012 in Qingdao, China on the basis of equality and mutual benefit to develop business on terms and conditions mutually agreed upon as follow:

1. 协议双方 The Parties Concerned

甲方：青岛银星实业有限公司

地址：中国青岛香港中路20号

电话：

传真：

乙方：福茂贸易有限公司

地址：新加坡安茂桥126号

电话：

传真：

2. 委任 Appointment

甲方指定乙方为其独家代理，为第三条所列商品从第四条所列区域的顾客中招揽订单，乙方接受上述委任。

3. 代理商品 Commodity

"金锚"牌手表"Golden" Brand watch

4. 代理区域 Territory

仅限于新加坡 In Singapore only

5. 最低业务量 Minimum turnover

乙方同意，在本协议有效期内从上述代理区域内的顾客处招揽的上述商品的订单价值不低于10万美元。

6. 价格与支付 Price and Payment

每一笔交易的货物价格应由乙方与买主通过谈判确定，并须经甲方最后确认。付款使用保兑的、不可撤销的信用证，由买方开出，以甲方为受益人。信用证须在装运日期前15天到达甲方。

7. 独家代理权 Exclusive Right

基于本协议授予的独家代理权，甲方不得直接或间接地通过乙方以外的渠道向新加坡顾客销售或出口第三条所列商品，乙方不得在新加坡经销、分销或促销与上述商品相竞争或类似的产品，也不得招揽或接受以到新加坡以外地区销售为目的的订单，在本协议有效期内，甲方应将其收到的来自新加坡其他商家的有关代理产品的询价或订单转交给乙方。

8. 商情报告 Market Report

为使甲方充分了解现行市场情况，乙方承担至少每季度一次或在必要时随时向甲方提供市场报告，内容包括与本协议代理商品的进口与销售有关的地方规章的变动、当地市场发展趋势以及买方对甲方按协议供应的货物的品质、包装、价格等方面的意见。乙方还承担向甲方提供其他供应商类似商品的报价和广告资料。

9. 广告及费用 Advertising and Expenses

乙方负担本协议有效期内在新加坡销售代理商品做广告宣传的一切费用，并向甲方提交所用于广告的声像资料，供甲方事先核准。

10. 佣金 Commission

对乙方直接获取并经甲方确认接受的订单，甲方按净发票售价向乙方支付5%的佣金。佣金在甲方收到每笔订单的全部货款后才会支付。

11. 政府部门间的交易 Transactions Between Governmental Bodies

在甲、乙双方政府部门之间达成的交易不受本协议条款的限制，此类交易的金额也不应计入第五条规定的最低业务量。

12. 工业产权 Industrial Property Rights

在本协议有效期内，为销售有关手表，乙方可以使用甲方拥有的商标，并承认使用于或包含于手表中的任何专利商标、版权或其他工业产权为甲方独家拥有。一旦发现侵权，乙方应立即通知甲方并协助甲方采取措施保护甲方权益。

13. 协议有效期 Validity of Agreement

本协议经有关双方如期签署后生效，有效期为1年，从2012年5月1日至2013年5月1日。除非作出相反通知，本协议期满后将延长12个月。

14. 协议的终止 Termination

在本协议有效期内，如果一方被发现违背协议条款，另一方有权终止协议。

15. 不可抗力 Force Majeure

由于水灾、火灾、地震、干旱、战争或协议一方无法预见、控制、避免和克服的其他事件导致不能或暂时不能全部或部分履行本协议，该方不负责任。但是，受不可抗力事件影响的一方须尽快将发生的事件通知另一方，并在不可抗力事件发生15天内将有关机构出具的不可抗力事件的证明寄交对方。

16. 仲裁 Arbitration

因履行本协议所发生的一切争议应通过友好协商解决。如协商不能解决争议，则应将争议提交中国国际经济贸易仲裁委员会（北京），依据其仲裁规则进行仲裁。仲裁裁决是终局的，对双方都有约束力。

甲方：青岛银星实业有限公司（签字） **乙方：福茂贸易有限公司（签字）**

第二节 寄售与展卖

一、寄售

寄售（Consignment）是指出口人（又称寄售人，Consignor）先将准备销售的货物运往国外寄售地，委托当地代销人（Consignee）按照寄售协议规定的条件代为销售后，再由代销人同货主结算货款。

寄售是一种委托代售的贸易方式，寄售人与委托人之间是委托与受托关系。从法律性质上来讲，寄售协议属于行纪合同（又称信托合同）。按我国合同法规定，行纪人接受委托人的委托，以自己的名义为委托人从事贸易活动，由委托人支付报酬。行纪人只能以自己的名义处理行纪合同中规定的事务，而且行纪人同第三方从事的法律行为，不能直接对委托人发生效力。

（一）寄售的特点

寄售同一般的出口销售相比，具有以下特点：

（1）寄售人同代销人是委托代售关系。

（2）寄售是由寄售人先将货物运至寄售地，然后再寻找买主，因此它是凭实物进行的现货交易。

（3）寄售方式下，代销人不承担任何风险和费用，货物售出前的一切风险和费用均由寄售人承担。

（二）寄售协议

寄售协议是寄售人和代销人之间就双方的权利、义务以及寄售业务中的有关问题签订的法律文件。寄售协议中一般包括以下内容：协议性质、寄售地区、寄售商品名称、规格、数量、作价方法、佣金的支付、货款的收付，还有保险的责任、费用的负担及代销人的其他义务等。

为了订好寄售协议，必须处理好下述三方面的问题：

1. 寄售商品的作价方法

寄售商品的作价方法大致有四种：

（1）规定最低限价。

（2）随行就市。

（3）销售前征得寄售人同意。

（4）规定结算价格。

2. 佣金的问题

佣金结算的基础一般是发票净售价，可由代销人在货物售出后从所得货款中直接扣除，也可由寄售人收取全部货款后再另外支付。佣金多以汇付方式支付，也有的采用托收方式。

3. 货款的收付

货款一般在货物售出后收回，寄售人和代销人通常用记账的方法，定期或不定期地结算，由代销人将货款汇给寄售人或由寄售人用托收方式向代销人收款。

二、展卖

展卖（Fair and Sales）是指利用展览会和博览会及其他交易会形式，对商品进行展销结合的一种贸易形式。展卖的具体形式有：

（一）国际博览会（International Fair）

国际博览会，又称国际集市，是指在一定地点定期举办的由一国或多国联合组织，邀请各国商人参加交易的贸易形式。国际博览会可分为两种形式：综合性国际博览会和专业性国际博览会。综合性国际博览会是指各种商品均可参展并洽谈交易的博览会，如意大利的米兰博览会、德国的莱比锡博览会、法国的里昂及巴黎、比利时的布鲁塞尔、芬兰的赫尔辛基、波兰的波兹南、加拿大的蒙特利尔、澳大利亚的悉尼等。专业性国际博览会仅限于某类专业性产品参加展览和交易，如德国的科隆博览会，每年举行两次，一次展销纺织品，一次展销五金制品。

（二）各种交易会

如我国的广州交易会和各类小型交易会。

（三）在国外举办的各种小型展卖会

包括出口商自行在国外举办展卖会和与国外进口商联办我出口产品展卖会。

展卖是进出口商联系客户、洽谈业务、宣传商品的非常有效的方式，一次成功的展卖会结束后，可能会在很长的时间内给主办人带来可观的订单。因此，应积极有效的利用展卖方式，拓展销售渠道，扩大出口业务。

第三节　拍卖与招标

一、拍卖

拍卖（Auction）是由经营拍卖业务的拍卖行接受货主的委托，在规定的时间和场所，按照一定的章程和规则，以公开叫价的方法，把货物卖给出价最高的买主的一种贸易方式。国际贸易中通过拍卖成交的商品通常是品质难以标准化、或难以久存、或按传统习惯以拍卖出售的商品，如裘皮、茶叶、烟草、羊毛、木材、水果以及古玩和艺术品等。

（一）拍卖的出价方式

拍卖的出价方法有三种：

1. 增价拍卖

增价拍卖，也称英式拍卖，是最常用的一种拍卖方式。拍卖中，由拍卖人（Auctioneer）宣布被拍卖货物的最低价格，然后由竞买者（Bidder）相继叫价，竞相加价，直至无人再出更高的价格时，拍卖人以击槌动作表示拍卖结束，物归出价最高者。

2. 减价拍卖

减价拍卖，又称荷兰式拍卖（Dutch Auction），来源于荷兰的鲜花拍卖方式。先由拍卖人喊出最高价格，然后逐渐减低叫价，直至有竞买者认为可以接受而表示买进为止。这种方式经常用于拍卖鲜活商品，如花卉、水果、蔬菜等。

3. 密封递价拍卖

密封递价拍卖，又称招标式拍卖（Sealed Bids）。先由拍卖人公布每批商品的具体情况和拍卖条件等，然后由各买方在规定时间内将自己的出价密封递交拍卖人，供拍卖人审查比较，以决定将货物卖给哪一个竞买者。有些国家的政府或海关在处理库存货物或没收货物时往往采用这种方法。

（二）拍卖的程序

1. 准备阶段

参加拍卖的货主先要将货物运到拍卖地点，存入指定仓库，委托拍卖行对货物进行挑选、分类、分级，并与拍卖行订立委托拍卖合同。拍卖行要负责编印拍卖目录，将经过挑选分批待售的商品载入目录，在拍卖前一段时间发布拍卖公告，说明拍卖的时间、地点、标的、拍卖标的展示的时间与地点、参与竞买须办理的手续及其他事项。

2. 察看货物

参加拍卖的买主可在规定的时间到仓库察看货物，以便进一步了解货物的品质状况。

3. 正式拍卖

拍卖会在规定的时间和地点开始，并按照拍卖目录规定的先后顺序进行。买主按照事先登记的座位号对号入座，按拍卖规则举牌竞价。拍卖主持人（拍卖师）作为货主的受托人掌握拍卖业务的进行。拍卖一般采用增价方式，由主持人以击槌决定货物归属。有的国家法律规定，在拍卖主持人落槌之前，竞买人可以撤回其出价。而我国法律则规定："竞买人一经应价不得撤回。当其他竞买人有更高应价时，其应价即丧失约束力。"

4. 成交和交货

拍卖成交后，拍卖行的工作人员即交给买方一份确认书，由买方填写并签字，表明交易正式达成。买方以现汇支付货款，付清后，即凭拍卖行开出的栈单（Warrant）或提货单（Delivery Order）到指定的仓库提货。

二、招标

招标（Invitation to Tender）是指招标人（买方）发出招标通知，说明拟采购货物的名称、规格、数量及其他条件，邀请投标人（卖方）在规定的时间、地点按照一定的程序进行投标的行为。

与招标方式对应的是投标（Submission of Tender），是指投标人（卖方）应招标人的邀请，按照招标的要求和条件，在规定的时间内向招标人递价，争取中标的行为。

招标投标是一种竞卖的方式，常被用于采购物资、设备、勘探开发资源或招包工程项目，招标的组织者主要是国家部门或机构，也有一些大型的工商企业。这里仅介绍国际商品采购中的招标投标。

（一）招标的方式

1. 国际竞争性招标

国际竞争性招标是指招标人邀请几个乃至几十个投标人参加投标，通过多个投标人竞争，选择其中对招标人最有利的投标人达成交易的方式。

（1）公开招标。是指招标人在国内外报刊杂志上发布招标通告，将招标的意图公布于众，邀请有关企业和组织参加投标。通常用于政府采购物资，以及利用国际金融组织贷款采购物资等。

（2）选择性招标，是指招标人不公开发布招标通告，只是根据以往的业务关系和情报资料，向少数客户发出招标通知。这种方式多用于购买技术要求高的专业性设备或成套设备。

2. 两段招标

先用公开招标，再用选择性招标分两段进行。

（二）招标投标的基本做法

商品采购中的招标投标业务，包括四个步骤：招标、投标、开标评标、签约。

1. 招标

招标包括三项基本工作：发布招标通告、制定招标文件、对投标人进行资格预审。

2. 投标

投标人取得招标文件后，编制投标书。投标书是一项有效期至规定开标日为止的发盘，在有效期内不得撤回、变更或对标书内容作实质性修改。为防止投标人撤标或中标后拒不签订合同，投标人在投标时应交纳投标保证金。投标书应在投标截止日期之前送达招标人或其指定的收件人，逾期无效。

3. 开标评标

招标人按招标书的规定，进行公开或不公开开标。公开开标式招标人当众启封投标书，宣读内容，投标人都可参加。不公开开标则是由开标人自行开标，选定中标人，投标人不参加。如招标人认为所有的投标都不理想，可宣布招标失败。

4. 签约

招标人选定中标人后，要向其发出中标通知书，约定双方签约的时间和地点。中标人签约后要提交履约保证金，用以担保中标人将遵照合同履行义务。

第四节 对销贸易

对销贸易（Counter Trade）是指在互惠的前提下，由两个或两个以上的贸易方达成协议，规定一方的进口产品可以部分或者全部以相对的出口产品来支付。

对销贸易有多种形式，我国经贸活动中采用较多的是易货贸易和补偿贸易。

一、易货贸易

狭义的易货贸易是以货换货，不用货币支付，交换商品的价值相等或相近。这种方式在现代国际贸易中很少使用。

广义的易货贸易包括两种做法：

（一）记账易货贸易

一方用一种出口货物交换对方出口的另一种货物，双方都将货值记账，互相抵冲，货款逐笔平衡，无须使用现汇支付。采用这种方式，进出口可同时进行，也可先后进行。

（二）对开信用证方式

进口和出口同时成交，金额大致相等，双方都采用信用证方式支付货款。具体做法是：双方都开立以对方为受益人的信用证，并在信用证中规定一方开出的信用证，要在收到对方信用证时才生效。

易货贸易的突出优点在于它能促成外汇支付能力匮乏的国家和企业间进行贸易，调剂余缺，从而有利于参与国家或企业的贸易发展和经济发展。但易货贸易有相当大的局限性，如交换商品的局限、双方国家经济互补性的局限等，这使得易货贸易在对销贸易中所占比例并不很大。

二、补偿贸易

补偿贸易（Compensation Trade）是指在信贷基础上进行的、进口与出口相结合的贸易方式，即进口设备，然后以回销产品或劳务所得价款分期偿还设备价款及利息。

（一）补偿贸易的种类

当前我国开展的补偿贸易，按照用来偿付的标的的不同，可分为四类。

（1）直接产品补偿。双方在协议中约定，由设备供应方向设备进口方承诺购买一定数量或金额的由该设备直接生产出来的产品。这是补偿贸易最基本的做法，但往往不为设备供应方所接受。

（2）间接产品补偿。当所交易的设备本身不生产物质产品，或设备所生产的直接产品非对方所需或在国际市场上销路不好时，可由双方根据需要和可能进行协商，用供应方回购其他产品来代替。

（3）劳务补偿。在与来料加工和来件装配相结合的中小型补偿贸易中，双方往往商定由供应方垫付货款，代我方购进所需的技术、设备，我方按对方要求加工生产后，从应收的工缴费中分期扣还所欠款项。

（4）混合补偿。混合抵偿是指引进设备技术方对应付价款，部分以直接产品、其余以间接产品或现汇进行抵偿或支付。这是一种介于返销和回购两种方式之间，也就是把这两种抵偿方法结合起来的补偿形式。

（二）补偿贸易的作用

补偿贸易以供应方提供信贷为前提条件，并承诺回购对方的产品或劳务，这是补偿贸易的两个特征和必备条件。这种方式对设备供应方和进口方都有很好的作用。

（1）对设备进口方的作用。进口方可以引进先进的技术和设备，发展和提高本国的生产能力和技术能力，增强出口产品的竞争力；通过对方回购，可在扩大出口的同时获得一个较稳定的销售市场和销售渠道；是一种较好的利用外资的方式。

（2）对设备供应方的作用。在当前市场竞争激烈的情况下，通过补偿贸易，可扩大设备的出口，通过承诺回购义务加强自己的竞争地位，争取贸易伙伴，或可在回购中获得较稳定的原材料来源，或从转售产品中获得利润。

（三）进行补偿贸易应注意的问题

（1）做好项目的可行性研究。

（2）合理计算贷款的成本和安排偿还期。

（3）正确处理补偿产品和正常出口的关系，原则上以不影响正常出口为前提。

除上述两种方式外，还有互购贸易、转手贸易、抵消贸易等对销贸易形式。

第五节　加 工 贸 易

加工贸易是国际上普遍采用的一种贸易方式，在我国自 20 世纪 80 年代以来发展迅速。中国加工贸易从 20 世纪 80 年代起步，经历了超常规、高速度、跨越式发展。加工贸易进出口总额从 1980 年的 16.66 亿美元，增加到 2002 年的 3 021.7 亿美元，增长了 180 多倍；加工贸易在外贸出口中的比重从 1980 年的 9.2% 提高到 2002 年的 55.3%，年均增速达 26.9%。2003 年，我国加工贸易进出口总额为 4 048 亿美元，占全国进出口总额的 48%，其中，加工贸易出口 2 419 亿美元，占出口总额的 55%。加工贸易的迅速发展，有力促进了我国国民经济持续快速增长，加快了我国成为世界贸易大国的步伐。

为进一步发挥加工贸易在我国国民经济中的作用，我国根据国民经济发展需要和产业政策要求，每年对加工贸易禁止类商品目录及税号进行调整和更新。

资料卡：我国加工贸易禁止进、出口货物（2008 年）

1. 2008 年版加工贸易禁止类商品目录共计 1 816 个海关商品编码，其中包括新增禁止类商品目录 39 个和 2007 年第二批加工贸易禁止类商品目录 598 个。

2. 国家已公布的禁止进出口的商品同样适用于加工贸易方式。

3. 禁止为种植、养殖等出口产品而进口种子、种苗、种畜、化肥、饲料、添加剂、抗生素等开展加工贸易，禁止开展进口料件属于国家禁止进口商品的加工贸易（如含淫秽内容的废旧书刊，含有害物、放射性物质的工业垃圾等）。

4. 按照《中华人民共和国枪支管理法》规定，禁止以加工贸易方式生产、出口仿真枪支。

表 10－3　2008 年加工贸易禁止类商品目录（节选）

序号	商品编码	商品名称	禁止方式		
163	2508600000	富铝红柱石	出口		
164	2508700010	火泥	出口		
165	2508700090	第纳斯土	出口		
166	2509000000	白垩	出口		
167	2510101000	未碾磨磷灰石			进出口
168	2510109000	其他未碾磨天然磷酸钙（包括天然磷酸铝钙及磷酸盐白垩）			进出口
169	2510201000	已碾磨磷灰石			进出口
170	2510209000	其他已碾磨天然磷酸钙（包括天然磷酸铝钙及磷酸盐白垩）			进出口
171	2511100000	天然硫酸钡（重晶石）	出口		
172	2511200000	天然碳酸钡（毒重石）	出口		
173	2512001000	硅藻土	出口		
174	2512009000	其他硅质化石粗粉及类似的硅质土	出口		
175	2513100000	浮石	出口		
176	2513200000	刚玉岩、天然刚玉砂等天然磨料	出口		
177	2514000000	板岩		进口	

表 10－4　**2007 年第二批加工贸易禁止类商品目录（节选）**
（禁止出口，2008 年修订）

序号	商品编码	商品名称
105	2501001100	食用盐
106	2501001900	其他盐

续表

序号	商品编码	商品名称
107	2501002000	纯氯化钠
108	2523100000	水泥熟料
109	2523210000	白水泥，不论是否人工着色
110	2523290000	其他硅酸盐水泥
111	2523300000	矾土水泥
112	2523900000	其他水凝水泥
113	2707100000	粗苯
114	2707200000	粗甲苯
115	2707300000	粗二甲苯
116	2707400000	萘
117	2707500000	其他芳烃混合物
118	2707910000	杂酚油
119	2707991000	酚
120	2707999000	蒸馏煤焦油所得的其他产品
121	2710113000	橡胶溶剂油、油漆溶剂油、抽提溶剂油
122	2710119101	壬烯
123	2710119190	其他壬烯

我国海关统计中的加工贸易包括来料加工和进料加工两种方式。

一、来料加工

来料加工，又称对外加工装配业务，是指由外商（委托方）提供一定的原材料、零部件、元器件，由加工方按对方的要求进行加工或装配，成品交对方处置，加工方按约定收取工缴费作为报酬。

来料加工业务中虽有原料和成品的进口和出口，但原料和成品的所有权始终属于委托方，加工方只提供加工装配服务并收取约定的工缴费。因此，来料加工是一种以商品为载体的劳务出口，属于劳务贸易的范畴。

（一）来料加工业务的作用

作为加工方，来料加工对我国有积极的意义。

（1）可以发挥我国的生产潜力，补充国内原材料的不足，为国家增加外汇收入。

（2）引进国外先进技术和管理经验，有利于提高生产技术和管理水平。

（3）有利于发挥我国劳动力众多的优势，增加就业机会，繁荣地方经济。

对国外委托方来讲，来料加工业务可降低其产品成本，增强竞争力，并有利于委托方所在国的产业结构调整。

（二）来料加工合同

接受外商委托承接加工装配业务，需要订立一份加工装配合同（见表10－5）。在订立来料加工合同时，应注意下列问题：

（1）对来料来件的规定。包括对来料来件的质量要求、具体数量、到货时间的规定。

（2）对成品质量的规定。

（3）关于耗料率和残次品率的规定。

（4）关于工缴费标准的规定。工缴费的核定应以国际劳务价格为依据，要具有一定的竞争性，并考虑我国当前劳动生产率及其与国外的差距。

（5）对工缴费结算方式的规定。有两种规定方法：一是来料、来件与成品均不作价，由委托方在加工方交付成品后以汇付、托收或信用证方式支付工缴费；二是对来料、来件和成品分别作价，两者之间的差额即为加工方所得之工缴费。采用后一种方式，应坚持先收后付的原则，通常的做法是由我方开立远期信用证或以远期托收方式对来料、来件付款，对方以即期信用证或即期托收方式向我方支付成品价款。

（6）对运输和保险的规定。来料加工业务涉及原料运进和成品运出两段运输，都需要投保货物运输险及货物存仓期间的财产险。由于原料和成品的所有权均属外商，所以运输、保险的责任和费用应由外商承担。但在具体业务中，加工方可受委托方的委托代办运输、保险。

来料加工合同中还应订立工业产权的保证、不可抗力和仲裁等预防性条款。

表10－5 **来料加工装配合同**

合同号：__________ 签订日期：__________ 签约地：__________

甲方（加工装配方）：____________________公司

地址：____________________

电话：________ 传真：________ 电子邮箱：________

乙方（来料、来件方）：（境外）________有限公司

地址：____________________

电话：________ 传真：________ 电子邮箱：________

双方在遵守中华人民共和国法律、法规的前提下，本着本等互利的原则，就来料加工__________进行了充分协商，一致达成如下合同条款：

一、双方责任

1. 甲方责任：

（1）提供有上盖之厂房________平方米，无上盖场地________平方米，工厂管理人员________名，生产工人________名、开业后________月增至________名。在合同期内代乙方加工生产上述产品，加工成品后交回乙方复出。

（2）提供现有水、电设备供加工生产之用，如需新安装水、电设施，其费用由乙方支付。

（3）办理来料加工、装配有关业务的进出口手续及对工厂实行行政、财务等管理，不得把工作以任何形式承包给任何单位和个人经营。

2. 乙方责任：

(1) 不作价提供加工上述产品及装修厂房和建造________平方米简易厂房所需的设备材料（详见清单），分多批运抵甲方工厂，设备总值约________万元。

(2) 不作价提供加工上述产品所需的原料、辅料和包装物料，具体数量、规格在各份具体生产加工合同中订明。

(3) 工人如因工作不力（含工厂管理人员），经教育无效者，乙方有权向甲方提出调换，但禁止非法搜查甲方工厂工人的身体。

二、加工数量

第一年加工上述产品，加工费约______万元，从第二年开始的产量，应在前一年的基础上有所增加，具体数量应在生产合同中订明。

三、作价原则和工缴费

1. 试产（培训）期为二个月，在试产期内，工人每人每月工缴费暂定为______元，每月工作______日，每天______小时。

2. 试产期满后，采取按件计算方式，在坚持互利原则的基础上、双方应根据加工的品种、规格、款式和工艺繁简不同进行定价，并在生产加工合同中订明为确保工人的合理收入，工缴费平均每人每月不低于______元。需要加班时，加班费另计，但每个工人每天加班时间最长不得超过______小时。

3. 甲方工人生产消耗的水、电费由乙方负责。

4. 每月乙方支付甲方______元，作为工作管理费。

四、损耗率

1. 试产期内的消耗率，实报实销。

2. 试产期后的损耗率，由双方商定，并在生产加工合同中订明。

五、来料和交货期

1. 乙方按生产合同的加工量，按月提供足够数量的原辅材料和包装物料。为使甲方工厂能正常生产，乙方必须在每批产品开始加工前____天，将所需的原材料和包装物料运抵甲方工厂。除因人力不可抗拒之原因外，乙方来料不足，造成甲方工厂每月生产不足______天，停工天数累计不得超过4天，否则，乙方应按在厂工人以停工天数计，每人每天补助生活费______元，支付给甲方工厂。

2. 为使乙方能开展正常的业务活动，甲方应向乙方按商定的交货期，按时、按质、按量交货。如非人力不可抗拒原因，甲方不按时、按质、按量交货，造成乙方的经济损失，甲方应负赔偿之责任，赔偿数额可在具体的生产加工合同中订明。

3. 由乙方提供的机械、通风、照明等设备及原辅材料、包装物料，在甲方工厂由双方进行交收登记，建立账册。甲方工厂加工后的成品，在甲方工厂经乙方验收起运后，甲方不负产品规格、质量、短缺等任何责任。

六、结汇形式

工缴费及工人管理费每月结算一次，以D/P即期结汇或支票方式结汇，由甲方工厂会同（________政府授权的处理来料加工事务并具有外贸经营权的）________贸易公司（下称授权贸易公司）开具发票后，通过中国银行（深圳分行）向乙方在香港开户的银行（______银行。帐号______）办理。乙方超过______天仍未付款给甲方，则按逾期天数，以当时香港银行利息一并付给甲方。乙方连续______个月不结汇，甲方有权采取停止出货或其他措施。

七、劳动保护及运输与保险

1. 工厂应做好劳动保护及安全工作，完善防尘、防烟、防毒设施，厂房保持通风光亮，内外环境卫生整洁，对有污染性项目，须经市环保部门批准，方能立项经营。

2. 乙方提供的机械、通风、照明设备、原辅材料、包装对象及甲方工厂加工后的成品运输费用，均由乙方负责。

3. 原辅材料、包装物料的运进，成品运出及加工期间存放的机械设备、原料和包装物料及操作机械的工人，均由乙方向______保险公司投保。

八、技术交流

在设备运抵甲方工厂后，乙方应尽快派出人员进行安装，甲方派出人员进行协助。从试产期开始，乙方应派出技术人员到甲方工厂进行技术培训，直到工人能基本掌握生产技术，进行正常生产时为止。乙方技术人员的工资及一切费用由 乙方负责，甲方提供生活上的方便。

九、合同期限

本合同经批准签订后，乙方须将商业登记及银行资信证明书交甲方办理营业执照经海关备案生效。有效期为______年，即从______年____月____日至______年____月____日。如要提前终止或延长本合同，须在3个月前通知对方，并经双方协商处理终止或延长合同事宜。某方单独提前终止合同，要负责补偿对方的经济损失。补偿的办法，根据终止合同前半年内的每月平均工缴费为准，补偿两个月的工缴费总额给对方。

合同期满后，不动资产（如厂房、宿舍）归甲方所有，由乙方不作价提供的可动产（如机械、车辆、通风设备）归乙方所有，并按海关和有关规定及时办理核销手续。

双方同意，在本合同经批准签订后________天内，乙方向甲方预付________元，作为履约保证金，从甲方收到履约金之日起________个月内，乙方仍不投产开业，履约保证金即无条件归甲方所有，同时，甲方有权废约。如乙方能按时投产开业，该履约保证金可作工缴费抵付给甲方。

十、仲裁

凡因本合同引起的或与本合同有关（包括任一生产加工合同）的任何争议，应通过友好协商解决，协商不能解决，均应提交中国国际经济贸易仲裁委员会深圳分会，按照申请仲裁时该会施行有效的仲裁规则进行仲裁。仲裁裁决是终局的，对双方均有约束力。

十一、语言

本合同以英文和中文书就，两种文本具有同等效力。但在对其解释产生异议时，以中文文本为准。

十二、合同的份数和修订

本合同正本一式五份，甲、乙双方、海关、车管所、政府授权的处理来料加工事务并有外贸经营权的________公司各一份，副本若干份，均具有同等效力。

本合同如有未尽事宜，双方可随时补充或修改，并报政府有关部门批准实施。

甲方：____________________ **乙方：**____________________

授权代表：____________________ **授权代表：**____________________

授权贸易公司：______________________________

代表（签字）：______________________________

二、进料加工

进料加工又称“以进养出”，是指从国外购进原料，加工生产出成品再销往国外。进料加工不同于来料加工，其原料进口和成品出口是两笔不同的贸易，进料加工方赚取的是从原料到成品的附加价值。

我国开展的进料加工业务，包括进口轻工、纺织、机械、电子行业的原材料、零部件、元器件，加工、装配或制造出成品再出口，以及从国外引进农、牧、渔业的优良品种经种植或繁育后再出口。进料加工对我国对外贸易以及经济发展有着重要的意义，主要表现在以下几个方面：

（1）有利于解决国内原材料紧缺的困难，利用国外提供的资源，发展出口商品生产，为国家创造外汇收入。

（2）可以更好的根据国际市场的需要和客户的要求，组织原料进口和加工生产，做到产销对路。

（3）可以充分发挥我国劳动力价格优势，有效利用相对过剩的加工能力，扬长避短，促进我国外向型经济的发展。

进料加工贸易合同（见表10-6）的格式和条文同一般贸易合同相同，只是进料加工贸易中原料来自境外，成品出口境外，而且提供原料的外商和购买成品的外商并不一定是同一个。下面，我们举一个没有进出口经营权的企业开展加工贸易时所签订的合同，共包括中方两家企业的出口代理协议、进口代理协议、加工协议及中方外贸企业同国外客商签订的进料合同、成品销售合同五个部分。

表10-6　　　　进料加工贸易合同格式

第一部分：出口代理协议书

甲方：北京某皮革有限公司

地址：中国北京市顺义县

电话：　　　　　　传真：

乙方：中国某进出口有限公司

地址：北京市（　　）路（　　）号

电话：　　　　　　传真：

甲乙双方经友好协商，就甲方委托乙方代理皮革进料加工，皮革制品出口业务达成如下协议：

一、甲方委托乙方代理皮革进料加工，皮革制品出口至香港业务，乙方接受甲方委托。

二、合同标的：

产品名称：

数量：

合同金额：

拟出运日期：

出运港：

到货港：

外方付款结算方式：

三、双方责任及义务：

（一）甲方职责：

1. 负责与外商签订所有出口合同，并对合同的全部内容负责；

2. 负责安排生产、出运、交货；

3. 负责向乙方提供工厂开具的增值税发票、纳税缴款书及运费等正式发票；

4. 承担业务的全部费用及风险，保证按合同条款（合同标的）的全部内容执行，并向乙方支付出口代理手续费（乙方收汇）。

（二）乙方职责：

1. 负责按甲方提供的合同内容对外签订出口合同；

2. 提供出口货物商检、报关、出运和结汇等工作所需的单据；

3. 负责出口结汇；

4. 结汇后一周内，将货款转付甲方账户。

四、违约责任：

如因任何一方未履行本协议规定的责任而给对方造成的经济损失，由违约方承担。

五、甲方出具的担保函是本协议不可分割的一部分。

六、本协议一式两份，双方各执一份。自签字之日起生效，具有同等法律效力。

甲方：　　　　　　　　　　　　　　乙方：

年 月 日　　　　　　　　　　　　　年 月 日

第二部分：进口代理协议

协议号：

甲方：北京某皮革有限公司

地址：　　　　　　　　电话：　　　　　　　　传真：

乙方：中国某进出口有限公司

电话：　　　　　　　　传真：

甲乙双方经友好协商，就甲方委托乙方代理进口盐渍牛皮及辅料业务达成以下协议：

一、甲方委托乙方代理进口盐渍牛皮及辅料，乙方接受甲方的委托。详细条款参见合同（编号）。

二、双方责任义务：

（一）甲方责任：

1. 负责与外方商定所有合同条款，并对合同的全部内容及交货内容负责。

2. 及时向乙方支付定金及货款。定金为合同总金额的25%，于双方协议签订三日内支付，其余75%货款由甲方提供工厂担保，并于信用证开出后十天内付清，担保函是本协议不可分割的一部分。

3. 按时支付乙方代理手续费，比例为合同金额的3%，于协议签订三日内支付。

4. 预付港口一切费用（报关、接货、滞报、滞箱费等），预计为（）元（根据实际费用结算金额，多退少补）。支付银行利息（二个月，金额为 ）及银行费用。

5. 保证该票货物进口加工后以得利公司名义再出口，详见双方出口代理协议。

（二）乙方责任：

1. 根据甲方提供的外销合同条款对外签约，详见合同（编号）。

2. 负责办理进料加工手册及其他相关手续。

3. 负责代甲方办理报关、接货等手续。

4. 及时将有关单据转交甲方。

5. 如发生索赔等经济纠纷，乙方可在甲方委托下，代办有关涉外手续。

三、甲乙双方应各自履行职责义务，如在各自职责范围内出现问题或发生损失由各自承担责任。

四、本协议未尽事宜，双方另行协商解决。

五、本协议与甲方出具的担保函同时生效。

六、本协议一式两份，双方各执一份，自双方签字盖章之日起生效。

甲方：　　　　　　　　　　　　乙方：

年 月 日　　　　　　　　　　　　年 月 日

第三部分：加工协议

协议号：

甲方：中国某进出口有限公司

地址：　　　　　　　电话：　　　　　　　传真：

乙方：北京某皮革有限公司

地址：　　　　　　　电话：　　　　　　　传真：

甲乙双方经友好协商，就甲方委托乙方加工盐渍牛皮业务达成以下协议：

一、甲方委托乙方加工盐渍牛皮，乙方接受甲方的委托。详情如下：

1. 进料名称、数量：盐渍牛皮 5 340 张

2. 加工成品名称、数量：

（1）牛皮革 301 176 平方英尺；

（2）二层部层蓝湿革 4 806 张（160 200 平方英尺）。

3. 合理损耗比例：

（1）牛皮革：消耗 6%；

（2）二层部层蓝湿革：若以张（PC）为单位计，消耗 10%；若以平方英尺为单位计，消耗约为 50%。

4. 加工费用：USD35 000. 00

5. 加工期限：2012 年 12 月 12 日 ~2013 年 7 月底

6. 包装标准：适合海运的塑料包装

二、双方责任义务：

（一）甲方责任：

1. 负责及时提供原料及辅料，并保证原料质量。

2. 及时向乙方支付加工费用，合计：USD35 000. 00。

（二）乙方责任：

1. 按甲方要求的标准加工成品与半成品。

2. 按合同规定日期及数量交货给甲方。

3. 允许甲方在生产期间派人驻厂监督生产。

三、甲乙双方应各自履行职责与义务，如在各自职责范围内出现问题而给对方造成的直接及间接经济损失由责任人承担。

四、本协议未尽事宜，双方另行协商解决。

五、本协议一式两份，双方各执一份，自双方签字盖章之日起生效。

甲方：　　　　　　　　　　　　　　　　　　　　乙方：

年 月 日　　　　　　　　　　　　　　　　　　　年 月 日

第六节　商品期货贸易

商品期货贸易是一种特殊的交易方式，产生于11～14世纪的欧洲，而现代期货市场源于19世纪后期的美国，发展到现在已成为世界市场不可缺少的重要组成部分。

一、期货贸易的定义与特点

期货贸易（Futures Trading）是指在期货交易所内，按一定规章制度进行的期货合同的买卖。

期货交易所是期货贸易的场所，目前期货交易所已遍布世界各地，其中交易量比较大的有：美国芝加哥商品交易所、芝加哥商业交易所、纽约商品交易所、纽约商业交易所、伦敦金属交易所、东京工业品交易所、东京谷物交易所、香港期货交易所、新加坡国际金融交易所等，交易的商品涉及农副产品、有色金属、贵金属、金融产品等。

就商品期货贸易而言，交易的品种基本属于供求量较大、价格变动频繁的初级产品，如：谷物、棉花、食糖、咖啡、可可、油料、活牲畜、木材、有色金属、原油以及贵金属等。以下主要介绍商品期货贸易。

期货贸易具有以下特点：

（一）以标准期货合同为交易标的

现货交易中，买卖双方交易的是实际货物，而期货贸易的标的是期货交易所制定的标准期货合同，商品的品质、规格、数量以及其他交易条件都已统一拟定，买卖双方只需商定价格、交货期和合同数目。

（二）只能在期货交易所进行交易

现货交易的双方可以任意选择时间和地点来达成交易，按“契约自由”原则达成合同，这种交易属于封闭市场交易；而期货贸易的双方只能在期货交易所按照期货交易所的规章制度进行交易，以公开喊价的方式达成合同，这种交易属于自由市场交易。

（三）交易的目的和履约方式不同

现货贸易是为转移货物的所有权，买卖双方必须交接实际货物。而从事期货贸易的目的并不一定为了实际交割货物（实际货物交割的只占很小比例），交易者多在期货合同到期前作一笔方向相反、交割月份和数量相等的相同合同期货交易（对冲或平仓），用以转移现货交易价格变动的风险或套取利润。

（四）有特殊的清算制度

现货贸易的双方按照合同来履行交货和付款义务，而期货贸易的交易双方并不相互见面，合同履行也无需双方直接接触，由清算所进行统一交割、对冲和结算。清算所作为所有期货合同的买方，也是所有期货合同的卖方。

（五）有严格的保证金制度

进行期货交易时，交易者必须先开立一个保证金账户，按交易金额的一定百分比交纳初始保证金，以后每天交易结束后，清算所都按当日结算价格核算盈亏，如亏损超过规定的百分比，清算所即要求追加保证金。

表 10－7　　芝加哥期货交易所玉米期货合同

交易单位	5 000 蒲式耳
最小变动价位	每蒲式耳 1/4 美分（每张和约 12.50 美元）
每日价格最大波动限制	每蒲式耳较上一交易日结算价可上下波动各 10 美分（每张合约上下波动各 500 美元），现货月份无限制
敲定价格	
合约月份	12，3，5，7，9
交易时间	商务 9：30～下午 1：15（当地时间），到期合约最后交易日截止时间为当日中午
最后交易日	交割月后营业日往回数的第七个营业日
交割等级	以 2 号黄玉米为准，替代品种价格差由交易所规定
合约到期日	

二、期货贸易的方式

商品期货贸易主要有两大类：以转移价格风险为目的的套期保值业务和以盈利为目的的投机交易。

（一）套期保值（Hedging）

套期保值是期货市场交易者将期货交易与现货交易结合起来进行的一种市场行为。由于同一种商品的实际货物市场价格和期货市场价格的变化趋势基本上是一致的，涨时俱涨，跌时俱跌，套期保值者可在购入现货的同时，在期货市场上出售期货，或在出售现货的同时买入期货，这样必然出现一亏一赢的情况，盈亏相抵，可以转移现货价格变动的风险。

1. 卖期保值（Selling Hedge）

卖期保值是指套期保值者根据现货交易情况，现在期货市场上卖出期货合同，然后再买进以平仓的做法。通常生产商在购进产品待售时，或加工商在采购原料时，为防止日后价格下跌带来损失，会采用卖期保值的做法。

2. 买期保值（Buying Hedge）

与卖期保值相反，买期保值是指套期保值者根据现货交易情况，先在期货市场上买入期货合同，然后再卖出期货合同进行平仓。这种做法是为了避免现货市场价格上涨带来的损失。

许多大宗商品的进出口，因其交货期长，价格变动的风险大，进出口商在实货交易的同时，从事卖期保值或买期保值，可以有效地转移价格风险。由于市场的变化并不能被人们完全准确地预测到，实货市场与期货市场的价格变化虽趋势一致，但具体变动幅度并不一定完全相等，因而套期保值不一定能全部抵消现货交易的损失。

（二）投机

从事期货贸易的除了套期保值者外，更多的是投机者（Speculator）。投机者在期货市场上通过“买空卖空”或“卖空买空”，希望以较小的资金来博取利润。与套期保值者相反，投机者愿意承担价格变动的风险，一旦预测期货价格将上涨，投机者就会买进期货合同（“卖空”或“多头”）；一旦预测期货价格将下跌，就会卖出期货合同（“卖空”或“空头”），待价格与自己预料的方向变化一致时，再抓住机会进行对冲。

投机者在动机上完全不同于套期保值者，他们对实际货物并无兴趣，只关心如何以低买高卖（或高卖低买）来获取利润。他们根据对期货市场价格走向进行预测来决定作多头或空头的，因此是否盈利完全取决于他们对行情预测的准确程度。在期货市场上，投机者的交易非常活跃，成交量大，对期货市场有很大的影响力。

第七节　电子商务

电子商务（E-Commerce）是指交易涉及的各方当事人借助电子方式联系，通过电子信息技术、网络互联技术和现代通讯技术，实现整个交易过程的电子化而无须依靠纸面文件和单据的传输。

这是从纯技术角度对电子商务所下的定义。实践中，对电子商务的理解有两种，狭义的理解认为电子商务就是互联网上在线销售式电子商务，如在互联网上销售书籍、日用消费品、安排旅游、在线医疗咨询、远程教学等；广义的理解认为电子商务是运用现代电子信息技术以整个全球市场为基础的商务活动。

对电子商务的广义理解更能反映电子商务的内涵和作用。事实上，电子商务包括以下方式或涉及到以下方式所进行的交易或商务活动：

（1）通过国际互联网（Internet）进行的任何与商务有关的活动。

（2）通过增值网络（Value-added Networks，VANS）进行的电子交易，如 EDI。

（3）通过电子公告牌（Bulletin Board Systerms，BBSs）进行的采购交易。

（4）企业在线式服务（Online Services）。

（5）通过连接企业计算机网络发生的各种商务活动等。

上述活动包括：企业内部信息网络的建立与应用、电子邮件往来、互联网浏览和信息搜集、网站的建立，以及网上交易系统等。

一、电子商务的分类

电子商务可根据不同商务活动群体的业务性质分成以下几类：

（一）商业机构对商业机构的电子商务（Business-to-Business，B2B）

商业机构对商业机构的电子商务是指企业与企业之间进行的电子商务活动。例如企业利用计算机网络向它的供应商进行采购，或利用计算机网络进行付款等。这类电子商务已存在多年，支持它的是电子数据交换（EDI）系统。

EDI 技术是指机构之间通过计算机网络所进行的统一结构和标准信息的交换，由于太过复杂，目前主要被用在行业内部，难以广泛开展。虽然联合国制定了一套商业 EDI 的标准，但在具体实施过程中，关于标准问题在行业内和行业间的协调工作举步维艰。但无论如何，企业与企业间的商业合作是商业活动的主要方面，企业的发展和竞争的要求必将使 B2B 电子商务有较大发展。

（二）商业机构对消费者的电子商务（Business-to-Consumer，B2C）

商业机构对消费者的电子商务是指企业与消费者之间进行的电子商务活动，主要是借助于国际互联网开展的在线式销售活动。目前，这类电子商务发展最快，障碍最少，应用潜力巨大。

（三）商业机构对行政机构的电子商务（Business-to-Administrations，B2A）

商业机构对行政机构的电子商务是指企业与政府机构之间进行的电子商务活动。例如政府将采购的细节在国际互联网上公布，通过网上竞价方式进行招标，企业也要通过电子的方式进行投标。目前，这种方式正处于初期的试验阶段。

（四）消费者对行政机构的电子商务（Consumer-to-Administration，C2A）

消费者对行政机构的电子商务是指政府对个人的电子商务活动。如在个别发达国家，政府的税务机构通过指定私营税务或财务会计事务所用电子方式来为个人报税。这类电子商务可为政府向社会、个人提供更为全面的电子方式服务。

二、电子商务与国际贸易

国际贸易中的电子商务是指企业通过利用电子商务运作的各种手段所从事的国际贸易活动，它所反映的是现代信息技术所带来的国际贸易过程的电子化。贸易伙伴之间以及贸易伙伴与相关银行、运输部门、保险部门、商检、海关和政府部门等传输订单及相关单据和文件，就成为国际贸易电子商务的主要内容之一。

完全的电子商务，是指国际贸易中有关各方之间均通过电子商务系统处理全套业务，如签订电子合同（E-contract）、电子开证（E-documentary Credit）、电子报关、提交电子单据（E-documents）等。如图 10－1 所示：

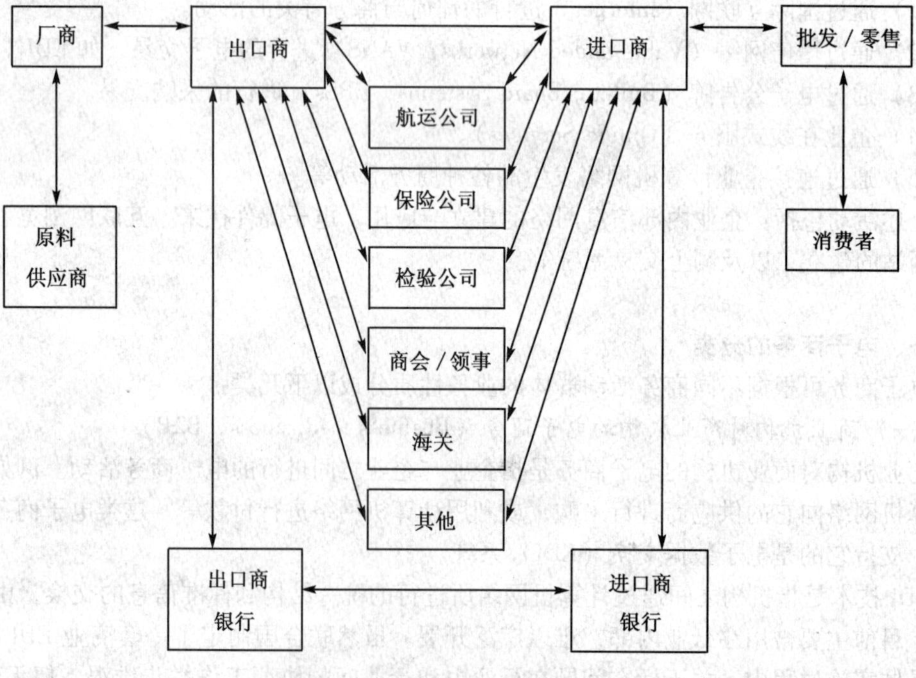

图 10－1 国际贸易电子商务网络

·实务篇

一、擅自改变补偿贸易补偿形式的后果纠纷等

【案情】2009年10月，中国甲公司与比利时乙公司签订了《补偿贸易合同》，合同规定由乙公司向甲公司提供一种生产成套设备，设备金额150万瑞士法郎，甲公司以其使用乙公司提供的设备所生产的产品分3年偿还全部设备款，合同还规定了返销产品的价格与违约金。该合同经政府主管部门批准而生效。合同生效后，乙公司按照合同规定交付了设备，甲公司依照合同规定用该设备生产的产品向乙公司偿还了第一年的设备款50万法郎。到了第二年，国际市场发生激烈变化，该产品价格上涨幅度达30%。甲公司认为，原合同对返销产品的作价不合理，要求修改合同或签订补充协议，提高返销产品的价格，乙公司不同意。于是，甲公司擅自将产品直接出口，在国际市场销售，并用所得外汇向乙公司偿还设备款50万法郎。为此，双方发生争议，经协商不能解决，2011年12月2日，乙公司遂根据合同中的仲裁条款提起仲裁，要求甲公司交付产品或按130%支付设备款，并按合同规定支付5%的违约金。在仲裁庭辩论中，甲公司认为，其已如数支付了设备价款，就履行了合同。而乙公司则认为，合同规定用产品偿还，该产品国际市场价格上涨30%，其转售产品应得的利益被剥夺，故甲公司应补偿30%，并支付违约金。

【审理结果】经调查审理，仲裁庭认为，根据中国有关法律法规及国际惯例，乙公司提供生产设备给甲公司，由甲公司进行生产并以合同规定的价格返销其产品偿还设备的交易方式属补偿贸易。甲公司不交付产品而直接支付外汇改变了补偿贸易的性质，违反了中国有关法律规定和经批准的补偿贸易合同的约定。据此，仲裁庭裁决支持乙公司的仲裁请求，甲公司按130%支付第二年的设备款，支付5%的违约金，第三年继续用产品偿还设备款。仲裁费由甲公司承担。

【评析】本案涉及补偿贸易合同的性质和特点。补偿贸易是国际贸易中一种特殊的贸易方式。它是由一方当事人提供设备，包括机器设备、技术（有的合同还包括必要的原材料），在一定期限内，由设备进口方用该设备、技术投产后所生产的产品进行偿还，即直接产品作为抵偿另一方提供设备、技术的价款。它的法律特点在于不仅是以货物对货物的交换，而且不同于一般以货易货，它是以用设备生产出来的产品进行直接交换；它的“偿还”是在取得设备后的一定期限以后完成的，即具有商品信贷的性质。因此，补偿贸易是在信贷的基础进行的，这是构成补偿贸易的前提条件。设备供应方必须承诺回购产品或劳务的义务，这是构成补偿贸易的必备条件，这是补偿贸易与延期付款的根本区别。

本案中甲公司向乙公司提供设备，由乙公司以该设备所生产的产品偿还设备价款的贸易方式属于补偿贸易中的返销形式，是补偿贸易的最基本形式。按照补偿贸易合同的规定，补偿贸易应以进口机器设备所生产的产品返销提供设备方，以偿还设备价款。甲公司用其向第三方出口所收取的外汇偿还乙公司的设备价款的做法，实际是一般贸易的分期付款方式，已改变了补偿贸易的性质，完全违反了补偿贸易的规定和双方签定的合同，所以，仲裁庭支持乙公司的请求主张。

在签订补偿贸易合同时，双方均应考虑未来几年产品的国际市场价格变化因素，各自承担风险。如果确要改变补偿方式，双方应重新谈判，签订补充协议，并报政府主管部门批准，单方面按有利于自己的做法改变补偿形式，只能承担违约的后果。

二、一位期货交易员的日记

“我最辉煌的时刻是……利用美国总统里根遇刺的消息的时间差作成功的一笔黄金交易。那场交易，我作得漂亮极了！美国总统遇刺，一定会引起人们的恐慌和混乱。不仅是人们心理上的恐慌和混乱，政治、经济、金融上都会引起恐慌和混乱；不仅美国恐慌和混乱，与美国政治、经济、金融搭界的世界许多地方都会引起恐慌和混乱。由于恐慌和混乱，势必对黄金的需求量增大，需求量一大，价格就上去了。

当时，黄金市场价的波动很大。伦敦晚上，美国正是下午，金融市场正热火朝天，也可说比较混乱，稍迟一步就会丧失机会。

记得那天我转身直奔一楼自己的房间，火速拿起电话，毫不犹豫地在纽约黄金市场购进了大量黄金。当我购进第二笔黄金，里根遇刺的消息就传遍了世界各地，金价立即像决了堤的洪水，以无法阻挡之势，冲破了我购进时每盎司780美元的大关，780.5、781、785……

当金价跳到每盎司800美元时，我的灵感果断、坚决地对自己说：该抛了！于是，我把在几分钟内买进的大量黄金全部抛售出去了。没有犹豫，没有迟疑，没有畏缩，无法查找理论根据，也来不及进行周密的逻辑推理，就是凭着一个交易员所必需的Market

Feeling（市场感觉），感觉到每盎司800美元的金价已到顶峰。

此时，二楼路透社情报器又铃声大作。我又飞也似地冲上去，一看：里根经抢救，已脱离危险。

金价完全在我的预测之中，开始下降、下降。直至回复到了原来的780美元的水平。

表 1

青岛市金桥进出口有限公司

QINGDAO GOLDEN BRIDGE IMP&EXP CO., LTD.

62 JIANGXI ROAD, QINGDAO, CHINA

FAX:(0086-532-87691658)

TEL:(0086-532-8769129)

S/C No.: 12RF1234

Date: JUN. 25TH, 2012

TO MESSRS: JBH TRADING CO.
LERCHENWEG 8
97522 SAND GERMANY

SALES CONFIRMATION

The Undersigned Sellers and Buyers have agreed to close the following transactions according to terms and conditions stipulate below

Item No.	Commodity & Specifications	Unit	Quantity	Unit Price (USD)	Amount (USD)
	CHRISTMAS DECORATION			CIF HAMBURG	
1	XF07002 SANTA WITH STAR	PC	400	USD 2.5	USD1 000.00
2	XF07003 SANTA TOWARDS MOON	PC	800	USD8.00	USD6 400.00
3	RB0089 SANTA PALY BALLS	PC	1 000	USD2.90	USD2 900.00
				Total:	USD10 300.00
TOTAL CONTRACT VALUE: SAY US DOLLARS TEN THOUSAND THREE HUNDRED ONLY.					

PACKING: XF07002 1 PC/POLY BAG, 4 PCS/CTN, TOTAL 100 CTNS
XF07003 1 PC/POLY BAG, 4 PCS/CTN, TOTAL 200 CTNS
RB0089 1 PC/POLY BAG, 5 PCS/CTN, TOTAL 200 CTNSPORT OF LOADING

& DESTINATION: FROM QINGDAO TO HAMBURG
PORT OF LOAO ING

TIME OF SHIPMENT: TO BE EFFECTED BY THE SELLER WITHIN 30 DAYS OF THE RECEIPT OF THE RELEVANT L/C, BUT NOT LATER THAN AUGUST WITH PARTIAL SHIPMENTSAND TRANSSHIPMENT ALLOWED.

TERMS OF PAYMENT: BY IRREVOCABLE LETTER OF CREDIT AT SIGHT OPENED BY THE BUYERTHROUGH A BANK ACCEPTABLE TO THE SELLER TO REACH THE SELLER 30SAYS BEFORE SHIPMENT AND REMAIN VALID FOR NEGOTIATION IN CHINA UNTILTHE 15TH DAY AFTER THE AFORESAID TIME OF SHIPMENT.

INSURANCE: TO BE COVERED BY THE SELLER FOR 110% OF TOTAL INVOICE VALUE AGAINST A. R., AND WAR RISK AS PER AND SUBJECT TO RELEVANT OCEAN
MARINE CARGO CLAUSES OF PEOPLE'S INSURANCE COMPANY OF CHINA DATED 1/1/1981.

青 岛 市 金 桥 进 出 口 有 限 公 司
QINGDAO GOLDEN BRIDGE IMP&EXP CO., LTD

JBH TRADING CO.

Confirmed by: 张德忠
Sellers

JOHN SIMITH
Buyers

\- -

* * *　　* * * Authentication Result: Correct with current key　* * *

* * *

* * *　- - - - - - - -　Instance Type and Transmission　- - - - - - - - - - - - - - -

* * *　Original received from SWIFT

* * *　Priority　　　　　　　　　: Normal

* * * Message Output Reference　: 2029　120402ABNACNSHAXXX3784909549

* * * Correspondent Input Reference : 2029 120402ABNASGSGAXXX6931170215

* * * - - - - - - - - - - - - - - - Message Header - - - - - - - - - - - - - - -

* * * Swift Output　:　FIN 700 Issue of a Documentary Credit

* * * Sender　　　:　BANKHAUS GXXX

* * *　　　　　　　　BANKHAUS MAX FLESSA KG GERMANY

* * * Receiver　　　: ABNACNSHXXX

* * *　　　　　　　　ABN AMRO BANK (QINGDAO BRANCH)

* * *　　　　　　　　QINGDAO CN

* * * MUR　: FQM3055910036309

* * *　- - - - - - - - - - - - - Message Test - - - - - - - - - - - - - -

EQUENCE OF TOTAL　: 27　: 1/1

FORM OF DOC CREDIT　: 40A : IRREVOCABLE

DOC CREDIT NUMBER　: 20 : 8000909

DATE OF ISSUE　: 31C : 120630

APPLOCABLE RULES　: 40E : UCP LATEST VERSION

DATE AND PLACE OF EXPIRY　: 31D: 120815 IN CHINA

APPLICANT　: 50 : JHB TRADING GMBH
LERCHENWEG 8
97522 SAND GERMANY

BENIFICIARY　: 59: QINGDAO GOLDEN BRIDGE IMP & EXP CO., LTD.
62 JIANGXI ROAD, QINGDAO CHINA

AMOUNT　: 32B: CURRENCY USD AMOUNT 10 300.00

AVAILABLE WITH/BY　: 41D: ANY BANK IN CHINA BY NEGOTIATION

DRAFTS AT　: 42C: SIGHT

DRAWEE　: 42A: ISSUING BANK

PARTIAL SHIPMENT　: 43P: ALLOWED

TRANSSHIPMENT　: 43T: ALLOWED

LOADING IN CHARGE　: 44A: QINGDAO, CHINA

FOR TRANSPROTATION TO　: 44B: HAMBURG

LATEST DATE OF SHIPMENT　: 44C: 120731

DESCRIPT OF GOODS /SERVICES　: 45A:

XF07002 SANTA WITH STAR 400PCS @ USD2. 50/PC

XF07003 SANTA TOWARDS MOON 800PCS @ USD8. 00/PC

RB0089 SANTA PLAY BALL 1000PCS @ USD2. 90/PC

PRICE TERMS: CIF HAMBURG

COUNTRY OF ORIGIN: P. R. CHINA

DOCUMENTS REQURED 46A:

1. BENEFICIARY'S SIGNED COMMERCIAL INVOICE IN 4 FOLDS IN ENGLISH

2. FULL SET CLEAN ON BOARD OCEAN BILLS OF LADING PLUS ONE NON-NEGOTIABLE COPY MADE OUT TO THE ORDER OF ABC COMPANY LTD MARKED "FREIGHT PREPAID" NOTIFY: APPLICANT.

3. INSURANCE POLICY/ CERTIFICATE IN DUPLICATE ENDORSED IN BLANK, FOR AT LEAST 110PCT OF INVOICE VALUE IN THE CURRENCY OF THE CREDIT, COVERING ALL RISKS AND WAR RISKS

4. PACKING LIST IN 3 FOLDS.

5. CERTIFICATE OF ORIGIN, GSP FORM A, ISSUED BY ANY OFFICIAL

ADDUTIONAL CONDITIONS : 47B : ALL DOCUMENTS ARE TO BE PRESENTED TO US IN ONE LOT BY COURIER/SPEED POST.

DETAILS OF CHARGES : 71B: ALL BANKING CHARGES OUTSIDE OPENING BANK ARE FOR BENEFICIARY ACCOUNT

PRESENTATIONS PERIOD : 48: DOCUMENTS TO BE PRESENTED WITHIN 15 DAYS AFTER THE DATE OF SHIPMENT BUT WITHIN THE VALIDITY OF THIS CREDIT.

CONFIRMATION : 49: WITHOUT

INSTRUCTION : 78:

+WE HEREBY UNDERTAKE THAT DRAFTS DRAWN UNDER AND IN COMPLY WITH THE TERMS AND CONDITIONS OF THIS CREDIT WILL BE PAID MATURITY

SEND. TO REC. INFO. 72. / SUBJECT U. C. P. 2007 ICCPUBLICATION 500

表 2

青岛金桥进出口有限公司

QINGDAO GOLDEN BRIDGE IMP & EXP CO., LTD.

62 JIANGXI ROAD QINGDAO, CHINA

COMMERCIAL INVOICE

发票号码

Invoice No. 12FR1234

青岛，日期

Qingdao 30 JULY, 2012

To JHB TRADING GMBH LERCHENWEG 8 97522 SAND GERMANY

装船口岸 目的港

From QINGDAO, CHINA to HAMBUGR

开证银行 信用证号码

Drawn Under BANKHAUS MAX FLESSA KG GERMANY L/C No. 8000909

唛头及号码 Marks& numbers	数量与货品名称 Quantity & Descriptions				金额 Amount
	ART. NO		QUANTITY	UNIT PRICE	
JHB				CIF HAMBURG	CIF HAMBURG
12FR1234	XF07002	SANTA WITH STAR	400PCS	@ USD2. 50/PC	USD1 000. 00
HAMBURG	XF07003	SANTA TOWARDS MOON	800PCS	@ USD8. 00/PC	USD6 400. 00
NO. 1 - 500	RB0089	SANTA PLAYBALL	1 000PCS	@ USD2. 90/PC	USD2 900. 00
				TOTAL VALUE:	USD 10 300. 00

PACKED IN 500 CARTONS AND SHIPPED PER S. S "GLOBAL CARRIER V. 603E"

青 岛 金 桥 进 出 口 有 限 公 司

QINGDAO GOLDEN BRIDGE IMP&EXP CO LTD.

张德忠

表 3

青岛金桥进出口有限公司

QINGDAO GOLDEN BRIDGE IMP & EXP CO. , LTD.

62 JIANGXI ROAD QINGDAO, CHINA

箱单/重量单

PACKING LIST/ WEIGHT LIST

发票号码

INVOICE No. 12FR1234

日期

DATE 30 JULY, 2012

唛头及号码 Marks & numbers	Description of goods	QTY (PCS)	CTNS	G. W. (KGS)	N. W. KGS	MEAS (CBM)
JHB	XF07002	400PCS	100	2 000	1 850	7. 65
12FR1234	XF07003	800PCS	200	7 500	7 000	9. 35
HAMBURG	RB0089	1 000PCS	200	8 000	7 500	8
NO. 1 – 500						
TOTAL:		22 000PCS	500	17 500	16 300	25

SAY TOTAL PACKING IN FIVE HUNDRED CARTONS.

青岛金桥进出口有限公司

QINGDAO GOLDEN BRIDGE IMP & EXP CO. , LTD.

张德忠

表 4

1. Goods consigned from (Exporter's business name, address, country) QINGDAO GOLDEN BRIDGE IMP&EXP CO. , LTD 62, JIANGXI ROAD, QINGDAO, CHINA 2. Goods consigned to (Consignee's name, address, country) JHB TRADING GMBH LERCHENWEG 8 97522 SAND GERMANY	Reference No. GENERALIZED SYSTEM OF PREFERENCES CERTIFICATE OF ORIGIN (Combined declaration and certificate) FORM A THE PEOPLE'S REPUBLIC OF CHINA issued in ------------------------ (country) See Notes Overleaf
3. Means of transport and route as far as known **FROM QINGDAO TO HAMBURG** **BY SEA**	4. For official use

5. Item-number	6. marks and numbers of packages	7. Number and kind of packages; description of goods	8. Origin criterion (see Notes overleaf)	9. Gross weight or other quantity	10. Number and date of invoices
	JHB **12RF1234** **HAMBURG** **NO. 1 - 500**	**CHRISTMAS DECORATIONS** **FIVE HUNDRED CARTONS** **(500)** *	**"P"**	**G. W.** **17 500KGS**	**12RF1234** **30 JULY, 2012**

11. Certification It is hereby, on the basis of control carried out, that the declaration by the exporter is correct. 岛金桥进出口有限公司 QINGDAO GOLDEN BRIDGE IMP&EXP CO LTD. 张德忠 QINGDAO JULY. 29, 2012	12. Declaration by the exporter the undersigned hereby declares that the above details and statements are correct; hat all the goods were Produced in CHINA (country) and that they comply with origin requirements specified for those goods in the Generalized System of Preferences for goods exported to GERMANY (importing country) QINGDAO, JULY, 29, 2012
Place and date, signature and stamp of certifying authority	Place and date, signature and authorized signatory

表 5 **BILL OF LADING**

Shipper
QINGDAO GOLDEN BRIDGE IMP & EXP CO., LTD.
62 JIANGXI ROAD, QINGDAO, CHINA

B/L NO.

C K LINE CO., LTD.

RECEIVED by the Carrier from the Shipper in apparent good order and condition unless other wise indicated herein, the Goods, or the container (s) or package (s) said to contain the cargo herein mentioned, to be Carried subject to all the terms and conditions provided for on the face and back of this Bill of Lading by the vessel named herein or any substitute at the Carriers option and/or other means of transport, from the place of receipt or the port of loading to the port of discharge or the place of delivery shown herein and there to be delivered unto order or assigns.

If required by the Carrier, this Bill of Lading duly endorsed must be surrendered in exchange for the Goods or delivery order.

In accepting this Bill of lading, the Merchant agrees to be bound by all the stipulations, exceptions, terms and conditions on the face and back hereof, whether written, typed, stamped or printed, as fully as if signed by the Merchant, any local custom or privilege to contrary notwithstanding, and agrees that all agreements or freight engagement for and in connection with carriage of the Goods are superseded by this Bill of Lading.

In witness whereof, the undersigned, on behalf of C K Line Co., Ltd. The Master and the owner of the Vessel, has signed the number of Bill (s) of Lading stated under, all of this tenor and date, one of which being accomplished, the others to stand void.

(Terms continued on back hereof)

Consignee
TO ORDER

Notify address
JHB TRADING GMBH
LERCHENWEG 8
97522 SAND GERMANY

Pre – carriage by	Place of Receipt		
Ocean vessel GLOBAL CARRIER	Voyage No. V. 603E	Flag	Place of Delivery
Port of loading QINGDAO, CHINA	Place of Discharge HAMBURG	For transshipment to /Final Destination	

Container no. & Seal No.	No. & kind of Pkgs /Cntrs	Description of Goods	Gross weight.	Marks and numbers. Measurement
JHB 12RF1234 HAMBURG NO. 1 – 500	500 CTNS	CHRISTMAS DECORATIONS	17 500. 00KGS	25CBM

LOADED INTO CONTAINER NO
HDMU6157410 SEAL HD327243 CY TO CY

Total number of
Packages or units (in words) NINE HUNDRED CARTONS ONLY

Freight & charges	Revenue Tons	Rate	per	Prepaid	Collect
				FREIGHT PREPAID	

Freight Prepaid at QINGDAO, CHINA	Freight Payable at	Place of Issue QINGDAO, CHINA
Total Prepaid in	No. of Original B/L THREE	Date of issue 29 JULY. 2012

Laden on board the Vessel	***C K LINE CO., LTD.***
Date 29 JULY, 2012	(CHUN KYUNG SHIPPING CO., LTD)
By ______________________	By ______________________

表 6

中国太平洋财产保险股份有限公司
CHINA PACIFIC PROPERTY INSURANCE CO. , LTD.

客户服务电话：95500

货物运输保险单
CARGO TRANSPORTATION
INSURANCE POLICY

保险单号（Policy No）：
AQID54024206B00940

中国太平洋财产保险股份有限公司（以下称承保人）根据被保险人的要求，在被保险人向承保人缴付约定的保险费后，按照本保险单承保险别和背面所载条款与下列特款承保下述货物运输险，特立本保险单。
This policy of insurance witness that China Pacific Property Insurance Company limited (hereinafter called "the underwriter") at the request of the insured named hereunder and on consideration of the agreed premium paid to the Underwriter by the insured, undertakes to insure the under mentioned goods in transportation subject to the condition of this Policy as per the Clauses printed overleaf and other special clauses attached herein.

被保险人（insured）：TO THE ORDER OF BANCO SANTANDER CHILE

标记： Marks & Nos As per invoice No.	包装与数量 Quantity	保险货物项目 Description of Goods	保险金额：
12RF1234	500 CTNS	CHRISTMAS DECORATIONS	USD11 330. 00

总保险金额：
Total Amount Insured **U. S. DOLLARS ELEVEN THOUSAND THREE HUNDRED THIRTY ONLY**

费率： **AS ARRANGED** 保费： **AS ARRANGED** 免赔额/率
Rate Premium Deductible/ Franchise

开航日期 AS PER B/L 装载运输工具： GLOBAL CARRIER V。603E
Slg. On or abt. For conveyance S. S.

运输路线：自 经 至
Route From **QINGDAO CHINA** By To **HAMBUGR**

承保险别：
Conditions
ALL RISKS, WAR, TRANSSHIPMENT FROM SELLER WAREHOUSE TO BUYER WAREHOUSE INCLUDING 60 DAYS IN DESTINATION CUSTOM STORAGE.

THIS POLICY IS ISSUED IN 01/02 (ORIGINAL/ COPICES)
USD 30. 09 PREMIUM PREPAID

THE FIRST ORIGINAL

所保货物，如遇出险，本公司凭第一正本保险单及其他有关证件给付赔款，如发生本保险单项下负责赔偿的损失或事故，应立即通知下述代理人查勘。
Claim if any payable on surrender of the first original of the Policy together with other relevant documents. In the event or accident whereby loss or damage may result in a claim under this Policy, immediate notice supplying for survey must be given to Agent as mentioned hereunder.

GIBBS & GIA, GMBH
AGENTS OF WEBSTERS-NEW YORK
P O BOX 244 - 10 HAMBURG, GERMANY
TEL: +49 2 - 269 - 6364 A/Hours: +49 2 - 2425575 FAX: +49 2 - 269 6395

中国太平洋财产保险股份有限公司
CHINA PACIFIC PROPERTY INSURANCE CO. , LTD.
QINGDAO BRANCH

Claim handling address
Marine Cargo Section, Underwriting & Claims Handling Center
中国青岛香港西路 47 号（266071）
No. 47Xianggang Xi Road, Qingdao, China (266071)
Tel: 0532 - 88035808 fax: 0532 - 88035808, 88035827
赔款偿付地点： **HAMBUGR, GERMANY**
Cliam payable at

授权签发：
AUTHORIZED SIGNATURE
地址： （公司签章）
Address
电话 传真
Tel Fax

核保 120119 Check	制单 540A47 Made by	经办 540093 By	签单日期 JULY 30, 2012 Issue Date

表 7

1. Exporter (full name and address)
QINGDAO GOLDEN BRIDGE IMP&EXP CO. , LTD.
62 JIANGXI ROAD, QINGDAO, CHINA

Certificate No.

CERTIFICATE OF ORIGIN
OF
THE PEOPLE' S REPUBLIC OF CHINA

2. Consignee (full name, address, country)
JHB TRADING GMBH
LERCHENWEG 8
97522 SAND GERMANY

3. Means of transport and route
FROM QINGDAO TO HAMBURG
BY SEA

5. For certifying authority use only

4. Destination
HAMBURG

6. Marks and numbers of packages	7. Description of goods, No. and kind of packages	8. H. S. Code	9. Quantity or weight	10. Number and date of invoices
JHB 12FR1234 HAMBURG NO. 1 – 500	CHRISTMAS DECORATIONS FIVE HUNDRED (500) CARTONS * * * * * * * * * * * * * * *	9 503. 8	G. W. 17500 (KGS)	12RF1234 30 JULY, 2012

11. Declaration by the exporter
The undersigned hereby declares that all the goods were produced in China and that they comply with the Rules of Origin of the People' s Republic of China.

青岛金桥进出口有限公司
QINGDAO GOLDEN BRIDGE IMP&EXP CO LTD.

张德忠

QINGDAO JULY. 30, 2012
Place and date. Signature and stamp of authorized signatory

12. Certification
It is hereby certified that the declaration by the exporter is correct.

QINGDAO JULY. 30, 2012
Place and date. Signature and stamp of certifying authority

主要参考书目及资料来源

1. 黎孝先．国际贸易实务：第五版．北京：对外经济贸易大学出版社，2011.
2. 杨素娟．国际贸易实务．北京：清华大学出版社，2012.
3. 魏彩慧．出口业务操作．北京：北京大学出版社，2012.
4. 张严欣．进口业务操作．北京：北京大学出版社，2012.
5. 马慧敏．出口贸易情景模拟实训．上海：立信会计出版社，2011.
6. 刘珉．国贸实务模拟操作教程．北京：对外经济贸易大学出版社，2009.
7. 国际商会．国际贸易术语解释通则 2010. 北京：中国民主法制出版社，2011.
8. 国际商报．
9. 中国商务部网站．
10. 世界贸易组织网站．
11. 山东省国际商务网．